# VAREJO
## PARA A
# BAIXA
# RENDA

```
P228v    Parente, Juracy
            Varejo para a baixa renda / Juracy Parente,
         Tânia M. Vidigal Limeira, Edgard Barki. – Porto Alegre :
         Bookman, 2008.
            200 p. ; 23 cm.

            ISBN 978-85-7780-070-4

            1. Comércio – Varejo. I. Limeira, Tânia M. Vidigal.
         II. Barki, Edgard. III. Título

                         CDU 339.37
```

Catalogação na publicação: Juliana Lagôas Coelho – CRB 10/1798

JURACY PARENTE
TÂNIA M. VIDIGAL LIMEIRA
EDGARD BARKI
ORGANIZADORES

# VAREJO PARA A BAIXA RENDA

Reimpressão 2009

2008

© 2008, Artmed Editora S.A.

Capa e projeto gráfico interno: *Paola Manica*

Preparação do original: *André Luís de Godoy Vieira*

Supervisão editorial: *Arysinha Jacques Affonso*

Editoração eletrônica: *Techbooks*

Reservados todos os direitos de publicação, em língua portuguesa, à
ARTMED® EDITORA S. A.
(BOOKMAN® COMPANHIA EDITORA é uma divisão da ARTMED® EDITORA S.A.)
Av. Jerônimo de Ornelas, 670 - Santana
90040-340 Porto Alegre RS
Fone (51) 3027-7000  Fax (51) 3027-7070

É proibida a duplicação ou reprodução deste volume, no todo ou em parte, sob quaisquer formas ou por quaisquer meios (eletrônico, mecânico, gravação, fotocópia, distribuição na Web e outros), sem permissão expressa da Editora.

SÃO PAULO
Av. Angélica, 1091 - Higienópolis
01227-100 São Paulo  SP
Fone (11) 3665-1100  Fax (11) 3667-1333

SAC 0800 703-3444

IMPRESSO NO BRASIL
*PRINTED IN BRAZIL*

# PREFÁCIO

O grande sonho e, ao mesmo tempo, o maior desafio de todos os brasileiros é ter a sua casa própria, educar os filhos e garantir a fartura na mesa. Mas, como conquistar tudo isso se a grande maioria, perto de 80% da população, é da chamada classe média popular, ou simplesmente, da baixa renda, com ganhos familiares mensais até 10 salários mínimos.

Todas as empresas, não somente de bens de consumo como serviços, construção e bens duráveis, estão preocupadas em entender, para poder servir, esta classe que individualmente tem um poder de compra limitado, mas em conjunto representa uma força de consumo próxima de R$ 500 bilhões por ano. Quem não quer estar presente neste mercado? Mas não é tão simples!

Primeiramente, o grande desafio das empresas é entender esse consumidor, seus hábitos, suas emoções, sua linguagem, enfim, seu espírito. Como ele age, como ele vive e, principalmente, como ele consome.

Para isso, mais do que observar e estudar o comportamento do consumidor de baixa renda, tem que se viver na pele dele. E foi isso que fizemos ao longo deste trabalho, procurando organizar uma coletânea de princípios e cuidados a serem tomados quando uma empresa quer atingir, positivamente, este consumidor.

Um dos pontos-chave é entender a forma como essa classe social estrutura seu orçamento bastante limitado e quanto dedica à compra em supermercados, de material de construção, eletrodomésticos, móveis, roupas, etc.

Qual é a importância do crédito, como vê a questão dos juros e, principalmente, a aquisição de bens duráveis em parcelas que "cabem no bolso".

As compras, principalmente de supermercado, são conduzidas, em mais de 80% dos casos, pelas donas de casa, que nessa classe social têm o papel fundamental de administradoras do lar, fazendo "de um limão, uma limonada" e nunca perdendo uma oportunidade de aumentar a renda familiar. Para essa consumidora família, fartura e confiança são fundamentais e têm que ser refletidas pelo negócio que quer interagir com ela.

O trabalho a seguir é o resultado de mais de dois anos de estudos, seminários e fóruns conduzidos na FGV pelos Profs. Juracy Parente, Tânia Limeira e Edgard Barki. Tive o prazer e a honra de apoiá-los durante esse período com ensinamentos práticos adquiridos no dia-a-dia da administração do Comprebem, bandeira de supermercado do Grupo Pão de Açúcar voltada para o cliente da classe média popular.

Espero que este rico material seja muito útil para todos aqueles que querem aprender como vender mais, e melhor, para o maior segmento da população brasileira. Boa leitura e, principalmente, boas conquistas.

Hugo Bethlem
Diretor Executivo UN Comprebem/Extra

# GVcev – CENTRO DE EXCELÊNCIA EM VAREJO

Criado em 2001, o GVcev tem como missão exercer papel de liderança como catalisador do processo de desenvolvimento e evolução do varejo no Brasil, por meio de atividades nas áreas de pesquisa e publicação, índices e banco de dados, educação continuada, eventos, consultoria e ampliação do ensino no varejo.

Em sua atuação procura incentivar e acolher todas as atividades desenvolvidas na FGV-EAESP ligadas ao varejo e também realizar projetos que desenvolvam a sinergia entre a prática e a teoria, promovendo o encontro dos desafios e das práticas varejistas com o mundo acadêmico.

Para atender a esses objetivos, os professores e pesquisadores do GVcev vêm elaborando uma série de livros voltados ao varejo, apresentando e desenvolvendo temas atuais e relevantes para a compreensão deste segmento no país. A Série Varejo, publicada pela Bookman Editora, tem o intuito de contribuir, seja pela inovação na abordagem dos temas, seja possibilitando o questionamento e a reflexão, para que a atuação do varejo brasileiro seja mais efetiva e com elevado padrão de excelência.

O GVcev reconhece e agradece o precioso apoio de seus patrocinadores:

**APAS**
**Grupo Pão de Açúcar**
**Integration**
**Wal-Mart**

GVcev-EAESP-FGV
Av. 9 de Julho, 2029
01313-902 São Paulo – SP – Brasil
Fones: (11) 3281-7970 e 3281-3276
www.fgvsp.br/cev
apoiocev@fgvsp.br

# INTRODUÇÃO

No Brasil, o mercado de baixa renda, representado por mais de três quartos da nossa população, finalmente começa a atrair a atenção do mundo empresarial. Devido ao seu grande peso demográfico, esse segmento chega a absorver mais de 50% das vendas de importantes setores varejistas, tais como o de alimentos, vestuário, móveis e eletrodomésticos. As grandes empresas de bens de consumo estão reconhecendo que só alcançarão pleno sucesso se conseguirem conquistar a preferência desse enorme mercado.

O reconhecimento do potencial do mercado de baixa renda no Brasil não é um fenômeno isolado. As grandes empresas globais acompanham com interesse a transformação da conjuntura na economia mundial, ocasionada pela acelerada transformação da China e da Índia em novas potências globais. Com seus quase 2,5 bilhões de habitantes, os dois países representam quase 40% da população mundial. O seu acelerado crescimento da renda tem despertado o interesse das grandes empresas do mundo, que se mobilizam para atuar nessa nova fronteira econômica, formada por centenas de milhões de novos e emergentes consumidores, que, apesar da ainda baixa renda, estão sendo rapidamente incorporados ao mercado global.

Nesses últimos anos começa a verificar uma profunda transformação na forma como as grandes empresas percebem o mercado brasileiro de baixa renda. No desenho das estratégias de marketing, as empresas estão gradualmente revendo o papel coadjuvante tradicionalmente atribuído aos segmentos de baixa renda, os quais passam a exercer o papel de protagonistas principais nesse novo cenário. Existe um crescente reconhecimento que muitas necessidades são específicas e peculiares a esse segmento, diferentes das faixas de poder aquisitivo mais elevado.

Esse também é um enorme mercado no Brasil, capaz de estimular os executivos de marketing e de varejo. Enorme dado o tamanho dessa população, avaliada em mais de 140 milhões. Estimulante, pelo grande potencial de crescimento e pelas novas oportunidades a serem desenvolvidas, à medida que se quebra velhos paradigmas e preconceitos que inibiam o desenvolvimento de esforços direcionados para atender as necessidades desse segmento.

Ao se desvendar as motivações de compra desse consumidor, uma série de mitos começa a ser destruída. Trata-se de um consumidor que demonstra grande fidelidade às marcas. O preço é um condicionante para esta população, mas não é tudo. Serviços, atendimento, ambiente agradável também são essenciais para cativar esta população. Os varejistas que pretendam atendê-la deverão desenvolver um forte vínculo emocional e uma relação de confiança com seus clientes, dedicando a eles um atendimento respeitoso e atencioso.

Esse livro objetiva a fornecer elementos úteis para ajudar o varejista a atender mais adequadamente esse segmento. O texto é fruto do trabalho de pesquisa da equipe de professores e pesquisadores colaboradores do GVcev – Centro de Excelência em Varejo, da FGV-EAESP, que assim cumpre sua missão de exercer um papel de liderança e de catalisador

Introdução

do processo de desenvolvimento e evolução do varejo no Brasil. A riqueza deste livro está apoiada no talento e na dedicação dos diferentes autores dos diversos capítulos, que procuram não só ordenar o conhecimento conceitual em sua área de especialização, mas também oferecer exemplos do dia a dia das empresas varejistas voltadas para a baixa renda, dando assim valiosos *insights* sobre a melhor forma de atender as necessidades desse consumidor.

O livro não tem e nem poderia ter a pretensão de esgotar o tema, mas procura trazer os aspectos fundamentais para o adequado desenvolvimento estratégico das empresas varejistas voltadas à baixa renda. Nesse sentido, o texto está organizado em 10 capítulos.

Os dois primeiros capítulos apresentam uma visão geral do mercado de baixa renda no Brasil, começando pelas características peculiares desse consumidor, percorrendo o impacto que essas características provocam nas estratégias varejistas e apresentando diferentes dimensões desse mercado.

O terceiro capítulo aborda o conceito de valor, explicando como as empresas varejistas podem oferecer uma proposta de valor mais adequada ao consumidor de baixa renda. O quarto capítulo trata do importante tema dos formatos varejistas e sugere os mais propícios para o mercado de baixa renda.

Os Capítulos 5 a 9 são dedicados ao composto de marketing para o varejista interessado em desenvolver suas atividades direcionadas ao segmento de baixa renda, explorando aspectos da estratégia de produtos, serviços, preços, ambiente de loja e localização. O Capítulo 5 aborda a estratégia de produtos para uma empresa varejista voltada para a baixa renda. Talvez esta seja uma das primeiras decisões (depois de localização) de uma empresa e deve estar bem alinhada com o posicionamento da empresa e com as necessidades do consumidor. O Capítulo 6 complementa com as estratégias de serviços de uma empresa. Apesar da idéia corrente que o consumidor de baixa renda busca preço, o serviço é uma importante forma de diferenciação das empresas e é especialmente apreciado também por esta população. O Capítulo 7 trata das estratégias de preço. A sensibilidade do consumidor a preços transforma esta variável em um elemento central no composto mercadológico da empresa. O Capítulo 8 ressalta a importância do ambiente de loja e seu efeito na percepção dos consumidores. Um ambiente de loja bem construído pode oferecer uma percepção de bem-estar e alegria e ser a diferença entre o sucesso e o fracasso. O Capítulo 9 discorre sobre a estratégia de localização. Se este item é importante para qualquer varejista, torna-se mais relevante quando tratamos da população de baixa renda que tem uma menor mobilidade, e assim maior dificuldade de acesso a produtos.

Por fim, o último capítulo consolida muito dos conceitos apresentados ao longo do livro e descreve diferentes estratégias adotadas por empresas varejistas no mercado de baixa renda.

Esperamos que este livro ajude a quebrar alguns mitos, eliminar preconceitos e estimular um número crescente de empresas varejistas a desenvolver com sucesso estratégias voltadas para o enorme mercado consumidor da baixa renda. Mais do que qualquer outro setor empresarial, o varejista está inter-relacionado intimamente com a comunidade onde suas lojas estão localizadas. Ao dedicar uma atenção especial ao segmento de baixa renda e valorizar o meio onde estão localizadas, as empresas varejistas certamente irão também iniciar a construção de um círculo virtuoso no sentido de contribuir para a geração de riqueza e promoção social e econômica dessa população, ou seja, de um Brasil melhor.

Boa leitura!

Cordialmente,
Juracy Parente
Tânia M. Vidigal Limeira
Edgard Barki

# SUMÁRIO

| | | |
|---|---|---|
| Capítulo 1 | **O CONSUMIDOR DE BAIXA RENDA**................................................ | 13 |
| | Luciana Aguiar, Haroldo da Gama Torres, Renato Meirelles | |
| Capítulo 2 | **O POTENCIAL DO MERCADO DE BAIXA RENDA**............................ | 33 |
| | Tânia M. Vidigal Limeira | |
| Capítulo 3 | **VALOR NO VAREJO DIRECIONADO AO SEGMENTO DE BAIXA RENDA**.................................................................................. | 51 |
| | Juracy Parente, Edgard Barki | |
| Capítulo 4 | **FORMATOS VAREJISTAS DIRECIONADOS AO SEGMENTO DE BAIXA RENDA**.................................................................................. | 67 |
| | Edgard Barki, Hermes Moretti Ribeiro da Silva | |
| Capítulo 5 | **ESTRATÉGIA DE PRODUTOS**........................................................... | 87 |
| | Edgard Barki, Roseli Morena Porto | |
| Capítulo 6 | **SERVIÇOS E ATENDIMENTO NO VAREJO PARA A BAIXA RENDA**............ | 107 |
| | Luís Fernando Varotto | |
| Capítulo 7 | **FORMAÇÃO DE PREÇOS**.................................................................... | 125 |
| | Mônica Canedo, Sílvio Abrahão Laban Neto | |
| Capítulo 8 | **APRESENTAÇÃO E VISUAL DE LOJA**.............................................. | 145 |
| | Maurício Gerbaudo Morgado, Susana Zeido Ethur | |
| Capítulo 9 | **LOCALIZAÇÃO VAREJISTA**............................................................... | 167 |
| | Juracy Parente, Heitor Kato | |
| Capítulo 10 | **VAREJO NA BAIXA RENDA: ESTRATÉGIAS VENCEDORAS**.......... | 191 |
| | Juracy Parente, Edgard Barki | |

# Capítulo 1
# O CONSUMIDOR DE BAIXA RENDA

### Luciana Aguiar
Sócia diretora do Data Popular Pesquisa e Consultoria
É Ph.D. em Antropologia pela Universidade de Cornell

### Haroldo da Gama Torres
Sócio diretor do Data Popular Pesquisa e Consultoria
É doutor em Ciências Sociais pela Unicamp, com especialização no Harvard Center for Population and Development Studies

### Renato Meirelles
Sócio diretor do Data Popular Pesquisa e Consultoria
É publicitário com MBA em gestão de negócios

> Quem pretende trabalhar com o consumidor de baixa renda tem que entender seus comportamentos, seus hábitos, valores e aspirações.
> Esse público exige estratégias de marketing diferentes, pouco óbvias, que envolvem soluções elaboradas e criativas.

Este capítulo está dividido em dez partes: a primeira faz uma reflexão sobre quem pertence à baixa renda, a segunda discorre sobre o futuro do consumo popular. A terceira, quarta, quinta e sexta partes discutem sobre alguns aspectos do mercado de baixa renda como a importância da juventude, a baixa escolaridade, o papel da família e a lógica do comportamento desse consumidor. A sétima e oitava partes descrevem alguns dos principais valores dessa população. Na nona parte avaliamos em quem esse consumidor confia. Por fim, a última parte analisa como podemos nos comunicar adequadamente com essa população dadas as suas peculiaridades.

Ao nos aproximarmos do público de baixa renda, a principal dificuldade que enfrentamos diz respeito às chamadas "diferenças de entendimento". Com efeito, aqueles que decidem sobre a oferta de bens e serviços ou sobre as estratégias de *marketing* e distribuição para os consumidores de baixa renda são geralmente pessoas da classe A, em muito diferentes das camadas populares no que diz respeito a nível educacional, situação econômica, formação intelectual e habilidade lingüística.

Some-se a isso a enorme lacuna verificada entre o mundo corporativo e o mundo do consumidor popular. São diferenças consideráveis, que se refletem no vocabulário, no repertório e na distância entre os valores que orientam a visão de quem está do lado de cá e de quem está do lado de lá do balcão. Sem dúvida, é infinitamente mais fácil pensar em produtos, serviços e estratégias de comunicação destinados a um público que conhecemos e do qual fazemos parte, na medida em que trabalhar com a população de baixa renda impõe a inquietante tarefa de nos pôr no lugar do outro e repensar nossos paradigmas.

Sabemos que aquilo que vale para o topo da pirâmide não se aplica, necessariamente, ao que compõe a sua base – nesse caso, a população de baixa renda – pois esses são universos que operam segundo lógicas distintas. Para equacionar tais diferenças, precisamos encontrar formas adequadas de nos aproximar desse público. O desafio está em fazer entender o que nos leva a trabalhar com uma linguagem distinta daquela que estamos acostumados a empregar, já que as classificações e os critérios técnicos não dialogam necessariamente com esse consumidor. O principal desafio, no entanto, se apresenta quando somos levados, pela autoridade dos fatos, a repensar a lógica que norteia o pensamento corporativo, até então voltado para as demandas e aspirações de quem se encontra no topo da pirâmide.

Como estímulo para romper essas barreiras, discutimos, no presente capítulo, um conjunto de perguntas e respostas sobre o consumidor popular brasileiro – esforço que vimos fazendo ao longo de nossa experiência junto a esse segmento. São questões essas que evidenciam diferentes aspectos do universo dos consumidores de baixa renda. Destacamos, em particular, uma avaliação das principais tendências de mercado nesse campo e uma reflexão sobre as características sociodemográficas e comportamentais desses consumidores da base da pirâmide.

## Afinal, quem pertence ao segmento de baixa renda?

Em recente palestra proferida na USP, o sociólogo francês Edmond Preteceille[1] confessou sua perplexidade diante do debate travado sobre as classes sociais no Brasil: "Aqui, as pessoas só falam de ricos e pobres, como se não existisse uma classe média. E, para

---

[1] TORRES, Haroldo da Gama. Quem é a classe média no Brasil. *Gazeta Mercantil*, Opinião, 23 mar. 2004. Disponível em: http://www.gazetamercantil.com.br. Acesso em: 21 mar. 2006.

piorar, muitos ricos se definem como membros da classe média, o que confunde ainda mais as coisas".

De fato, é nítida a tendência dos estratos de renda mais elevada (particularmente a população de nível universitário) a se apresentar como integrantes da classe média. Em termos relativos, não há dúvida de que muitas dessas pessoas pertenceriam à classe média, caso morassem nos Estados Unidos ou na Europa. No entanto, em um país com a distribuição de renda do Brasil, essa população compõe o grupo dos 10% mais ricos e, em alguns casos, do 1% mais rico.

Apenas para exemplificar, em outubro de 2003 a revista *Veja* publicou uma matéria de capa (sobre a excessiva tributação no Brasil) em que definia um típico cidadão de classe média como aquele com renda mensal familiar de 12 mil reais (na época, 50 salários mínimos). Por curiosidade, processamos os dados da pesquisa PNAD de 2003, promovida pelo IBGE[2], e verificamos que apenas 0,8% das famílias brasileiras (400 mil famílias) percebe rendimento igual ou superior ao montante referido pela publicação.

Todas essas informações evidenciam que a "classe média" em questão – que fez curso universitário, paga escola particular, consulta médicos particulares e viaja para o Exterior – constitui, no fundo, a verdadeira elite brasileira. Evidentemente, nem sempre os membros dessa elite serão empresários poderosos como Roberto Marinho ou Antônio Ermírio de Moraes. Com freqüência, no entanto, serão juizes, médicos, engenheiros. Farão MBA. Poderão conquistar postos de direção em empresas multinacionais, ou manter um próspero negócio próprio, pois, para tanto, dispõem da formação, dos contatos e da cultura necessários.

Contudo, se assim é, quem são os outros 90% da população brasileira? Uma resposta habitual a essa questão é pensar o Brasil como um país dicotômico, formado apenas por ricos e pobres, como nas novelas de TV. O mais adequado, porém, seria reconhecer que nosso país possui uma ampla e modesta classe média, constituída, assim como em outros países, por professores, policiais e funcionários públicos. Integram-na também operários de elite (como os companheiros de Lula no ABC), motoristas de táxi, além de milhões de profissionais autônomos e pequenos empresários.

Nossa verdadeira classe média é aquela que nas pesquisas de consumo é tida como a chamada classe C[3]. Segundo recente pesquisa do Ibope, esse grupo reúne 33% da população brasileira, respondendo por 29% de seu consumo total. Trata-se de uma classe *média* não apenas por se situar no meio da pirâmide de renda, mas porque seu consumo, renda e escolaridade enquadram-se na média do Brasil.

---

[2] IBGE. *Pesquisa Nacional por Amostra de Domicílios – PNAD 2003*. Disponível em: http://www.ibge.gov.br. Acesso em: 20 jun. 2005.

[3] O critério de classificação das classes sociais utilizado neste livro segue, como parâmetro, a renda familiar mensal por faixas de salário mínimo, a saber: classe E – 0 a 2 salários mínimos (s.m.); classe D – 2 a 5 s. m.; classe C – 5 a 10 s. m.; classe B – 10 a 20 s. m.; classe A – 20 ou mais s. m.

Mais do que isso – seus valores, projetos e aspirações diferem tanto em relação aos dos ricos quanto aos dos pobres brasileiros. E, como o PT veio a descobrir, trata-se de um grupo que influencia crescentemente o comportamento do grosso da população do país. Com efeito, a classe C derrotou Lula por três vezes, o elegeu à Presidência da República na quarta e na quinta vez. Logo, conquistar os corações e mentes da verdadeira classe média brasileira é hoje o grande desafio das estratégias de *marketing* e comunicação.

## Qual é o futuro do consumo popular?

Como pensar as tendências de longo prazo para o mercado popular? Uma das principais fontes de dados nesse campo é a Pesquisa de Orçamento Familiar (POF), promovida pelo IBGE, que captou uma notável transformação na estrutura de consumo da família brasileira. Em uma comparação de longo prazo, entre 1975 e 2003, esse estudo detectou que a participação da alimentação na despesa média de consumo caiu de 33,9 para 20,7%. Como sempre, famosos analistas de plantão trataram de interpretar o fenômeno como sendo mais uma manifestação de nossa tragédia nacional, com famílias consumindo "ainda menos alimentos do que no passado".

O que esses analistas ainda não perceberam é que o consumo de alimentos anda caindo em termos de preço, mas não de quantidade. A verdadeira solução para esse mistério está em compreender que existe uma inflação diferente para cada mercadoria. Por exemplo, enquanto o índice oficial de inflação (o IPCA) evoluiu 173% nesses 10 anos de Plano Real, o item relativo à alimentação subiu apenas 129%. A diferença repercutiu no bolso daqueles consumidores que tiveram seus salários reajustados no ritmo da inflação.

De certa forma, a impressionante revolução tecnológica por que passa o país tem dado uma contribuição silenciosa e inestimável à vida urbana. Sem essa queda relativa no preço dos alimentos, as sucessivas crises dos últimos vinte anos teriam sido muito mais profundas e dolorosas do que de fato foram. Na linguagem econômica clássica, trata-se de uma importante redução do famoso "custo de reprodução da força de trabalho", cujo aumento exagerado teria sido – no passado europeu – capaz de derrubar príncipes e de produzir revoluções.

Na verdade, o que os dados supracitados retratam é uma importante novidade acerca do mercado popular: com a queda relativa do preço dos alimentos, tem sobrado cada vez mais dinheiro para outras despesas, como as que envolvem a aquisição de eletrodomésticos, a melhoria da casa própria e mesmo o consumo de certos artigos "de luxo", como iogurtes e fraldas descartáveis. Além do mais, quem de nós imaginaria, dez anos atrás, a atual penetração da telefonia celular?

O resultado de todas essas mudanças é que o brasileiro pobre do início do século XXI usufrui de um padrão de consumo muito melhor do que o de seus pais. Por mais que os salários não tenham aumentado, as moradias urbanas são hoje muito melhor dotadas de saneamento e eletrodomésticos, algo inimaginável há 25 anos: não apenas a TV e a geladeira, mas, em muitos casos, também o telefone, o DVD, o computador, o microondas e as máquinas de lavar estão presentes na maioria dos lares brasileiros. E tudo isso se tornou possível graças a uma combinação de queda relativa de preços com ampliação da oferta de crédito.

A ciclotimia[4] nacional, com seus períodos de alto e baixo astral, crise e euforia, não nos permite muitas vezes perceber o que verdadeiramente importa: apesar de seus entraves e problemas, a economia brasileira – em uma perspectiva de longo prazo – continua a avançar, integrando cada vez mais famílias e consumidores pobres. O mercado popular atual é muito mais extenso, complexo e diversificado do que foi em qualquer tempo no Brasil. E, se tudo isso se deu em períodos de crise, dá para imaginar o que poderá acontecer se o dito "espetáculo do crescimento" finalmente se concretizar.

---

**Quadro 1.1 – Exemplo de acesso a novos bens de consumo pelo segmento de baixa renda**

**Gastos da classe C crescem 50%**

As famílias da classe C, com renda média mensal de até R$ 1,8 mil, despejam no mercado R$ 290 bi no ano e elegem novos ícones de consumo. Seus gastos cresceram mais de 50% só nos últimos quatro anos, atingindo R$ 290,5 bilhões em 2005. Só no último ano, o aumento foi 26,5%. Em 2001, essa cifra era de R$ 187,6 bilhões. No lugar do frango, do forno de microondas e do televisor, ícones de consumo no início do Plano Real, surgem agora novos objetos de desejo das classes de menor renda: o alisador de cabelo, mais conhecido como chapinha, a máquina fotográfica digital, o tocador de música digital (MP3), o macarrão instantâneo e pacotes turísticos, entre outros produtos e serviços.

Fonte: Adaptado de DE CHIARA, Márcia. Gastos da classe C crescem 50%. *O Estado de S. Paulo*, 12 fev. 2006.

---

## Como anda a juventude de baixa renda?

Estamos acostumados a pensar o Brasil como um país jovem. Grande parte de nossa publicidade contemporânea, por exemplo, vende a imagem de uma nação juvenil e "sarada", destacando modelos de beleza de todos os tipos, mulheres morenas monumentais em anúncios de cerveja, praia, alegria, carnaval. Para a surpresa geral, porém, o Brasil é um país que envelhece a cada dia. E quanto maior a renda, mais elevada se verifica a idade.

---

[4] Ciclotimia: padrão de personalidade caracterizado por períodos de excitação, euforia ou hiperatividade, que se alternam com outros de depressão, tristeza ou inatividade, e que, normalmente, não configura traços psicóticos. (*Fonte*: HOUAISS. *Dicionário Houaiss da Língua Portuguesa*. São Paulo: Objetiva, 2001.)

Em nossa classe A, alvo de grande parte da publicidade nacional, a faixa etária média gira em torno de 36 anos, sendo que 40% dos consumidores que a integram já são quarentões (ou mais velhos).

O descompasso entre a imagem jovem que temos do Brasil e a idade real dos consumidores tem a ver com a rápida mudança por que passa a estrutura etária brasileira. Com a acelerada queda do número de filhos por mulher, nossa população vai paulatinamente envelhecendo, tendo esse envelhecimento se verificado muito mais cedo nas classes A e B do que nas classes C, D e E, como podemos ver no gráfico a seguir.

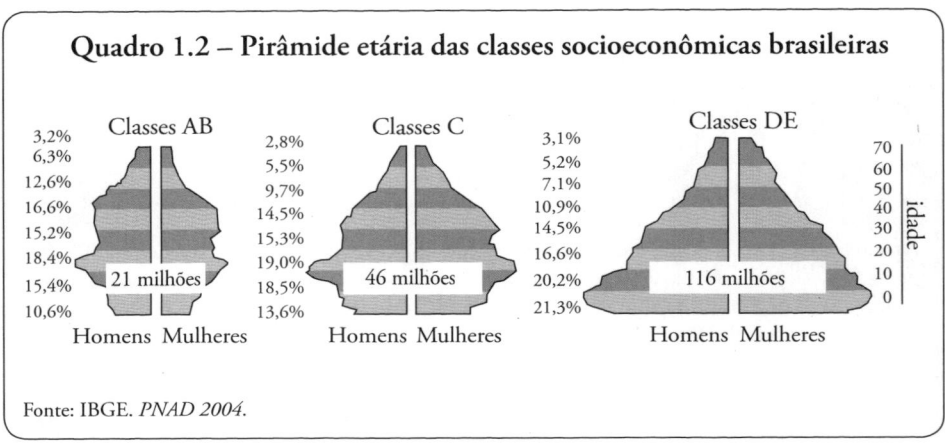

Quadro 1.2 – Pirâmide etária das classes socioeconômicas brasileiras

Fonte: IBGE. *PNAD 2004*.

Em conseqüência dessas mudanças, temos hoje classes A e B predominantemente adultas, uma classe C jovem e classes D e E infanto-juvenis. Além disso, vale dizer que tais constatações exercem um impacto crucial sobre o tamanho de diferentes mercados. Para cada adulto da classe A, temos 5,5 adultos das classes D e E, sendo que, no caso das crianças, a proporção é de 1 para 10,5, respectivamente.

Demografia é destino. Tanto hoje como no futuro próximo, quem quiser vender volumes significativos no mercado infanto-juvenil terá de voltar-se para os segmentos de baixa renda; do contrário, verá seu mercado tornar-se progressivamente um pequeno nicho.

Demografia é também oportunidade. Imagine quantos jovens da classe C estarão ingressando no mercado de trabalho, constituindo família, construindo ou saindo à procura de uma casa para morar. O *boom* das universidades particulares de segunda linha é uma interessante resposta à demanda dessa juventude, que cada vez mais conclui o ensino médio, trabalha e sonha com o diploma universitário.

De certa forma, o destino do Brasil moderno – um Brasil que custa a nascer – depende do que acontecerá com esses 75 milhões de brasileiros das classes C, D e E com menos de 25 anos. A integração dessa massa de brasileiros ao mercado de consumo é um desafio formidável, que passa pela capacidade do país de gerar educação e emprego, mas também pela capacidade do mercado de proporcionar produtos e serviços adequados, que caibam no bolso e que dialoguem com os valores e a cultura desse público consumidor.

## E a escolaridade?

Se demografia é destino, a questão da escolaridade é um vetor que nos aproxima ou nos afasta da perpetuação das desigualdades sociais. Ao observar atentamente os anos de formação escolar dos adultos brasileiros, percebemos que a distância que os separa é infinitamente maior, e que suas diferenças de entendimento são muito mais evidentes do que poderíamos supor.

Segundo a Pesquisa Nacional por Amostra de Domicílios do IBGE[5], em 2003 o adulto brasileiro tinha, em média, apenas 6,7 anos de escolaridade, conforme ilustra o gráfico a seguir.

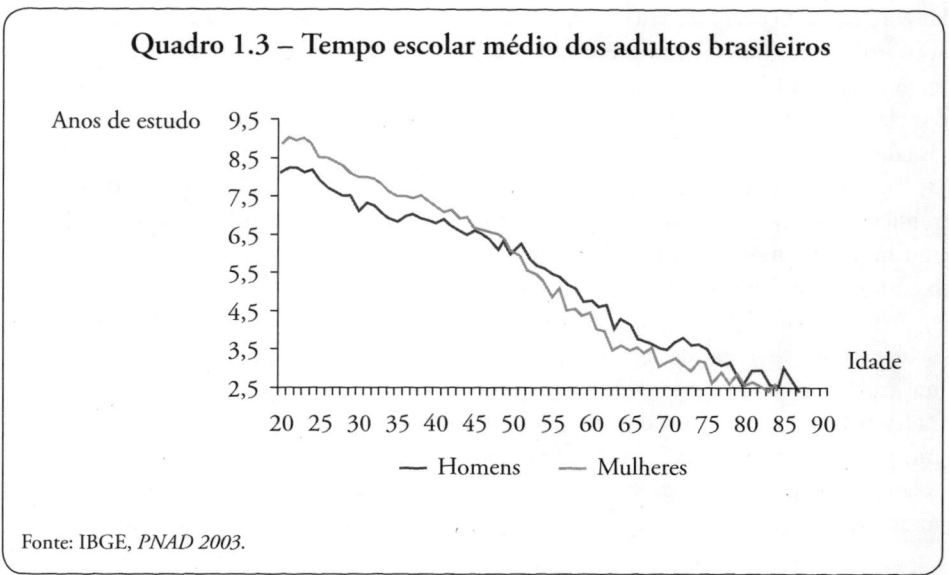

Quadro 1.3 – Tempo escolar médio dos adultos brasileiros

Fonte: IBGE, *PNAD 2003*.

---

[5] IBGE. *Pesquisa Nacional por Amostra de Domicílios 2003*. Disponível em: http://www.ibge.gov.br. Acesso em: 13 abr. 2006.

Observa-se também que o grau de escolaridade é maior entre o público mais jovem, em que as mulheres têm mais tempo de estudo que os homens. Sabemos que o fator mais importante para um bom desempenho escolar é a educação dos pais, especialmente a das mães, algo que comumente se chama de "capital cultural" da família[6] e que, a médio e longo prazo, pode nos levar a apostar em uma melhoria do grau de escolaridade dos brasileiros.

Dados da PNAD 2003 apontam nessa direção quando sinalizam que a proporção de crianças entre 7 e 14 anos que estavam fora da escola baixou de 11,3% para 2,8% e, entre os adolescentes de 15 a 17 anos, passou de 37,6% para 17,6%. Esse processo de inclusão de crianças e jovens no sistema escolar significa que cada vez mais os filhos das famílias de baixa renda estão tendo acesso às carteiras escolares.

Contudo, o fato é que mesmo entre as pessoas que passaram pela escola é elevada a proporção de analfabetos funcionais, que representam 40% dos brasileiros. Trata-se de indivíduos capazes tão-somente de escrever o próprio nome, anotar números telefônicos, ler preços, manchetes e anúncios com letras grandes, ou ilustrações. Em conseqüência disso, encontram dificuldade para ler e interpretar textos longos e abstratos. No Brasil, apenas 2 em cada 10 adultos dominam totalmente a leitura e a escrita. Além disso, 77% não possuem habilidades matemáticas básicas, como ler gráficos e tabelas. Nas classes C, D e E, 61% das pessoas são analfabetas ou têm o primário incompleto[7].

Com efeito, 88% dos brasileiros adultos não têm curso superior e 92% não falam inglês, razão pela qual encontram dificuldades de compreensão diante de argumentos abstratos, textos ou comandos escritos nessa língua. Mais ainda, nem sempre compartilham as referências mais elaboradas que se tornaram senso comum entre os integrantes das classes A e B, particularmente no que diz respeito à lembrança musical e à memória visual.

Nesse particular, o principal desafio que se apresenta a quem pretende falar ao público de baixa renda está em encontrar um formato comunicativo que seja capaz de transmitir a mensagem sem "infantilizar" esse consumidor, isto é, que seja capaz de tratá-lo como adulto, como alguém senhor de si, apesar de suas limitações.

Um estilo de comunicação que consegue transpor esse hiato criado pela baixa escolaridade e dialogar de maneira próxima e eficiente com o público de baixa renda é praticado por Silvio Santos. O comunicador aposta na lógica da repetição, própria da tradição oral, que tem como principal atributo gravar conteúdos informativos extensos junto a um público iletrado. Tal formato comunicativo, presente em manifestações populares como o cordel, as canções populares, o repente e o *hip hop*, aproxima-o, de modo notável, de um universo familiar plenamente reconhecível de seu público. Não por acaso

---

[6] MADEIRA, Felícia Reicher. Uma lição que temos que aprender. *Boletim Data Popular*, São Paulo, set. 2005.

[7] INSTITUTO PAULO MONTENEGRO. *Indicador Nacional de Alfabetismo Funcional de 2005*. Disponível em: http://www.ipm.org.br. Acesso em: 12 jan. 2006.

o popular apresentador é capaz de explicar conteúdos complexos de maneira simples e inteligível, a exemplo do que aconteceu no início do plano Real, ao esclarecer à população brasileira em que consistia a URV.

## Como vai a família popular?

A família é vista como um porto seguro para a população de baixa renda. Basta perguntar a qualquer pessoa desse segmento qual o principal valor que orienta sua vida e suas ações e a resposta mais recorrente será a união e o bem-estar da família. Mesmo que tal argumento valha para qualquer classe social, entre os populares a instituição familiar assume uma posição estratégica para a sobrevivência e o sucesso pessoal. A idéia de uma família organizada de modo nuclear, restrita e fechada em si mesma, o que é próprio das famílias de renda mais elevada, amplia-se quando nos aproximamos das famílias de baixa renda. Verifica-se uma proporção maior de famílias monoparentais (presença só de pai ou de mãe) nas classes D e E. Entretanto, é a família dita extensa, composta por avós, tios e primos, que aparece com maior freqüência. Da mesma forma, as relações de aliança (cunhados, sogro ou sogra) e compadrio (compadres) se fazem presentes no cotidiano do segmento popular, potencializando as ações e os projetos individuais ou coletivos.

Assim, nossa população de baixa renda utiliza-se de um conjunto de relações familiares já estruturadas, a fim de articular um sistema de ajuda mútua. Semelhante prática, bastante enraizada no Brasil rural e retomada na periferia dos grandes centros urbanos, assegura um modo de sobrevivência próprio e estruturado. Grande parte disso se deve à enorme descrença popular nas instituições – na polícia, no judiciário, na classe política, na imprensa, nas empresas, etc. Nesse cenário, em que as pessoas de baixa renda não têm a quem recorrer nas situações de crise, a família assume um papel determinante em diversas circunstâncias: ao cuidar dos filhos de uma outra família quando a mãe precisa trabalhar fora, ao oferecer suporte nas ocasiões de migração ou ao atender à crucial demanda por moradia quando compartilham terreno, entre outras práticas. No cotidiano, é comum acionar a rede familiar para obter crédito, particularmente quando não se tem acesso ao sistema financeiro. Assim, é recorrente o empréstimo do cartão de crédito para parentes e amigos fazerem compras, ou mesmo a prática de "emprestar o nome" a terceiros no intuito de obter crédito junto às financeiras. Seguindo o mesmo princípio, é comum o uso compartilhado do carro para o transporte das compras de supermercado ou o carreto de material de construção.

É dessa maneira improvisada, porém eficiente, que a população de baixa renda articula o princípio da união familiar como elemento aglutinador e organizador da vida cotidiana. O meio que torna possível e consolida tal empreendimento é sem dúvida o sistema de ajuda mútua, que orienta a dinâmica das relações familiares e se expande para o círculo mais amplo das relações entre amigos, colegas e vizinhos.

## E como o consumidor popular lida com a lógica mercantil?

A reciprocidade é um princípio estruturante da vida social[8] e elemento formador de nossa brasilidade. Como diz Roberto da Matta, é um dos aspectos que fazem o Brasil ser o que é[9], com a lógica de dar, receber e retribuir permeando nossas práticas sociais e transitando, sem cerimônia, entre o espaço público e o privado.

Quando olhamos de perto o comportamento da população de baixa renda, identificamos que o princípio que articula o sistema de ajuda mútua acha-se sobretudo na noção de reciprocidade. Esse princípio é acionado com maior freqüência não só junto a parentes, mas também a uma ampla rede de sociabilidade que se organiza em espaços de convivência próxima e freqüente, tais como a vizinhança, o bairro, a escola, a igreja, o bar, a praia, a feira, o bar e o cabeleireiro. Tal interação também se verifica em eventos religiosos, de lazer ou em festas, como os mutirões e as "peladas" de fim de semana, as excursões, os ensaios de escola de samba, os bailes *funk* e os casamentos. Aqui prevalece a "lógica do pedaço"[10], que promove um sentido de pertencer ao mesmo lugar ou de compartilhamento das mesmas crenças e atitudes perante a vida.

Nesses espaços, lugares e eventos é comum haver uma troca intensa de informações e formação de opinião sobre política e trabalho, assim como dicas sobre os mais variados temas: orientações sobre onde conseguir trabalho, sobre oportunidades para comprar material de construção e até mesmo sobre onde encontrar as melhores promoções nos supermercados locais.

A "lógica do pedaço" dialoga com o pequeno varejo, com o comércio informal e com a venda direta, na medida em que aciona um repertório comum e aprendizados já consolidados na rede de sociabilidade. No entanto, o que leva os consumidores populares a responder tão bem a esses canais? Eles se valem da propaganda boca a boca, baseados na relação de confiança e reciprocidade presente na base da pirâmide. Acrescente-se a isso o fato de que a venda direta estabelece uma relação de consumo muito adequada ao perfil daquele cliente de baixa renda que se mostra mais desconfiado em relação às varejistas com quem mantém um relacionamento mais distante e que, por conta disso, prefere comprar seus produtos de conhecidos ou pessoas do "pedaço". A força do mercadinho local e da venda direta está em sua capacidade de promover um diálogo com a rede de sociabilidade de seus vendedores, consultores e associados.

Tais empresas também se beneficiam do hábito brasileiro de misturar negócios com relações pessoais, estando seu modelo de vendas baseado na relação de confiança existente entre vendedor e comprador. Com efeito, muitos clientes preferem gastar um

---

[8] A reciprocidade é um tema bastante abordado nas Ciências Sociais como um princípio articulador da vida social. Vários autores lidaram profundamente com esse tema, particularmente Marcel Mauss e Claude Lèvi-Strauss.

[9] DA MATTA, Roberto. *O que faz o brasil, Brasil?* São Paulo: Rocco, 1997.

[10] MAGNANI, José Guilherme Cantor. *Festa no Pedaço:* cultura popular e lazer na cidade. São Paulo: HUCITEC, 2003.

pouco mais com alguém que conhecem a economizar comprando de quem não conhecem. Nesse caso, prevalece a máxima de que, no Brasil, como assevera o antropólogo Roberto da Matta, as relações pessoais contam mais do que a lógica econômica.

Peculiaridades culturais à parte, o pequeno varejo e a venda direta têm como principal vantagem a capacidade de, mesmo em um mundo cada vez mais globalizado, "agir localmente". Ao dialogar com a "lógica do pedaço", esses canais abrem um amplo leque de possibilidades para os consumidores de baixa renda que preferem comprar de quem conhecem e confiam. De um modo geral, esses vendedores são pessoas próximas, conhecedoras dos gostos de seus clientes. Por estarem atentos ao tamanho do bolso do consumidor e zelosamente cientes de suas necessidades, eles costumam criar estratégias de venda mais condizentes com a realidade de seu público-alvo, seja criando consórcios de beleza ou oferecendo múltiplas possibilidades de crédito, muitas delas informais, como a "caderneta", o cheque para 30 dias, cheques de terceiros, entre outras.

Ao entender o papel que a rede de sociabilidade exerce na formação da opinião e no processo de decisão de compra do consumidor de baixa renda, torna-se fundamental estimular uma forma de comunicação capaz de dialogar com as redes de relacionamento. Interagir com essas redes significa incitar a propaganda boca a boca, fomentando a capilaridade das relações pessoais e fornecendo informações capazes de sustentar a compra junto a esse grupo (ver Quadro 1.4).

---

### Quadro 1.4 – Exemplo de rede de sociabilidade no segmento de baixa renda

#### Mulheres criam consórcio para creme caro

Estimuladas por campanhas milionárias que prometem milagres em potinhos, mulheres criaram consórcios informais de até dez pessoas, que desembolsam R$ 5,00 ou R$ 10,00 na compra de produtos de beleza de empresas como Natura e Avon em sorteios mensais. Isso não é uma novidade para o mercado, mas o que chama a atenção é a profusão de consórcios com parcelas nanicas, que tendem a ganhar mais espaço quando a renda real da população se recupera muito lentamente ou quando os grupos de participantes são grandes e as parcelas mensais podem ser menores. As famílias que se situam na base da pirâmide social, com renda de até R$ 400,00 por mês, gastam R$ 10,92 com itens de cuidado pessoal – exatamente o valor médio das parcelas informais do "consórcio de beleza" promovido pelas revendedoras da Avon e da Natura.

Fonte: Adaptado de MATTOS, Adriana. Mulheres criam consórcio para creme caro. *Folha de S. Paulo*, Caderno Dinheiro, p. B-7, 18 set. 2005.

## Valores que orientam esse consumidor: a fartura

A fartura é uma referência nacional que varia de acordo com as condições financeiras e o gosto das classes sociais, operando segundo a lógica própria do universo dos ricos ou dos pobres. Trata-se de um valor amplamente incorporado ao nosso cotidiano, mas que pode eventualmente passar despercebido a um observador menos atento. O fato é que, a exemplo daqueles hábitos arraigados de cuja importância ou mesmo influência sobre nós não temos consciência, a fartura permeia nossas percepções, nosso olhar, a forma como queremos nos apresentar ou nos diferenciar.

A fartura se expressa em sua melhor forma nos hábitos alimentares e de consumo, sendo apropriada de maneira diversa pelas diferentes classes sociais. Por um lado, entre os mais pobres, a comida farta marca o tempo de lazer e reunião familiar, estratégico no estreitamento das relações. Significa, ademais, plenitude, distanciamento do mundo da "necessidade". No universo popular, a fartura está relacionada à quantidade, a ter mais do mesmo. Nesse sentido, a mesa deve ser farta, mesmo que os pratos sejam redundantes, pois, afinal, a hospitalidade se mede, entre outras coisas, pela abundância de comida e bebida que se oferece às visitas.[11]

Por outro lado, o visual popular, antes de minimalista, é exagerado, extravagante, farto. Um espaço de expressão do que se poderia chamar de estética popular encontra-se no comércio varejista. De fato, o varejo popular dialoga exemplarmente com a percepção de fartura, presente na casa, no guarda-roupa, na geladeira. É fonte de inspiração para o estilo do varejo de alimentos, como se constata nos mercados, nas feiras de bairro ou nos açougues da periferia, mas também se traduz nas vitrines e *displays* das lojas de varejo popular, podendo ser conferida, por exemplo, nas ruas José Paulino, 25 de Março e no Brás, em São Paulo, ou mesmo na Rua da Alfândega, no Rio de Janeiro (ver Quadro 1.5).

Alguns acusam tal visual de ser "brega", excessivo, de mau gosto. Contudo, aqueles que têm o olhar atento para as manifestações populares genuínas conseguem perceber o que existe de simples e sofisticado nesse universo. Várias empresas têm se aventurado nessa seara, como estratégia para construir sua identidade de marca, enquanto outras têm procurado obter mais informações sobre suas melhores práticas, a fim de adaptá-las ao universo do marketing e às estratégias do mundo globalizado. Seja como for, existe aí muito mais do que suspeita nossa vã filosofia.

No topo da pirâmide social, a lógica da fartura se expressa de outra forma. Representantes desse segmento da população costumam ser minimalistas no comer, têm o hábito de fazer regime com mais freqüência, de consumir muita salada, especiarias raras e caras, sendo, muitas vezes, adeptos da *nouvelle cuisine*; por outro lado, costumam pagar grandes somas por aquilo que consomem. É interessante observar que seus objetos de desejo são sempre expostos pelas lojas de uma maneira discreta, minimalista, numa espécie

---

[11] MAGNANI, 2003, p. 118.

## Quadro 1.5 – Vitrines de loja

**Voltada para o segmento de baixa renda**

Rua José Paulino, São Paulo[12]

**Voltada para a classe A**

Rua Oscar Freire, São Paulo[13]

de metáfora visual de seu caráter único. Tais objetos são identificados como um meio de distinguir seus usuários do resto dos mortais.

No caso dos mais abastados, a melhor expressão da fartura se constata nas cifras astronômicas gastas para satisfazer a desejos inusitados ou garantir a exclusividade de alguns objetos que estampem marcas internacionais. É o que atestam as reportagens publicadas no jornal *O Globo*[14] sobre as "loucuras milionárias" e os extravagantes sonhos de consumo dos ricos brasileiros, como doces folheados a ouro, festas com cenários exóticos, tulipas na ponte aérea internacional e coleira de brilhantes para animais.

Contudo, o fato é que existe indistintamente entre nós – ricos ou pobres – um espírito quase perdulário, exacerbado em ocasião dos festejos de carnaval – evento igualmente capaz de mobilizar e desmobilizar, por apenas quatro dias a cada ano, um grande número de recursos humanos e financeiros, em uma grande celebração nacional à glória do efêmero. Ali, tanto para o rico como para o pobre, a fartura atinge seu ápice no exa-

---

[12] NOVAES, Laura. *Boletim DataPopular*. São Paulo, dez. 2005.

[13] *Idem, ibidem*.

[14] LOUCURAS milionárias. *O Globo*, dez. 2004.

gero visual, quando o excesso e a opulência são levados ao extremo. Trata-se, com efeito, da mais rica expressão dessa idéia que nos orienta de forma sutil e sintetiza de maneira exemplar aspectos fundamentais da nossa cultura.

## Valores que orientam esse consumidor: o conservadorismo

No que diz respeito aos valores que orientam o modo de vida e a visão de mundo dos brasileiros, verifica-se um enorme abismo separando indivíduos de maior e menor grau de escolaridade. De um modo geral, as pessoas menos escolarizadas ostentam um comportamento mais conservador, comparado à postura "liberal" da elite brasileira, que, mais escolarizada, apresenta valores mais flexíveis que os da população menos esclarecida. O Quadro 1.6, a seguir, ilustra as diferenças de posicionamento de ambos os segmentos.

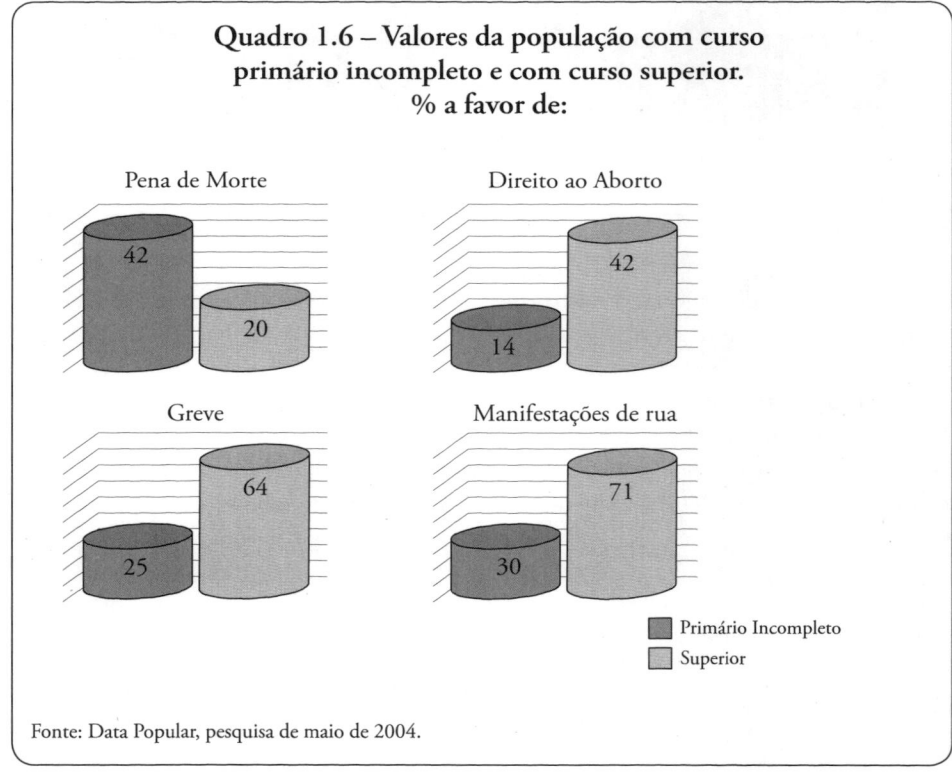

Quadro 1.6 – Valores da população com curso primário incompleto e com curso superior. % a favor de:

Fonte: Data Popular, pesquisa de maio de 2004.

O que surpreende em tais respostas é a distância existente entre os valores que norteiam esses dois mundos. O direito ao aborto, que poderia exercer algum apelo junto a uma população que reside em áreas violentas dos grandes centros ou que têm famílias extensas e um orçamento curto para mantê-las, encontra maior receptividade junto ao público com maior nível de escolaridade.

Outro aspecto que chama a atenção diz respeito à postura ante as manifestações de rua e a greve, um direito garantido pela Constituição do país, que não é vista com grande simpatia justamente por aquele público que poderia ser o maior interessado em ter seus direitos assegurados. Entretanto, esse é também o público que vive na informalidade e para quem o emprego com carteira assinada é uma realidade distante. Mais ainda, é o público que sofre de perto as conseqüências das greves no sistema de transportes e no sistema de saúde. O que constatamos aqui é uma grande assimetria entre os valores daqueles que estão no topo e daqueles que estão na base da pirâmide.

Tamanho abismo verifica-se ainda mais profundo quando consideramos o aspecto religioso, em que as diferenças de valores se mostram de maneira muito mais explícita, particularmente entre os evangélicos. Muitos dos que se dedicam a essa prática religiosa convivem com valores um tanto conservadores até mesmo em relação a questões já bastante consolidadas e consensuais, como, por exemplo, as conquistas femininas na família e na sociedade. A título de ilustração, eis um trecho editado pelo jornal da Igreja Universal, com tiragem de 1,5 milhão de exemplares por semana:

> *Para que o casamento seja sólido, o marido deve assumir o papel de líder, sendo o cabeça da casa, ao par que a mulher deve manter-se numa posição de auxiliadora, sendo o coração de seu lar.*[15]

Esse pensamento conservador encontra ressonância em uma parte significativa da população de baixa renda e tem sua melhor expressão na figura do comunicador Ratinho. Apesar de fazer uso de um estilo considerado escatológico, o programa do Ratinho tem no discurso sobre "o justo" o principal elemento de sua atração.[16] Em suas apresentações, são enfatizados valores conservadores como a união familiar, o dever, a sorte, a honra, a justiça e o respeito. Semelhantes questões, fundamentais para o público de baixa renda, são rearticuladas constantemente por veículos e programas que, por compartilhar valores caros aos estratos de baixa renda, encontram neles o seu público mais fiel.

## Em quem o consumidor confia?

Assumimos, de modo geral, que o individualismo é o grande condutor das relações de mercado contemporâneas. Os economistas, por exemplo, acreditam no mercado como

---

[15] BEZERRA, Ester. *Folha Universal*, 30 abr. 2004, p. 7B.

[16] RICCIO, Vicente. A tela da lei: Ratinho e a construção mediática do justo. Tese (Doutorado) – Instituto Universitário de Pesquisas do Rio de Janeiro – 2003.

uma instituição em que consumidores e vendedores isolados se defrontam de modo anônimo, concluindo negócios com base em critérios objetivos como preço, prazo e taxa de juros. No entanto, argumentos desse tipo têm sido freqüentemente rejeitados mundo afora pela experiência prática das empresas e por pesquisas de mercado.

Não é que esses critérios objetivos sejam irrelevantes, mas a verdade é que todos nós preferimos fazer negócios com pessoas e empresas que nos tratem pelo nome. E, em uma economia cada vez mais competitiva, esse tipo de demanda explica tanto a persistência dos "ineficientes" supermercados de bairro e botecos da esquina como o sucesso de grandes organizações na área de serviços que tentam estruturar seu atendimento em bases personalizadas.

Essa questão é ainda mais crucial para as empresas que operam no Brasil. Depois de tantos anos de baixo crescimento econômico e de estremecimento das relações sociais, tendemos a desconfiar de tudo e de todos, tanto quanto somos objetos de desconfiança. No caso das lojas e bancos, isso se traduz em portas giratórias, tortuosos processos de aprovação de crédito, bolsas lacradas e vigilância por parte de funcionários e vendedores.

A verdade é que queremos ser aceitos, reconhecidos, dignos de confiança. Quando encontramos sinais explícitos de descrédito, nossa baixa auto-estima é reafirmada. Resta sempre a impressão de que, no fundo, não somos bem-vindos.

Para melhor entendermos esse sentimento, precisamos refletir sobre a noção de reciprocidade, um princípio básico da vida social brasileira. Na linguagem do antropólogo Roberto da Mata, o lema das reciprocidades é simples: "dou para receber; recebo para dar; dou para que tu me devolvas o que é recebido". No fundo, isso significa que, ao contrário da lógica hiperimpessoal das relações de mercado norte-americanas, parece que estamos o tempo todo dizendo "me trate de um modo diferente, que eu te trato diferente", ou, ainda, "aos amigos tudo, aos inimigos a lei".

Nesse sentido, a adesão popular a ícones como Sílvio Santos ou as Casas Bahia não se explica pelo preço dos produtos finais que comercializam. Tem a ver, isto sim, com a percepção – imaginária ou não – de que com essas empresas e empresários foi estabelecida uma conexão pessoal, um contato que retoma elementos essenciais capazes de estruturar relações de longo prazo. De certa forma, esse fato explica por que existem pessoas que deixam de pagar a conta do telefone para pagar o carnê do Baú ou das Casas Bahia.

Poucas empresas brasileiras compreendem essa lógica. Poucas são capazes de usar, com sinceridade, uma assinatura do tipo "nós confiamos em você". Aquelas que conseguem dar mostras reais da confiança que depositam no consumidor tendem a gozar de uma fidelidade surpreendente, aparentemente ilógica para o observador desavisado. E você, em quem confia?

O consumidor popular encontra barreiras simbólicas ao acesso dos bens e serviços que deseja. Essas barreiras estão assentadas em preconceitos relacionados à sua condição de pobreza, tanto é que não raro se ouvem comentários como "ele é pobre, mas é honesto", ou "ele é pobre, mas é limpinho". Pensamentos como esses condensam boa parte do preconceito voltado às pessoas de baixa renda. Por carregar esse estigma, o consumidor popular tem um jeito próprio de interpretar alguns critérios de segurança utilizados pelos estabelecimentos varejistas, como ilustra o quadro a seguir:

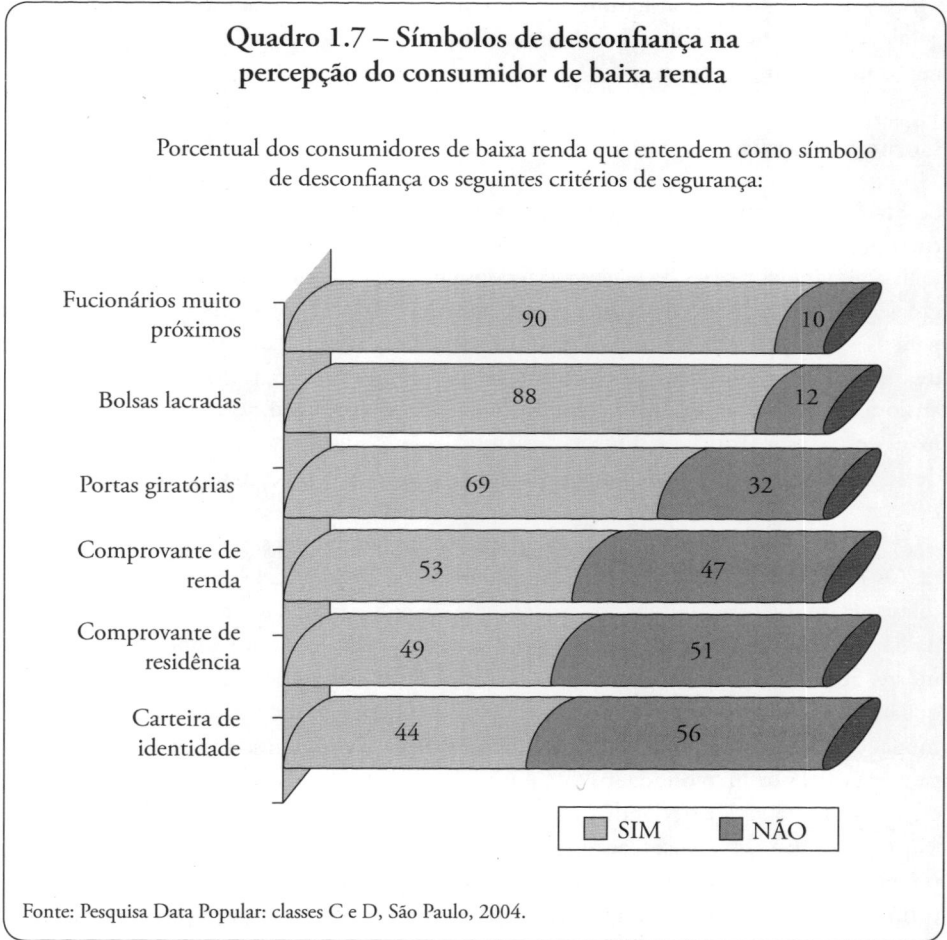

Quadro 1.7 – Símbolos de desconfiança na percepção do consumidor de baixa renda

Porcentual dos consumidores de baixa renda que entendem como símbolo de desconfiança os seguintes critérios de segurança:

| | SIM | NÃO |
|---|---|---|
| Fucionários muito próximos | 90 | 10 |
| Bolsas lacradas | 88 | 12 |
| Portas giratórias | 69 | 32 |
| Comprovante de renda | 53 | 47 |
| Comprovante de residência | 49 | 51 |
| Carteira de identidade | 44 | 56 |

Fonte: Pesquisa Data Popular: classes C e D, São Paulo, 2004.

Tal percepção sobre os aspectos que sinalizam desconfiança se constrói a partir da postura e do atendimento dispensado ao consumidor de baixa renda pelos funcionários dos estabelecimentos varejistas. Como relata uma dona de casa de classe C de São Paulo:

> *Os vendedores olham a gente com sacolinha de plástico e já acham que a gente vai assaltar, mas não é por aí, porque quem assalta não tem placa, pode usar terno e gravata [...] Minha sacolinha de plástico está mais cheia do que a de muita gente que tem bolsa chique.*\*

Abordagens de tal natureza, empregadas por setores varejistas e de consumo em geral, acabam tendo implicações diretas na maneira como esse público interpreta e interage com a comunicação gerada.

## Como comunicar?

Se é fato que o consumidor popular apresenta diferenças substanciais em relação aos outros segmentos de renda, a questão da comunicação adquire um caráter central. Uma das mais consagradas teorias de *marketing* repousa na noção de um valor "aspiracional". Imagina-se, com esse "conceito", que, para atingir um certo grupo de renda, basta voltar-se para os segmentos cuja renda lhe seja imediatamente mais elevada, partindo da suposição de que, de um modo geral, o consumidor sempre quer ser mais do que é: está sempre ansiosamente buscando no imaginário um nível de consumo que não é o seu, aquele nível dos seres mais ricos e ditosos. Seríamos, assim, criaturas constantemente invejosas de nosso estrato social imediatamente superior – *wannabes* (do original em inglês *want to be*) eternos, patéticos e irreversíveis.

Esse estilo de sociologia publicitária parece ter alguma sustentação impressionista. Os principais exemplos que lhe respaldam são o culto às celebridades, as revistas de fofocas e, também, as centenas de pessoas que demandam entrada nos desfiles semestrais da *São Paulo Fashion Week*, como se ter acesso ao evento fosse uma questão de vida ou morte. Se por um lado essa é uma realidade, por outro não poderíamos deixar de ressaltar que há também dezenas de pessoas da classe A que fazem de tudo para não ir a eventos de moda, que não sonham em conhecer (nem em ser) celebridades, que não desejam transitar em carros de luxo blindados (até por medo de sofrer um seqüestro), que têm pânico de ir a Miami ou à Disneylândia, que, enfim, detestariam freqüentar a Ilha de Caras.

Durante essa observação neo-antropológica, encontramos pessoas do topo da pirâmide que tomam vinho (mas não pagam 100 dólares por ele), que não viajam de primeira classe (mesmo quando podem) e que gostam de livros, eventos culturais e/ou comer bem – mas atenção: a empada do mercado municipal pode ser tão ou mais nobre que a massa do Gero. Encontramos, inclusive, surpreendentes comunistas consumistas e incríveis publicitários anticonsumistas, ao lado de outras figuras conhecidas por seus peculiares hábitos de cultura e consumo, tais como *hippies* chiques, intelectuais do PSDB e emergentes do PT.

---

\* Fonte: Pesquisa Data Popular, São Paulo.

Em outras palavras, o padrão social contemporâneo mais provável – passível de conferir alguma unidade a essas disparatadas tendências urbanas – parece ser não o da sociologia do aspiracional, mas do pós-modernismo: a legitimidade de todas as tendências. Dos travestis aos neonazistas, das camilinhas às garotas do *funk* da periferia. Dos analisados, internacionalizados, bitolados e intelectualizados aos endinheirados da periferia e do interior, para quem essa conversa sobre tendências urbanas parece sobretudo uma espécie de delírio coletivo.

Sendo assim, como sustentar essa sociologia preguiçosa do aspiracional? Alguns diriam que tal argumento ainda faz sentido quando se pensa na comunicação para os mais pobres. Mas será, então, que nossos "pobres coitados" são todos iguais e só os ricos têm direito à diferença?

Contrariando esse raciocínio, a antropologia, a literatura e o cinema brasileiro têm encontrado e revelado muitos e estranhos tipos. O Brasil urbano e o Brasil rural estão repletos de "peças raras", com seus projetos pitorescos e sonhos espetaculares, organizando seu mundo simbólico de um modo que nem sequer intuímos. Será que nossa noção de aspiracional, preconceituosa e elitista, fala mesmo a essa gente? Talvez seja o caso de a publicidade começar a perguntar sinceramente a todos os cidadãos: *who do you wanna be*?

Comunicar para um público diferente requer, portanto, uma comunicação diferente. Como sabemos, comunicar para o topo da pirâmide exige um conceito focado na idéia de exclusividade. Nesse caso, é preciso considerar que o consumidor de alta renda quer se distinguir da massa, razão pela qual procura adquirir produtos exclusivos, como o carro importado de último modelo, as viagens turísticas para locais desconhecidos e inacessíveis, ou os serviços bancários personalizados e feitos sob medida.

Em contrapartida, comunicar para a base da pirâmide exige que se crie um conceito capaz de dialogar com ideais relevantes a esse público, que até recentemente era pouco considerado pelas estratégias de *marketing* e comunicação. Um conceito que fale de perto com o consumidor de baixa renda precisa levar em conta a idéia de inclusão, de pertencimento, de acesso ao universo do consumo. É assim que se chegará a seus corações e mentes: desconstruindo estigmas e aproximando esse consumidor desconfiado e até pouco tempo atrás excluído do mundo do consumo.

# RESUMO

Em síntese, o consumidor de baixa renda nos coloca uma série de questões cuja resposta está longe de ser óbvia. Esse público, que lida com bens de consumo e serviços de uma maneira particular, exige estratégias de *marketing* diferentes, pouco óbvias e que, ao contrário do que imaginamos, pedem soluções elaboradas, seja no desenvolvimento de produtos e de suas embalagens, em canais alternativos de distribuição ou em uma comunicação mais próxima e contextualizada. Por isso, ao trabalhar com esse segmento, é importante ter em mente o seguinte:

- Existe uma diferença importante entre o mundo corporativo e o universo popular
- Para falar a esse mercado, é preciso falar à classe C
- Considere o grande número de jovens
- Reflita sobre o problema da escolaridade
- Considere a centralidade da família
- Valorize as redes de sociabilidade
- Trabalhe com a idéia de fartura
- Lembre-se de que este é consumidor conservador
- Trate da questão da desconfiança
- Pense no crédito como um meio de acesso ao consumo
- Entenda que as barreiras de acesso podem ser reais e simbólicas
- Relativize a lógica do "aspiracional"

# Capítulo 2
# O POTENCIAL DO MERCADO DE BAIXA RENDA

## Tânia M. Vidigal Limeira
Professora de Marketing da FGV-EAESP
Pesquisadora do GVcev – Centro de Excelência em Varejo – da FGV-EAESP

> No Brasil, a renda familiar média é de 10 salários mínimos por mês. Os dados do Instituto Brasileiro de Geografia e Estatística revelam que cerca de 40 milhões de famílias vivem com renda líquida igual ou inferior a essa quantia, tendo gastado, em 2005, R$ 423 bilhões. Sem dúvida, há aí uma grande oportunidade de negócios.

Este capítulo aborda as características demográficas da população de baixa renda e seu potencial de consumo, e conclui com uma síntese das oportunidades de negócios para os varejistas que desejam atuar no mercado de baixa renda.

C. K. Prahalad, professor da Universidade de Michigan autor de *A riqueza na base da pirâmide*[1], é hoje um dos principais defensores da idéia de que o mercado formado pela população de baixa renda pode ser uma fonte de crescimento lucrativo para as empresas, desde que estas superem preconceitos e implementem estratégias baseadas na inovação, no empreendedorismo em larga escala e no engajamento das organizações sociais, econômicas e políticas locais.

No Brasil, um exemplo de empresa que adotou um bem-sucedido modelo de negócios são as Casas Bahia, rede varejista de móveis e eletroeletrônicos que inovou em seu sistema de crédito, permitindo ao cliente de baixa renda dispor de um cadastro próprio, com crédito concedido de acordo com seu histórico de pagamentos, sem a exigência de comprovação de renda.

Para demonstrar o potencial de negócios contido nesse mercado, Prahalad explica que a população mundial pode ser dividida em quatro segmentos, conforme sua capacidade de geração de renda, como mostra a Figura 2.1.

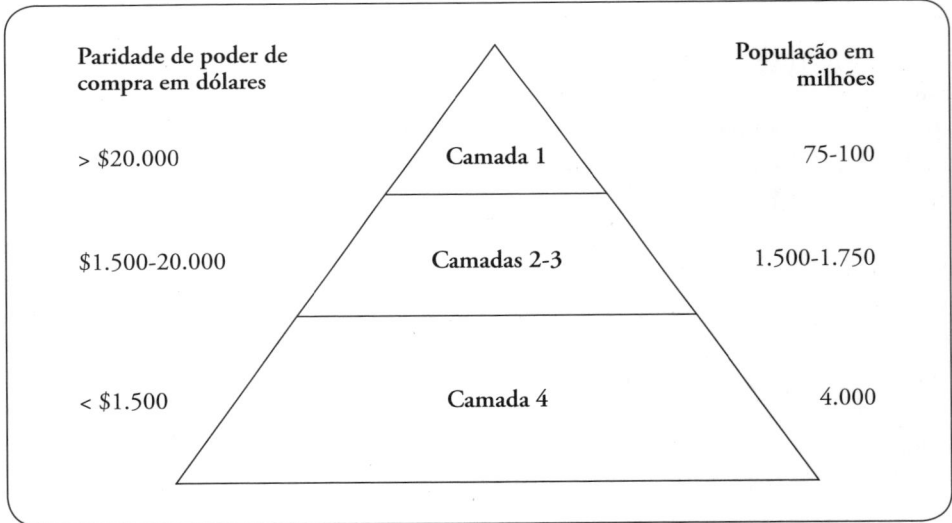

**Figura 2.1** A pirâmide econômica mundial.

Fonte: PRAHALAD, C. K. *A riqueza na base da pirâmide*. Porto Alegre: Bookman, 2005.

---

[1] PRAHALAD, C. K. *A riqueza na base da pirâmide*. Porto Alegre: Bookman, 2005.

Na pirâmide econômica mundial, a camada do topo constitui-se de um grupo de 75 a 100 milhões de pessoas, com capacidade de consumo equivalente a mais de US$ 20 mil por ano. Nas duas camadas intermediárias está um contingente populacional de cerca de 1,5 a 1,75 bilhão de pessoas, cuja capacidade de consumo varia entre US$ 1.500 e US$ 20 mil por ano. Na última camada, denominada "base da pirâmide", acham-se cerca de 4 bilhões de pessoas, com capacidade de consumo inferior a US$ 1.500 por ano, ou US$ 4,00 por dia.

Segundo estimativa do professor Prahalad, a população de baixa renda nos nove países emergentes mais importantes do mundo, entre os quais a China, a Índia, o México, o Brasil e a Rússia, representa um mercado de US$ 12,5 trilhões. Esse montante é superior à renda conjunta de países como Alemanha, Itália, França, Japão e o Reino Unido, de modo que não se pode ignorar um mercado de tais proporções.

Logo, o desafio que se apresenta às empresas não é praticar filantropia nem caridade, mas criar novos negócios em larga escala – voltados para os segmentos da população de baixa renda – que sejam lucrativos e sustentáveis.

Para que as empresas sejam bem-sucedidas nesse desafio, diversos pesquisadores de marketing[2] têm enfatizado a necessidade de procurar entender a cultura das nações emergentes, como o Brasil, visto que os valores, hábitos e estilos de vida dos consumidores de baixa renda desses países determinam sua aceitação ou não dos produtos e serviços oferecidos pelas empresas. Os autores Arnold & Quelch[3], por exemplo, destacam o grande potencial desse mercado de baixa renda, mas reconhecem a necessidade de que as empresas realizem mudanças em suas estratégias tradicionais, a fim de adaptar produtos, preços, distribuição e comunicação às exigências e características dos consumidores que integram tal segmento.

Com base nesse contexto, serão apresentados, nos tópicos a seguir, os principais dados sobre as características da população brasileira de baixa renda e sobre o potencial dos mercados de construção civil, eletroeletrônicos e farmácias, que corroboram a análise do professor Prahalad a respeito do grande potencial de negócios contido nos segmentos populares.

## Características demográficas da população de baixa renda

Para estimar o potencial de consumo da população de baixa renda no Brasil, começaremos analisando suas características sociodemográficas. A população de baixa renda do

---

[2] STEENKAMP, Jan-Benedict E. "Moving Out of the U.S. Silo: a Call to Arms for Conducting International Marketing Research". In: BROWN, Stephen W. *et al*. Marketing Renaissance: opportunities and imperatives for improving marketing thought, practice, and infrastructure. *Journal of Marketing*, v. 69, n 4, p. 1-25, 2005.

[3] ARNOLD, David J.; QUELCH, John A. New strategies in emerging markets. *MIT SLOAN Management Review*, v. 40, n. 1, p. 7-20, 1998.

país pode ser definida como o conjunto dos brasileiros com renda familiar mensal de até 10 salários mínimos (R$ 3.500, em maio de 2006).

Assim, utilizando como parâmetro a renda familiar mensal, como procede o IBGE em suas pesquisas, e a classificação da população brasileira por classes socioeconômicas, passaremos a considerar aqui a população de baixa renda como aquela pertencente às classes socioeconômicas C, D e E, cuja renda, em salários mínimos, está assim distribuída: classe E – até 2 salários mínimos (s. m.) de renda familiar mensal; classe D – mais de 2 s. m. até 5 s. m.; classe C – mais de 5 s. m. até 10 s. m.; classe B – mais de 10 s. m. até 20 s. m.; classe A – mais de 20 s. m.

Juntamente com a disponibilidade de crédito, a renda familiar é um dos principais indicadores do potencial de consumo. Cerca de 75,9% das famílias brasileiras vivem com renda mensal igual ou inferior a 10 salários mínimos. Em média, a receita mensal verificada é de R$ 1.789. Nas áreas rurais, é de R$ 873, ou seja, 45% do valor recebido nas áreas urbanas, R$ 1.954[4] (ver Quadro 2.1).

### Quadro 2.1 – Renda familiar no Brasil

| Faixas de renda familiar (R$ mês) | Nº famílias | % | % Acum. | Renda total | % | % Acum. |
|---|---|---|---|---|---|---|
| Até 600 | 14.696.772 | 30,3% | 30,3% | 5.383.171.190 | 6,2% | 6,2% |
| 600-1200 | 13.710.392 | 28,2% | 58,5% | 11.682.650.376 | 13,4% | 19,6% |
| 1200-1200 | 8.435.716 | 17,4% | 75,9% | 12.866.504.031 | 14,8% | 34,5% |
| 2000-4000 | 6.987.605 | 14,4% | 90,3% | 19.269.896.428 | 22,2% | 56,6% |
| Mais 4000 | 4.704.154 | 9,7% | 100,0% | 37.658.141.718 | 43,4% | 100,0% |
| Total | 48.534.639 | 100,0% |  | 86.860.363.743 | 100,0% |  |

Fonte: IBGE. Pesquisa de orçamentos familiares 2002-2003.

O trabalho é a principal fonte de renda das famílias brasileiras, representando 62% da receita familiar. O restante inclui aposentadorias (15%), rendimentos de aluguel (1,8%) e outros (6,6%), como vendas esporádicas, empréstimos e aplicações de capital. Além disso, nesse cálculo está incluída uma parcela não-monetária (14,6%), que corres-

---

[4] IBGE. *Pesquisa de Orçamentos Familiares 2002-2003*. Disponível em: http://www.ibge.gov.br/home/estatistica/populacao/condicaodevida/pof/2002/default.shtm. Acesso em: 29 nov. 2005.

ponde a produtos adquiridos mediante produção própria (agricultura, pesca, caça) ou trocas de mercadorias, doações e retiradas de empresa própria (IBGE, 2003).

Os brasileiros que trabalham em atividades não-agrícolas totalizam 62,8 milhões. Destes, cerca de 24 milhões têm carteira de trabalho assinada, ao passo que 15,4 milhões trabalham sem carteira assinada e 13,5 milhões são profissionais autônomos. As atividades na agricultura empregam cerca de 16,4 milhões de pessoas, ou 20,7% da população profissionalmente ativa, sendo que, desses trabalhadores, apenas 1,4 milhão (ou 8,3%) dispõe de carteira de trabalho assinada (IBGE, 2003).

Grande parcela da população brasileira trabalha na informalidade. Segundo dados de 2003, a economia informal gerou R$ 17,6 bilhões de receita e ocupou 25% dos trabalhadores não-agrícolas do país. A maior parte destes atua em pequenas empresas com até cinco empregados. Há cerca de 10,5 milhões de pequenas empresas urbanas (não-agrícolas) no país, das quais 98% pertencem ao setor informal e empregam 13,8 milhões de pessoas[5] (ver Quadro 2.2).

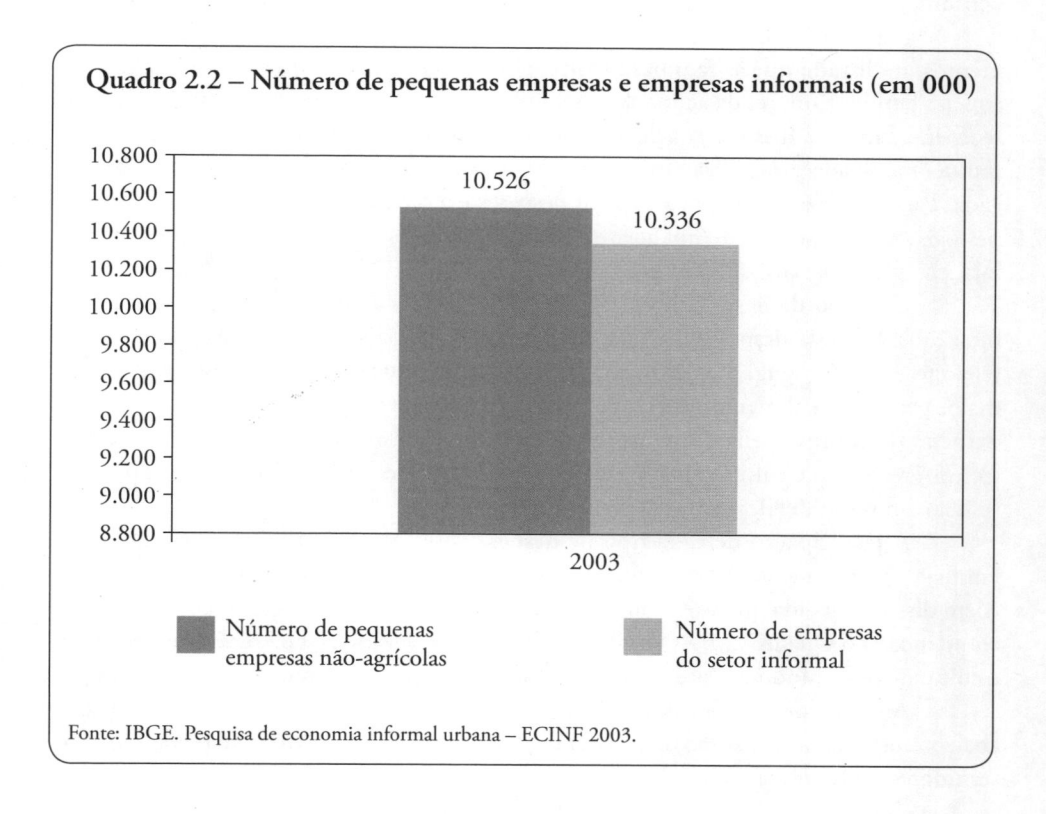

**Quadro 2.2 – Número de pequenas empresas e empresas informais (em 000)**

| 2003 | |
|---|---|
| Número de pequenas empresas não-agrícolas | 10.526 |
| Número de empresas do setor informal | 10.336 |

Fonte: IBGE. Pesquisa de economia informal urbana – ECINF 2003.

---

[5] IBGE. *Pesquisa de Economia Informal Urbana:* ECINF 2003. Disponível em: http://www.ibge.gov.br/home/estatistica/economia/ecinf/2003/default.shtm. Acesso em: 14 nov. 2005.

A maioria (88%) das empresas do setor informal pertence a trabalhadores autônomos e obtém uma receita média mensal de R$ 1.164. As atividades preponderantes nesse setor são o comércio e a reparação (lojas, restaurantes, bares, lanchonetes – 33%), seguido da construção civil (17%) e das indústrias de transformação e extrativa (16%).

## Composição dos gastos e do consumo das famílias

A Pesquisa de Orçamentos Familiares do IBGE, responsável por analisar a composição dos gastos e do consumo das famílias segundo suas respectivas faixas de renda, identificou algumas mudanças nas despesas e nos hábitos dos brasileiros. Uma delas foi a forma de gastar a renda. Há 30 anos, a parcela de despesas com alimentação, habitação, saúde, impostos e obrigações trabalhistas correspondia a 79,8% do total da renda familiar, chegando a 93,2% em 2003. Com isso, os investimentos (em imóveis e outros bens) responderam por apenas 4,7% desse total. Em média, as famílias brasileiras gastam, em itens de consumo, cerca de R$ 1.778 ao mês.[6]

Em quase todas as faixas de renda, o valor das despesas é maior que o dos rendimentos, indicando que as famílias incorrem em dívidas para cobrir seus gastos. Apenas aquelas famílias com renda acima de R$ 3 mil mensais gastam, em média, menos do que recebem. Em vista disso, cerca de 27,1% das famílias brasileiras informaram encontrar muita dificuldade para chegar ao fim do mês com pelo menos parte de sua renda preservada. Para cobrir essa diferença entre as despesas e a receita, recorre-se aos empréstimos pessoais ou aos sistemas de financiamento popular, como cartões de crédito, cartões de loja, cheques especiais, cheques pré-datados, etc.

O grupo de despesas que mais pesa no bolso da família brasileira é o da habitação (29,2% da despesa total, ou R$ 520 mensais), que inclui gastos com aluguel, telefone, luz, gás, água, manutenção e móveis, entre outros itens. O segundo grupo de maior peso é o da alimentação (17,1%) e o terceiro, o de transporte (15,1%). As demais despesas de consumo envolvem assistência à saúde (5,3%), vestuário (4,6%), educação (3,3%), recreação e cultura (1,9%), higiene e cuidados pessoais (1,7%), serviços pessoais (0,8%) e fumo (0,5%).

A participação de cada tipo de despesa varia de acordo com a faixa de renda familiar. Quanto menor a renda, maior o porcentual gasto com alimentação e habitação. Além disso, à medida que se elevam os rendimentos, aumentam os gastos com educação, como mostra o Quadro 2.3. As famílias de renda mais elevada gastam mais com recreação e cultura, consumindo livros e revistas (0,4% contra 0,08% das famílias mais pobres).

A parte do gasto domiciliar feito no varejo são despesas de consumo. O quadro abaixo mostra como o padrão de consumo varia de acordo com o nível de renda dos consumidores. Independente do nível de renda, o varejo de alimentos no Brasil é o setor mais

---

[6] IBGE. Pesquisa de Orçamentos Familiares 2002-2003.

importante, seguido pelo varejo de vestuário e o automotivo. O Quadro 2.3 também identifica os outros expressivos segmentos na composição dos gastos do consumidor.

| Quadro 2.3 – Alocação dos gastos de consumo no orçamento familiar | | |
|---|---|---|
| Setores de consumo | Classe D<br>R$/mês/domic<br>R$ 400 a R$ 600 | Classe A<br>R$/mês/domic<br>+R$ 6000 |
| Alimentação (fora e dentro de casa) | 29,8% | 9,0% |
| Vestuário | 5,7% | 3,2% |
| Eletrodomésticos | 2,7% | 1,1% |
| Mobiliários e artigos do lar | 2,6% | 1,4% |
| Higiene e cuidados pessoais | 2,4% | 1,1% |
| Remédios | 3,2% | 1,3% |
| Material de construção | 2,0% | 2,0% |
| Aquisição de veículos | 1,9% | 8,2% |
| Educação | 1,0% | 4,9% |
| Combustível – veículo próprio | 1,2% | 3,7% |
| Recreação e cultura | 1,1% | 2,2% |
| Subtotal varejo | 52% | 32% |
| Outras desepesas | 48% | 68% |
| Total despesas | 100% | 100% |

Fonte: IBGE – POF 2002-2003.

O Quadro 2.4 ressalta a importância dos segmentos de baixa renda (abaixo de R$ 2000), para os varejistas no Brasil. Verifica-se que em setores como no varejo de alimentos, eletrodomésticos, remédios e vestuário, o segmento de baixa renda corresponde a mais da metade desse mercado.

De acordo com a pesquisa PNAD 2005[7], do total de 53 milhões de domicílios do país, 17,7% não eram atendidos por rede geral de água, 30,3% não dispunham de esgoto sanitário adequado, 14,2% não contavam com coleta de lixo, 28,4% não possuíam telefone e em 2,8% não havia iluminação elétrica. Cerca de 30% das famílias declararam problemas domiciliares, dos quais os mais citados, em todas as regiões do Brasil, referiam-se às condições físicas das habitações, como pouco espaço (42%), e à sua degradação: telhado com goteiras (34%), janelas, portas e assoalhos deteriorados (30%), além de umidade do chão e das paredes (31%).

**Quadro 2.4 – Tipos de despesas segundo as faixas de renda**

| Faixas de renda familiar (R$ mês) | % Mercado | | | | | |
|---|---|---|---|---|---|---|
| | Alimentos | Gás doméstico | Eletro-doméstico | Remédios | Vestuário | Educação |
| Mais de 4.000 | 19,5% | 12,4% | 24,3% | 24,9% | 27,0% | 54,0% |
| Mais de 2.000 a 4.000 | 24,8% | 15,7% | 22,9% | 21,1% | 23,0% | 25,4% |
| Mais de 1.200 a 2.000 | 19,4% | 18,7% | 19,4% | 19,2% | 19,2% | 11,1% |
| Mais de 600 a 1.200 | 18,8% | 28,9% | 20,1% | 21,2% | 19,7% | 6,9% |
| Até 600 | 17,5% | 24,3% | 13,2% | 13,5% | 11,0% | 2,6% |
| Total | 100,0% | 100,0% | 100,0% | 100,0% | 100,0% | 100,0% |
| Mais de 2.000 | 44,3% | 28,2% | 47,2% | 46,1% | 50,0% | 79,4% |
| Até 2.000 | 55,7% | 71,8% | 52,8% | 53,9% | 50,0% | 20,6% |

Fonte: IBGE – Pesquisa de orçamentos familiares 2002-2003.

Quanto à posse de bens, cerca de 91,4% dos domicílios dispõem de pelo menos um aparelho de TV, 88,1% possuem rádio, 88,1% têm geladeira, 16,7% possuem congelador e 35,8% contam com máquina de lavar roupa (ver Quadro 2.5). O microcomputador foi o bem durável de maior procura nos últimos anos, estando presente em cerca de 18,6% dos lares brasileiros, sendo que 13,9% deles têm acesso à internet.

---

[7] IBGE. *Pesquisa Nacional por Amostra de Domicílios:* PNAD 2005. Disponível em: http://www.ibge.gov.br/home/estatistica/populacao/trabalhoerendimento/pnad2005/comentarios2005.pdf. Acesso em: 30 set. 2006.

Com o aumento da oferta dos serviços de telefonia, a proporção de domicílios com telefone mais que triplicou dentro de um período de 10 anos: de 22,4%, em 1995, passou a 71,6%, em 2005. Ademais, observa-se que cresce o número de domicílios com telefone celular: em 2005, 59,3% do total das residências dispunham de aparelhos celulares.

Os dados aqui apresentados nos permitem tomar conhecimento de como a população de baixa renda gasta sua renda, o que facilita as estimativas de seu potencial de consumo nos diversos mercados de bens e serviços.

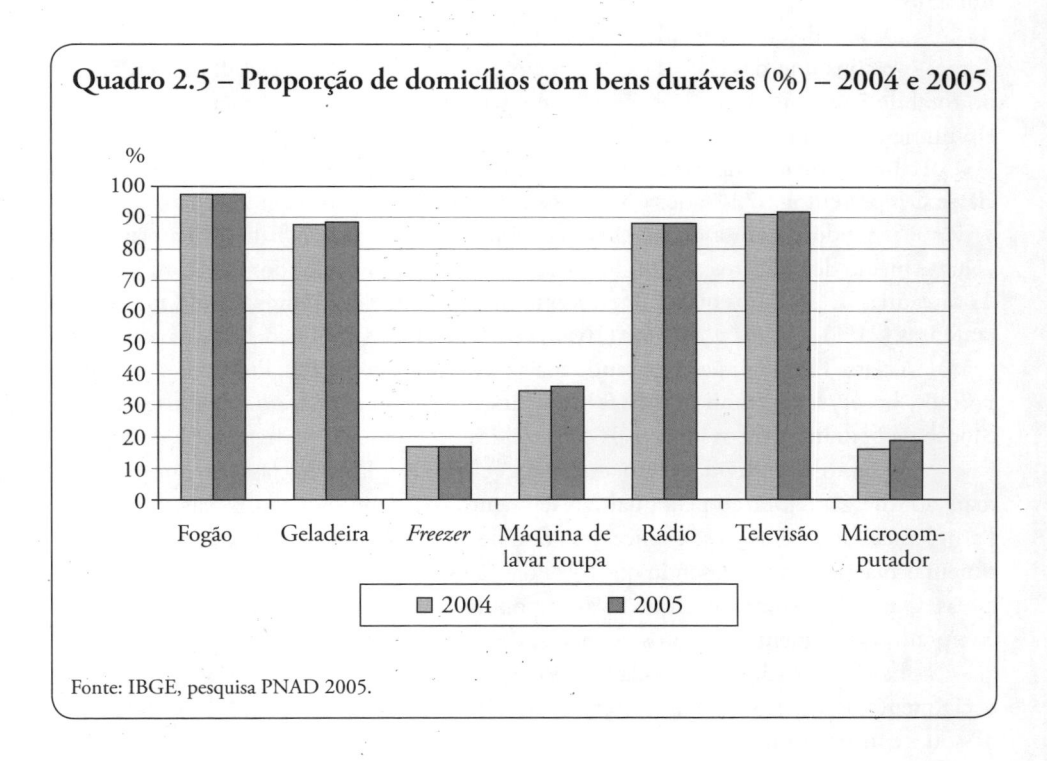

**Quadro 2.5 – Proporção de domicílios com bens duráveis (%) – 2004 e 2005**

Fonte: IBGE, pesquisa PNAD 2005.

## Potencial de consumo da população de baixa renda

Como sabemos, o Brasil é um país de grandes números. Além da vasta amplitude geográfica, nosso país tem uma das maiores populações mundiais. Segundo estimativas de 2005, nosso número de habitantes chegou ao total de 184,2 milhões.[8] Já na economia, o Produto Interno Bruto alcançou R$ 1,93 trilhão, sendo que o PIB *per capita* foi de R$ 10.520.[9]

---

[8] IBGE. Estimativa da população brasileira em dezembro de 2005.

[9] IBGE. *Contas Nacionais Trimestrais:* indicadores de volume e valores correntes de 2005. Disponível em: http://www.ibge. gov.br/home/estatistica/indicadores/pib/defaultcnt.shtm. Acesso em: 20 maio 2006.

O consumo total das famílias brasileiras, que representa o mercado real de consumo no país, totalizou, em 2005, R$ 1,06 trilhão, ou 55% do PIB. Em decorrência da elevação real de 5,3% nos salários e do aumento nominal de 36,7% nas operações de crédito dirigido a pessoas físicas, esse consumo cresceu 3,1%. O aumento da oferta de crédito foi impulsionado pelo crédito consignado em folha e pelo alongamento dos prazos de pagamento no comércio.

Quando são analisados os segmentos de baixa renda, também se fala em grandes números.

De acordo com o estudo "Brasil em Foco", realizado pela empresa de consultoria Target[10], o consumo das classes C, D e E em 2005 totalizou R$ 423 bilhões, ou 38,5% do total do consumo no país. A classe C é o segmento de maior potencial, pois cresceu em número de domicílios e valores monetários de consumo como decorrência da ascensão social das camadas de menor renda (classes D e E), que reduziram de tamanho. A classe C representou 37,9% dos domicílios e 27,2% do consumo em 2005.

Segundo pesquisa de 2005 realizada pela empresa Latin Panel[11], na classe C o volume médio de produtos adquiridos cresceu 7% e o gasto médio domiciliar subiu 10%. As categorias de produtos que mais cresceram foram as de salgadinhos (22%), massas instantâneas (21%), queijos *petit suisse* (16%), cremes de leite (15%) e bebidas à base de soja (15%). A classe C também está gastando mais com itens não-básicos. Produtos como sucos prontos, *ketchups*, salgadinhos, massas instantâneas, queijinhos *petit suisse*, iogurtes, cremes e loções já figuram entre os itens mais consumidos pelas famílias dessa faixa de renda.

Quanto ao endividamento, este é mais crítico nos lares da classe C, que gasta 8% mais do que ganha, razão pela qual é o segmento mais endividado do país. Segundo a Latin Panel, tal fenômeno se explica pelo fato de que a classe C tem predileção por experimentar marcas *premium*, sendo que 82% das famílias desse segmento procuram marcas novas. O estudo mostra ainda que 26% da população das classes D e E e 22% da classe C compram regularmente produtos de marca, desde que o orçamento permita.

Esses são dados que revelam o potencial de consumo das classes C, D e E, especialmente da classe C, que, por ter obtido aumento de renda nos últimos dois anos, passou a consumir mais.

## Oportunidades de negócios para o varejo

As oportunidades de negócios para o varejo no mercado de baixa renda estão se tornando uma realidade concreta graças não apenas às iniciativas por parte das empresas, mas também

---

[10] TARGET. Brasil em Foco: índice Target de potencial de consumo 2005. Disponível em: http://www.targetmark.com.br/imprensa. Acesso em: 23 mar. 2006.

[11] LATIN PANEL. *Pesquisa painel nacional domiciliar*. São Paulo: IBOPE, 2005.

às políticas econômicas e sociais adotadas a partir de 1994, em resposta às pressões de organismos internacionais como a ONU e, principalmente, de grupos organizados da sociedade.

Em 2004, o governo Lula investiu cerca de R$ 74 bilhões em programas assistenciais, que incluem desde as aposentadorias dos trabalhadores rurais até as bolsas de auxílio financeiro que compõem o Fome Zero. O principal programa assistencial do governo é o Bolsa-Família, que em 2005 beneficiou 8,7 milhões de famílias. O programa faz repasses mensais de R$ 15 a R$ 95 a famílias com renda familiar *per capita* de no máximo R$ 100, além de beneficiar desde gestantes e mães em fase de amamentação até famílias com crianças de menos de 15 anos de idade que freqüentem a escola. Segundo o IBGE, os benefícios desse programa se irradiaram para mais de 10% dos lares brasileiros entre 2002 e 2004, contribuindo para o aumento da renda e do consumo nesse período.[12]

Outros dados revelam o crescimento no volume de negócios voltados para o segmento de baixa renda, os quais estão sendo explorados por diversos empreendedores. A título de exemplo, tem-se o crescente movimento registrado pelos comerciantes da Rua 25 de Março, um dos ícones do consumo popular de São Paulo. Segundo o presidente da União dos Lojistas da 25 de Março (Univinco), que responde por cerca de 350 lojas da região, cerca de 600 mil pessoas circularam diariamente pelas lojas da 25 de Março em novembro de 2005, volume superior à média, que é de 400 mil.[13]

Outro exemplo é a empresa Unilever, fabricante de alimentos, produtos de higiene e limpeza, que considera essa faixa da população estratégica para seu crescimento no país. Atualmente, as classes C, D e E respondem por 45% das vendas da empresa, cujo faturamento chegou a R$ 8,6 bilhões em 2004. No intuito de melhor entender esse consumidor, a empresa mantém equipes de pesquisa que cadastram clientes e visitam suas casas. As opiniões que estes manifestam são utilizadas para o aperfeiçoamento e desenvolvimento de novos produtos. Assim, a Unilever lançou produtos específicos para segmentos de baixa renda, como um xampu da linha Seda para cabelos crespos e encaracolados, um sabonete Lux para pele morena ou negra, um hidratante Vasenol para pele morena e o sabão em pó Ala, vendido nas regiões Norte e Nordeste.[14]

Na área bancária, um exemplo é a Caixa Econômica Federal, cujo montante de contas simplificadas para a população de baixa renda já equivalia, em junho de 2005, ao das contas-correntes normais, sujeitas a tarifas e com direito a talão de cheque. Até aquela data, a instituição possuía 3,18 milhões de contas simplificadas e 3,2 milhões de contas-

---

[12] GOBETTI, Sérgio. Governo eleva gasto assistencial a R$ 74 bi. *O Estado de São Paulo*, São Paulo. Disponível em: http://txt.estado.com.br/editorias/2005/01/30/pol023.html. Acesso em: 24 mar. 2006.

[13] DE CHIARA, Márcia. Crediário enfrenta comércio popular. *O Estado de São Paulo*, São Paulo. Disponível em: http://txt.estado.com.br/editorias/2005/12/04/eco045.html. Acesso em: 27 mar. 2006.

[14] CLASSES C e D ganham atenção das empresas. *O Estado de São Paulo*, São Paulo. Disponível em: http://txt.estado.com.br/editorias/2004/08/30/eco017.html. Acesso em: 21 mar. 2006.

correntes normais. A instituição, que começou a atuar nesse segmento em maio de 2003, já havia conquistado 6,4% da população desprovida de crédito bancário.[15]

No varejo verificam-se outros exemplos, como o dos pequenos supermercados do Nordeste, que, em conseqüência do desenvolvimento econômico da região, têm alcançado crescimento em suas vendas, conforme descrito no Quadro 2.6.

### Quadro 2.6 – Crescimento do pequeno varejo

Em Olinda (PE), o gerente do supermercado Tropical, José Rejânio, terá um Natal gordo. Suas vendas aumentaram 30% até novembro de 2005. De 2004 até essa data, ele contratou 35 funcionários. Mas não se trata de um caso isolado. Os programas oficiais de transferência de renda e o aumento real de 7% no salário mínimo impulsionam a economia da região nordeste.

O salário médio em Salvador (BA) subiu 12,2% nos últimos 12 meses – já descontada a inflação –, bem mais que os 5% da média nacional. Os supermercados da capital baiana expandiram as vendas em 8,6%, em comparação com os 5,2% da média brasileira. Até setembro, o comércio varejista do Nordeste apresentou forte crescimento, com picos de 21,7% no Rio Grande do Norte e 29,1% na Paraíba. No Sul, o avanço foi pequeno: 0,15% no Paraná, 0,6% no Rio Grande do Sul e 5,4% em Santa Catarina."Quanto mais ao Sul, pior o desempenho econômico, o que reflete os efeitos da ressaca agrícola", diz Fernado Montero, da Convenção Corretora, ao resumir o cenário do crescimento brasileiro.

"No Nordeste, a venda de bens duráveis perde espaço para alimentos e vestuário", explica Sergio Vale, da MB Associados. Esse é um efeito direto do programa Bolsa-Família, que atende a famílias com renda mensal inferior a R$ 100. O impulso da economia vem dos serviços e do comércio. O turismo, fonte de renda importante na região, representando 10% de sua economia, também contribui para explicar esse crescimento. De janeiro a outubro de 2005, o número de passageiros que desembarcaram nos aeroportos nordestinos foi 15% maior que no ano passado. Em Fortaleza, esse aumento superou 20%.

Fonte: Texto adaptado de Raquel Salgado, "Transferência de renda faz NE crescer mais que o país". *Valor Online*, 19/12/05. Disponível em http://www.valoronline.com.br/veconomico.

Outros segmentos de negócios que apresentam boas oportunidades para o varejo no mercado de baixa renda são os de materiais de construção, eletroeletrônicos, farmácias e drogarias. A seguir, apresentamos dados desses segmentos que corroboram tal afirmação.

---

[15] CAIXA abre 8 mil contas simplificadas por dia no País. *O Estado de São Paulo*, São Paulo. Disponível em: http://txt.estado.com.br/editorias/2005/06/19/eco010.html. Acesso em: 24 mar. 2006.

## Materiais de construção

O setor de materiais de construção representa 4,6% do PIB do país. É composto por 125.302 varejistas, cujo faturamento atingiu a cifra de R$ 31,2 bilhões em 2004, sendo que cerca de 72% de suas vendas se devem às lojas de pequeno e médio portes.[16]

As perspectivas de crescimento para esse setor são bastante favoráveis, em decorrência do potencial de consumo reprimido nos segmentos de baixa renda. No Brasil, o déficit habitacional chega a 7,7 milhões de moradias, das quais 5,5 milhões localizam-se em centros urbanos, onde 24 milhões de pessoas não possuem habitação adequada ou sequer têm onde morar. Se esse cálculo incluir moradias inadequadas (sem infra-estrutura básica), o número chega a 13 milhões de habitações e 33,9 milhões de pessoas sem moradia.[17]

Diante desse cenário, o governo federal e os governos estaduais vêm implementando políticas e programas com o objetivo de estimular novos empreendimentos habitacionais para a população de baixa renda. No Rio de Janeiro, por exemplo, o programa Favela-Bairro é um projeto ambicioso de urbanização de favelas, já tendo aplicado cerca de US$ 600 milhões da prefeitura e do Banco Mundial em 200 favelas, ou seja, em quase 30% das cerca de 700 favelas existentes na cidade.

Uma das medidas adotadas pelo governo foi a maior oferta de crédito para o financiamento da compra de materiais de construção para moradias populares. A Caixa Econômica Federal (CEF) disponibiliza uma linha de crédito chamada Construcard, voltada para famílias com renda mensal de até R$ 1,5 mil. Nesse sistema, o cliente recebe um cartão de débito, com o qual faz suas compras nas lojas. Em 2005, o total desse tipo de crédito concedido pela Caixa Econômica Federal atingiu R$ 2,2 bilhões. E o número de lojas de materiais de construção conveniadas totalizou 42.395, distribuídas em todo o país.[18] Segundo analistas, o volume de recursos disponíveis para o crédito habitacional, aliado à introdução de novas regras para o mercado imobiliário, deve alterar o perfil dos lançamentos previstos para os próximos anos, incrementando as construções populares e da classe média.

Outra medida adotada pelo governo foi a redução do IPI (imposto sobre produtos industrializados) de 41 materiais de construção. Assim, reduziu-se de 37% para menos de 35% a participação dos impostos nos custos de uma habitação popular, cujo orçamento gira em torno de R$ 14 mil. A grande beneficiada é a população de baixa renda que constrói sua moradia com as próprias mãos.[19]

---

[16] ANAMACO. *Dados gerais do setor 2005*. Disponível em: http://www.anamaco.com.br/dados_setor.php. Acesso em: 25 jul. 2006.

[17] TOSTA, Wilson. Brasil tem 33,9 milhões de pessoas sem moradia. *O Estado de São Paulo*, São Paulo. Disponível em: http://txt.estado.com.br/editorias/2005/09/13/cid022.html. Acesso em: 27 jun. 2006.

[18] FONTES, Stella. Setor imobiliário muda de perfil. *O Estado de São Paulo*, São Paulo. Disponível em: http://txt.estado.com.br/editorias/2005/01/24/eco023.html. Acesso em: 17 abr. 2006.

[19] LACERDA, Ana Paula; BRITO, Agnaldo. Medidas vão estimular consumo "formiguinha". *O Estado de São Paulo,* São Paulo. Disponível em: http://txt.estado.com.br/editorias/2005/02/11/eco025.xml. Acesso em: 10 mar. 2006.

Segundo dados da Associação Nacional dos Comerciantes de Material de Construção (Anamaco), cerca de 77% das unidades habitacionais brasileiras são construídas em regime de autogestão. Dados de 2001 mostram que o total de novas construções autogeridas foi de 850 mil unidades, estimadas no valor médio de R$ 61,1 mil, com gastos totalizando R$ 52 bilhões. Como a maioria dos brasileiros não dispõe de recursos para adquirir um imóvel financiado, os próprios consumidores compram os produtos aos poucos e, com a ajuda de vizinhos ou terceirizando serviços (por exemplo, contratando um pedreiro, alguém para assentar o piso, etc.), constroem mais um cômodo, a própria moradia, ou reformam a antiga. Por mais que o poder de compra do brasileiro tenha diminuído nos últimos anos, ele não deixa de adquirir o material essencial à construção de sua moradia, pois essa é uma necessidade imperiosa.[20]

O Quadro 2.7 demonstra como a população de baixa renda expande o consumo de materiais de construção.

## Eletroeletrônicos

Segundo o IBGE[21], o varejo de eletroeletrônicos, eletrodomésticos e móveis obteve, em 2004, uma receita total de R$ 92,5 bilhões, valor que representa 11,6% do total das receitas do comércio varejista no país.

Os dados de mercado indicam o grande potencial de consumo dos produtos eletroeletrônicos pelos segmentos de baixa renda. Uma pesquisa feita pelo instituto Ipsos-Opinion revelou que 68% dos brasileiros jamais navegaram na internet e que 55% nunca utilizaram um computador. Também foi verificado que 40,2% da população estão dispostos a pagar até 1.500 reais por um computador, a mesma proporção dos que afirmam estar dispostos a desembolsar até 30 reais mensais para ter acesso à internet.[22]

A Associação de Fabricantes de Eletroeletrônicos (Eletros) revelou que as vendas de eletroeletrônicos atingiram um crescimento de 15% em 2005. O destaque foi o segmento de imagem e som, que cresceu 32% em relação a 2004. O carro-chefe das vendas desse setor foram os aparelhos de DVD, que tiveram um incremento de 80,4%, registrando vendas de 6,5 milhões de aparelhos. Já as vendas de televisores ficaram em 9 milhões de unidades, 20,9% acima das vendas de 2004. Como um todo, a indústria de eletroeletrônicos comercializou mais de 45 milhões de unidades das três linhas de produto (branca, de portáteis e de imagem e som)[23].

---

[20] ANAMACO. *Dados gerais do setor, 2005*. Disponível em: http://www.anamaco.com.br/dados_setor.php. Acesso em: 12 abr. 2006.

[21] IBGE. *Pesquisa anual do comércio* 2004, Rio de Janeiro.

[22] MUNIZ, Ricardo. 68% dos brasileiros nunca usaram a internet. *Revista EXAME*, São Paulo, 24 nov. 2005.

[23] DE CHIARA, Márcia. Nas TVs, a volta aos bons tempos. *O Estado de São Paulo*, São Paulo. Disponível em: http://txt.estado.com.br/editorias/2005/10/23/eco007.html. Acesso em: 29 out. 2005.

> **Quadro 2.7 – Expansão do consumo de materiais de construção**
>
> **Puxadinho sobe e aumenta a renda**
>
> O espaço é pouco, os filhos são muitos, e o barraco vai subindo. O famoso puxadinho – agora verticalizado – pode abrigar a família que cresce, ser vendido ou alugado, ou tornar-se um comércio, como bares, mercados ou oficinas – de costura, por exemplo. Sem planta nem projeto, fruto apenas da prática do pedreiro – em muitos casos, o próprio dono. E, com ritmo ditado pela disponibilidade do dinheiro, para ferro, areia, cimento, e de tempo, para encher lajes e colunas nas horas de folga.
>
> A verticalização e a divisão em vários cômodos formam verdadeiros labirintos porta adentro. Que abrigam também soluções criativas de geração de renda, como a da estudante Vera Lúcia, que fez de sua casa o primeiro *shopping* em uma favela paulistana – o Mini Shopping Heliópolis, com 11 lojinhas alugadas a R$ 200,00 cada uma. Ou a da auxiliar de limpeza Simone, de Paraisópolis, também na zona sul de São Paulo, que alugou o térreo, ergueu dois andares para morar e terminou a cobertura com churrasqueira e vista para mansões do Morumbi, para alugar como salão de festas.
>
> Com 125 mil habitantes, 40 mil casas e 2.500 pontos comerciais, Heliópolis chegou ao limite da área de 1 milhão de metros quadrados. Só cresce agora para cima. Em Paraisópolis, no Morumbi, a favela de metro quadrado mais caro de São Paulo – cerca de R$ 600,00 –, já há casas com cinco pavimentos.
>
> Fonte: Texto adaptado de Adriana Carranca e Luciana Garbin. "Puxadinho sobe e aumenta renda". *O Estado de São Paulo*, São Paulo. Disponível em http://txt.estado.com.br/editorias/2005/11/20/cid001.html. Acesso de 13 de abril de 2006.

O barateamento dos preços foi um dos motivos para o crescimento das vendas. A título de exemplo, entre 2000 e 2005 a variação dos preços, em reais, de um televisor de 20 polegadas ficou 30% abaixo da variação da cesta básica. Além do barateio dos preços e da dilatação dos prazos dos financiamentos, a inovação tecnológica foi outro fator que atraiu os consumidores.

O consumo de produtos eletroeletrônicos será facilitado pelos programas governamentais de incentivo à inclusão digital, como os Telecentros, o Computador Para Todos e o Telefone Popular. O programa Computador Para Todos tem como objetivo aumentar o acesso a microcomputadores e à internet. Para isso, foi aprovada a isenção de tributos (PIS/Pasep e Cofins) sobre computadores de até R$ 2.500, o que significa uma redução de cerca de 9,2% nos preços dos aparelhos. Além disso, os computadores de até R$ 1.400 que sigam as configurações estipuladas pelo governo poderão ser parcelados em até 24 prestações de R$ 70. Quanto à internet, as operadoras de telefonia fixa poderão oferecer a seus clientes 15 horas de conexão pelo preço mensal de R$ 5 mais impostos, o que totalizará cerca de R$ 7,5, dependendo da incidência do ICMS em cada Estado.

Com o programa Telefone Popular, a Agência Nacional de Telecomunicações (Anatel) espera que 4,5 milhões de domicílios passem a contar com o novo serviço pré-pago de telefonia fixa, que oferece uma assinatura mais barata. Esse serviço está voltado sobretudo a residências com renda familiar de dois até cinco salários mínimos e a pessoas que queiram controlar seus gastos.

Outro projeto governamental é o da TV a cabo para a população de baixa renda. A Anatel deverá regulamentar a TV a cabo com mensalidade de R$ 15 para as comunidades populares, como as que vivem nos morros cariocas. Além de ser um instrumento social e de coibir a captação pirata do sinal de empresas de TV por assinatura, o projeto visa a ampliar esse mercado, estagnado em torno de 3,5 milhões de assinantes há três anos. A mensalidade por esse serviço será a mesma cobrada por empresas que captam o sinal ilegalmente (a chamada "TV gato") e incluirá de 12 a 20 canais.

## Farmácias e drogarias

Em 2005, as vendas totais de medicamentos, genéricos e não-medicamentos (cosméticos, adoçantes, sabonetes, desodorantes, tinturas de cabelo, protetores solares, etc.) atingiram cerca de R$ 6,4 bilhões nas 26 maiores redes de farmácias e drogarias do país, presentes em 237 cidades de 19 Estados brasileiros, segundo os dados da Abrafarma (Associação Brasileira das Redes de Farmácias e Drogarias). A comercialização de genéricos movimentou cerca de R$ 529,6 milhões. As entregas em domicílio atingiram a marca de R$ 284 milhões, enquanto o número de clientes atendidos em farmácias e drogarias foi de 293 milhões.

Pesquisas revelam que o potencial de crescimento das vendas de medicamentos é maior especialmente nos segmentos de baixa renda. Segundo o IBGE, os brasileiros gastam, em média, 19% de sua renda com saúde, de modo que muitos acabam se endividando para saldar essas despesas. Ademais, as pesquisas mostram que três de cada dez brasileiros são portadores de pelo menos uma doença crônica, aquela que acompanha o paciente durante longo tempo, como bronquite, nível alto de colesterol, hipertensão e diabetes. Entre os idosos (acima de 65 anos), tal proporção chega a 77,6%. São doenças de variados níveis de gravidade, com as quais os doentes são obrigados a conviver. Entre os 52,6 milhões de portadores de doenças crônicas, a maioria (58,5%) sofre de uma única doença; cerca de 23% sofrem de duas doenças; e 18,5%, de três ou mais.[24]

Outros dados da mesma pesquisa[25] indicam que

- a participação dos remédios na despesa da classe E (4,1%) é o dobro da média dos brasileiros (2,1%).

---

[24] LEAL, Luciana Nunes. 30% dos brasileiros têm alguma doença crônica. *O Estado de São Paulo*, São Paulo. Disponível em: http://www.estadao.com.br/cidades/noticias/2005/mai/25/143.htm. Acesso em: 28 out. 2005.

[25] IBGE. *PNAD* – Pesquisa Nacional por Amostra de Domicílio. Suplemento de Saúde, Rio de Janeiro, 2003.

- cerca de 62,8% dos brasileiros declararam ter consultado um médico nos 12 meses anteriores à pesquisa. A maior proporção está concentrada nas faixas etárias extremas, entre menores de 5 anos (77,7%) e maiores de 64 anos (79,5%).

- as mulheres, principalmente na idade reprodutiva, foram as que mais procuraram assistência médica: 71,2% contra 54,1% dos homens.

- em relação às faixas de renda, entre os que vivem em famílias com vencimentos superiores a 20 salários mínimos o porcentual cresce para 78,3%, comparativamente aos que têm renda familiar de um salário, cujo índice foi de 58,5%.

- cerca de 15,9% da população, ou 28 milhões de brasileiros, jamais consultaram um dentista. Na faixa de renda familiar de um salário mínimo, tal proporção chega a 31%. Nas famílias com renda acima de 20 salários mínimos, esse número é de apenas 2,9%.

Em relação aos remédios genéricos, que têm por objetivo aumentar o acesso da população aos medicamentos, o total comercializado saltou de 38,8 milhões de unidades, em 2001, para 121 milhões, em 2004.[26] Em 2005, os genéricos representaram 7% das vendas do mercado farmacêutico do Brasil, cujo faturamento anual bruto é de US$ 7,5 bilhões.[27]

Segundo Vera Valente, diretora da Associação Pró-Genéricos[28], os remédios genéricos impuseram uma nova dinâmica ao mercado brasileiro de medicamentos. Além disso, trouxeram uma contribuição social importante, ao criar novas possibilidades para o tratamento de milhares de brasileiros, especialmente da população de baixa renda. Desde que eles chegaram ao mercado, em 2000, verificou-se um crescimento substancial no consumo de vários princípios ativos, especialmente daqueles destinados ao controle de doenças crônicas. Com preços médios 45% inferiores aos dos medicamentos de marca, os genéricos converteram-se em uma alternativa econômica e segura, viabilizando o tratamento de milhares de consumidores que até então, devido a restrições econômicas, não conseguiam medicar-se adequadamente.

O potencial do varejo de medicamentos para o segmento de baixa renda também será impulsionado pelo programa Farmácia Popular, mediante o qual o governo subsidiará 90% (o consumidor pagará os outros 10%) da venda de 200 medicamentos contra hipertensão e diabetes nas drogarias particulares. O valor do orçamento não foi divulgado pelo Ministério da Saúde, mas a projeção é que 1.500 farmácias se inscrevam

---

[26] MING, Celso. Ainda não chegou ao pobre. *O Estado de São Paulo*, São Paulo. Disponível em: http://txt.estado.com.br/editorias/2005/02/09/eco004.html. Acesso em: 24 abr. 2006.

[27] FAVARO, Tatiana. Tese mostra que genéricos reduzem gastos públicos e facilitam acesso a medicamentos. *Jornal da Unicamp*, Campinas, v. 225, 18 a 24 ago. 2003.

[28] VALENTE, Vera. O fenômeno dos genéricos no mercado brasileiro. *Data Popular*, São Paulo, nov. 2004. Disponível em: http://www.datapopular.com.br. Acesso em: 12 maio 2006.

nas duas primeiras semanas iniciais do programa, no segundo semestre de 2006. Em 2005, a venda desses medicamentos nas 25 maiores redes de farmácias e drogarias do país correspondeu a R$ 140 milhões, segundo informações da Associação Brasileira das Redes de Farmácias e Drogarias (Abrafarma). Além de aumentar as vendas, o programa deverá ampliar o fluxo de consumidores nas farmácias.[29]

Esses são alguns exemplos de oportunidades de negócios existentes no varejo voltado para a população de baixa renda, oportunidades que podem ser exploradas pelos varejistas a fim de atender às demandas dessa parcela significativa da população brasileira.

## RESUMO

A população brasileira de baixa renda, cuja receita familiar mensal é de até 10 salários mínimos (R$ 3.500,00, em abril de 2006), representa uma significativa oportunidade de desenvolvimento e crescimento para diversos segmentos de negócios. Esse potencial baseia-se em dados que revelam que, do total das 53 milhões de famílias brasileiras, cerca de 75,9% vivem com renda mensal igual ou inferior a 10 salários mínimos. Essas famílias gastaram, em 2005, cerca de R$ 423 bilhões, ou 38,5% do total do consumo no país. O crescimento das despesas com consumo é mais significativo na classe C (cujo rendimento vai de 5 a 10 salários mínimos mensais), que obteve ganho de renda nos últimos dois anos, passando a consumir mais.

As oportunidades de negócios no mercado de baixa renda estão se tornando uma realidade concreta graças não apenas às iniciativas das empresas, mas também às políticas econômicas e sociais adotadas a partir de 1994. Como resultado dessas políticas, o governo federal está implantando programas como os Telecentros, o Computador Para Todos, o Telefone Popular e a Farmácia Popular. Portanto, alguns negócios que apresentam boas oportunidades para o varejo nesse segmento de mercado são, além de alimentos, os de materiais de construção, eletroeletrônicos e drogarias, entre outros.

---

[29] ELOI, Cristiano. Remédio subsidiado chega às lojas. *Jornal DCI:* Diário Comércio e Indústria, São Paulo, 29 ago. 2006.

# Capítulo 3
# VALOR NO VAREJO DIRECIONADO AO SEGMENTO DE BAIXA RENDA

## Juracy Parente
Ph.D. em Administração de Empresas pela University of London
Professor de Marketing da FGV-EAESP e coordenador do GVcev – Centro de Excelência em Varejo – da FGV-EAESP

## Edgard Barki
Mestre e doutorando em Administração de Empresas pela EAESP/FGV e pesquisador do GVcev – Centro de Excelência em Varejo – da FGV-EAESP

Apresentar uma proposta de valor adequada às características do consumidor de baixa renda é fundamental para a conquista desse mercado. O empresário decidido a trabalhar com esse segmento tem que conhecer o processo de compra, os valores desse consumidor e o papel desempenhado pela percepção e pela confiança.

Este capítulo está dividido em cinco partes: a primeira apresenta a equação de valor de uma empresa varejista, a segunda avalia a importância da percepção nessa equação de valor, a terceira discute o papel da confiança na criação de valor, a quarta trata do processo de compra do consumidor, e, finalmente, a última parte parte aborda como criar uma proposta de valor atraente para a população de baixa renda.

Um dos conceitos mais relevantes no terreno da administração, responsável por determinar boa parte das ações de marketing, está na idéia de valor. Em sua decisão de compra, o consumidor leva em conta vários aspectos, buscando, em última instância, adquirir o máximo pelo mínimo. Essa diferença entre os benefícios de uma transação e seus custos é o que chamamos de valor.

No atual mercado competitivo, o consumidor dispõe de várias alternativas de compra, escolhendo aquela que, em sua percepção, oferece a melhor relação custo/benefício. Assim, para atender aos desejos de seu público-alvo, as empresas devem ajustar sua proposta de valor da melhor forma possível. Este capítulo tem por objetivo não apenas entender de que modo o consumidor de baixa renda desenvolve sua percepção de valor em relação a produtos e serviços, mas também sugerir como os varejistas devem criar propostas de valor adequadas a esse segmento.

Antes de definir o conceito de *valor*, é importante identificar as principais forças que influenciam o comportamento de compra. Com efeito, o comportamento do consumidor – e, conseqüentemente, o desempenho das vendas de um empreendimento de varejo – é influenciado diretamente por três conjuntos de variáveis, a saber: as variáveis ambientais (economia, clima, demografia), o composto varejista da empresa (o que ela faz para atrair os consumidores) e o composto varejista da concorrência. Influenciados por essas três forças, os consumidores decidem quanto irão gastar em determinado setor de varejo e em que loja farão suas compras.

O desempenho de uma empresa varejista varia de acordo com o grau de atratividade de seu composto mercadológico junto ao público-alvo. O conjunto de variáveis que compõem o esforço de marketing do varejista é conhecido justamente como "composto de marketing do varejista", ou simplesmente "composto varejista", e engloba todos os fatores controláveis articulados pelo varejista (os 6 Ps: *mix* de produtos, preços, promoções, apresentação[1], pessoal e ponto-de-venda) a fim de conquistar a preferência dos consumidores. O Quadro 3.1 relaciona essas variáveis e apresenta alguns exemplos de decisões que o varejista toma para se diferenciar no mercado.

## Equação de valor

### Conceito de valor

O conceito de valor constitui parte essencial do estudo do *marketing* e do comportamento do consumidor. Na maioria dos trabalhos que tratam desse tema, costuma-se definir valor como a avaliação geral da relação "Benefício/Custo" – isto é, da relação entre o que é recebido e o que é dado – feita pelo consumidor com respeito a um produto ou serviço.[2] A Figura 3.1

---

[1] Do inglês *presentation*.

[2] ZEITHAML, Valarie A. Consumer perceptions of price, quality and value: a means-end model and synthesis. *Journal of Marketing*, v. 52, p. 2-22, jul. 1988.

### Quadro 3.1 – Composto varejista – os 6 Ps

| Variáveis do composto varejista | Exemplo de decisões |
|---|---|
| *mix* de **p**rodutos | variedade da linha, qualidade, serviços |
| **p**reços | preços, crédito, prazos |
| **p**romoção | propaganda, ofertas, sinalização |
| a**p**resentação | loja, departamentalização, planograma |
| **p**essoal | atendimento, rapidez |
| **p**onto | localização, acesso |

ilustra esse conceito. A metade superior da figura reflete os diferentes atributos percebidos como benefício, e a metade inferior identifica os custos envolvidos no processo de compra.

A maximização do valor de um produto ou serviço depende, por um lado, dos benefícios ou atributos nele contidos e, por outro, dos custos envolvidos em sua aquisição. Tais atributos são bastante variados e incluem desde a embalagem, o *design* e a qualidade do produto até a importância da marca e sua imagem junto ao público-alvo. No varejo, esses atributos refletem diretamente o composto de marketing do varejista, abarcando aspectos como a gama de produtos e serviços oferecida, o atendimento prestado, a facilidade dos meios de pagamento, o ambiente da loja e a conveniência de sua localização.

No que diz respeito aos custos envolvidos em uma transação, além do preço do produto podemos incluir os custos financeiros, de tempo de deslocamento à loja, os riscos associados à compra, além de custos de ordem psíquica, como o estresse emocional ou mental experimentado durante esse processo.

Deve-se reconhecer que os consumidores, de um modo geral, não dão o mesmo valor a diferentes atributos, razão por que uma mesma empresa varejista pode ter muito valor para determinado consumidor e pouco para outro. Verifica-se que as atitudes dos consumidores de baixa renda em relação a determinado produto, serviço ou loja são distintas daquelas de maior poder aquisitivo. Assim torna-se indispensável que procuremos entender as características do segmento de baixa renda a fim de definir o que lhes é relevante no momento da compra. Mas mesmo nesse segmento de mercado é possível identificar subsegmentos, visto haver alguns consumidores que são mais sensíveis a preços e outros que, apesar de sua restrições orçamentárias, valorizam bastante os serviços oferecidos.

Não obstante o fato de haver consumidores com perfis diferentes, um mesmo consumidor pode ter diferentes atitudes em relação ao mesmo produto/serviço, dependendo do momento por que passa em sua vida, ou mesmo do momento da compra.

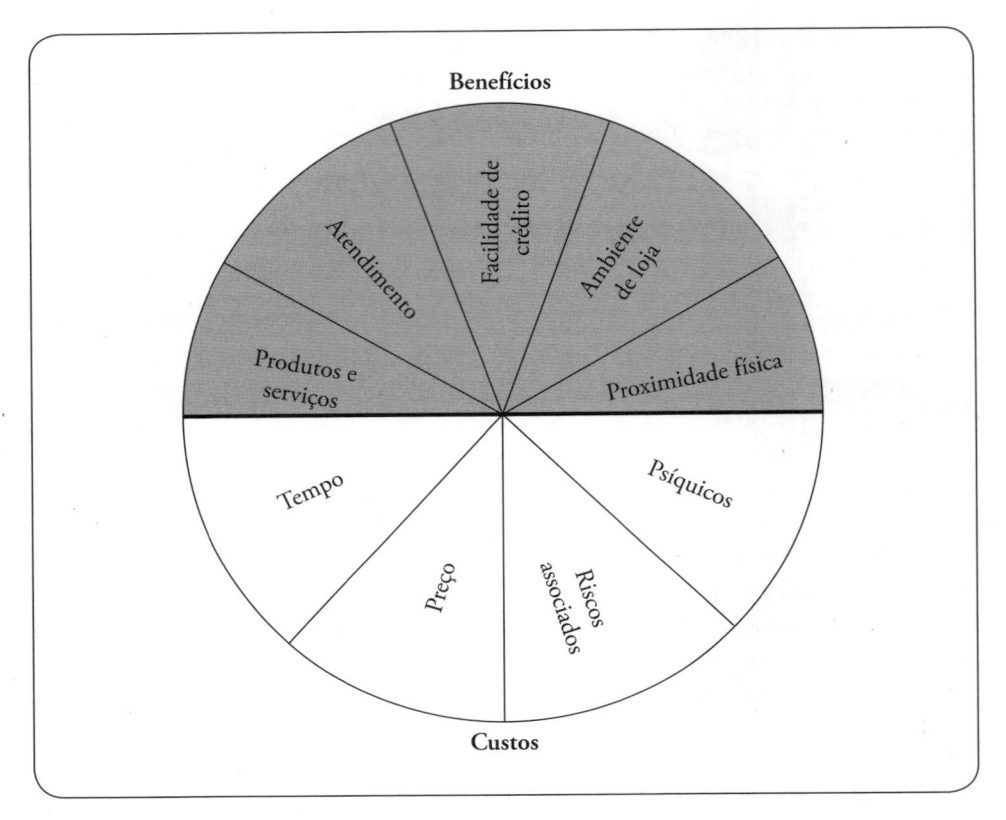

**Figura 3.1** Valor no varejo.

Assim, em uma situação de queda de renda ou de desemprego, sua sensibilidade aos preços tende a aumentar. Da mesma forma, é possível que ele manifeste certa atitude ao comprar um produto para uso exclusivamente pessoal e outra totalmente distinta ao adquirir o mesmo produto para um amigo ou para uma situação em que tal produto será exposto a outras pessoas, como, por exemplo, em um almoço para amigos. Assim, para o uso pessoal, esse consumidor poderá comprar um produto de segunda linha, mas, no caso hipotético de oferecer um almoço a amigos, o mais provável é que prefira adquirir um artigo de alguma marca líder de mercado.

## A dimensão dos benefícios na equação de valor

Como visto na Figura 3.1, os benefícios estão atrelados a atributos do composto mercadológico varejista. A seguir alguns desses atributos serão comentados na perspectiva dos consumidores de baixa renda.

- **Proximidade física**: Um dos principais fatores para determinar a escolha da loja é a proximidade física. Por mais que o preço do produto seja um elemento importante, não há dúvida de que o consumidor embute nesse custo o esforço do deslocamento. Em uma compra cujo tíquete médio gire em torno de R$ 10 a R$ 15, uma passagem de ônibus tem um custo relativo muito alto. Além disso, a instabilidade financeira de parte da população obriga o consumidor integrante desse segmento a fazer compras "picadas" – daí a importância de a loja estar localizada perto dele. Um outro ponto relevante que determina a importância da proximidade física é o fato de que grande parte da população não dispõe de carro.

- **Facilidade de crédito**: Novamente, a instabilidade nos rendimentos e a restrição orçamentária levam o consumidor a realizar boa parte de suas compras de forma "fiada"; é por conta disso que a facilidade de crédito e mesmo o crédito informal são por ele extremamente valorizados. Muitas vezes o consumidor acaba pagando mais caro pelo simples fato de não ter dinheiro disponível no ato da compra. Como relata um consumidor de São Paulo, "quando você tem dinheiro, compensa ir no Brás, no Bom Retiro, mas você tem que ter dinheiro e tem que ter tempo para pesquisar, e a gente não tem tempo para pesquisar e muito menos dinheiro na mão. Então, vai pagar mais caro, mas vai parcelar"[3].

- **Produtos e serviços**: Em alguns segmentos varejistas, como em alimentos, o consumidor quer ter o poder de escolha e comparação entre marcas líderes e marcas de segunda linha. Além disso, a oferta de alguns serviços, como entrega em domicílio, pagamento de contas e estacionamento, agrega valor na percepção do consumidor.

- **Atendimento**: A importância do contato face a face e das redes de relacionamento assumem uma importância especialmente relevante no segmento de baixa renda. As empresas devem, portanto, prestar um atendimento cortês e acima de tudo respeitoso. Afinal, não se pode esquecer que sua baixa auto-estima e escolaridade fazem com que deseje do vendedor uma explicação clara do que está sendo oferecido. Em razão de sua parca instrução dificultar a leitura das informações apresentadas no ponto-de-venda e o entendimento das funções e características dos muitos produtos e serviços oferecidos, ele se sente gratificado quando as explicações dos vendedores são detalhadas e respondem a todas as suas dúvidas, quantas vezes necessário. Conforme atesta um consumidor em uma pesquisa realizada sobre serviços financeiros: "eu quero que quem me ofereça, tire todas as minhas dúvidas, a mais idiota. A pergunta mais ignorante que eu fizer, ignorante da minha parte"[4].

- **Ambiente de loja**: O ambiente da loja desempenha um papel central na construção do valor e da imagem do estabelecimento junto ao consumidor. O "Visual Merchandising" nas lojas direcionadas à baixa renda deve contemplar algumas características específicas, tais

---

[3] PARENTE VAREJO; PESQUISA, SHOPPING BRASIL. Percepção do Consumidor de Baixa Renda em relação a Serviços Financeiros oferecidos no Varejo, 2004

[4] *Ibid.*

como: cores vivas, forte iluminação, fartura na exposição de produtos, clareza e simplicidade na comunicação e grande destaque na sinalização de preços baixos. Uma loja bem organizada e com instalações agradáveis são também fatores muito valorizados por esse segmento.

## A dimensão dos custos na equação de valor

Os principais custos associados a uma compra em uma loja, retratados na Figura 3.1, são:

- **Tempo**: O custo de tempo pode ser dividido em duas vertentes: a primeira está relacionada ao custo de deslocamento do consumidor até a loja, custo esse atrelado ao benefício da proximidade física. A segunda diz respeito ao tempo gasto dentro da loja, que está sujeito ao tamanho de suas dependências, à facilidade/dificuldade de se encontrar o produto desejado, à agilidade do atendimento e às filas nos caixas.

- **Preço**: Para qualquer varejista, a determinação de preço assume uma importância fundamental, já que afeta diretamente o volume de vendas e a lucratividade da empresa. A política de precificação de uma loja afeta diretamente a percepção de preço que um cliente tem e conseqüentemente a percepção de valor da loja.

    Para produtos da sua cesta básica e de baixo preço unitário, que representam uma parcela expressiva dos produtos consumidos, esse consumidor mostra um alto grau de exigência. Assim, na compra de produtos como arroz, detergentes, óleo de soja não é raro que o consumidor escolha marcas de qualidade superior, e conseqüentemente de preços mais altos. Esse comportamento demonstra uma forte sensibildade a marcas. Já para produtos cuja a identidade de marca não é tão forte, como móveis, a preferência naturalmente recai sobre produtos de qualidade inferior.

    Apesar do discurso desse consumidor, mesmo em entrevistas em profundidade de caráter qualitativo, ressaltar que o preço consiste no principal fator na escolha da loja onde comprar, pesquisas realizadas pelos autores (ver Quadro 3.1) revelam que muitos aspectos agem de forma inconsciente e, portanto, influenciam a percepção de valor deste cliente. Por exemplo, a fartura de exposição de produtos, e destaque para as promoções de preço, a variedade e o atendimento.

- **Riscos associados**: O limitado orçamento financeiro da população de baixa renda a impede de assumir riscos no momento da compra. Tais riscos implicam a insuficiente qualidade dos produtos para atender às necessidades dos consumidores ou algum outro motivo pelo qual a aquisição não possa ser concretizada, como no caso de uma empresa de consórcio que venha a falir antes de os consumidores receberem o produto pelo qual investiram seu dinheiro.

- **Psíquicos**: Os custos psíquicos envolvidos em um processo de compra podem ser demasiadamente altos para a população de baixa renda, que já se sente discriminada em seu cotidiano e que por conta disso apresenta características de baixa auto-estima. No momento da compra, portanto, as empresas devem se preocupar em valorizar e demonstrar confiança nesses consumidores.

## Percepção do consumidor de baixa renda

A percepção pode ser definida como o processo de seleção, organização e interpretação de estímulos.[5] A cada segundo, somos bombardeados por centenas deles. Nossa percepção inicia com a seleção dos estímulos que nos são mais relevantes e, a partir daí, eles são organizados e interpretados segundo nossa vivência, conhecimento, valores e crenças.

No que diz respeito ao consumidor, é a percepção que define sua visão em relação a um produto ou serviço.[6] Logo, na relação de benefícios e custos supracitada devemos incluir a questão da percepção de valor – isto é, a forma extremamente pessoal como os consumidores processam os benefícios de um produto/serviço e seus custos, conforme retrata a Figura 3.2.

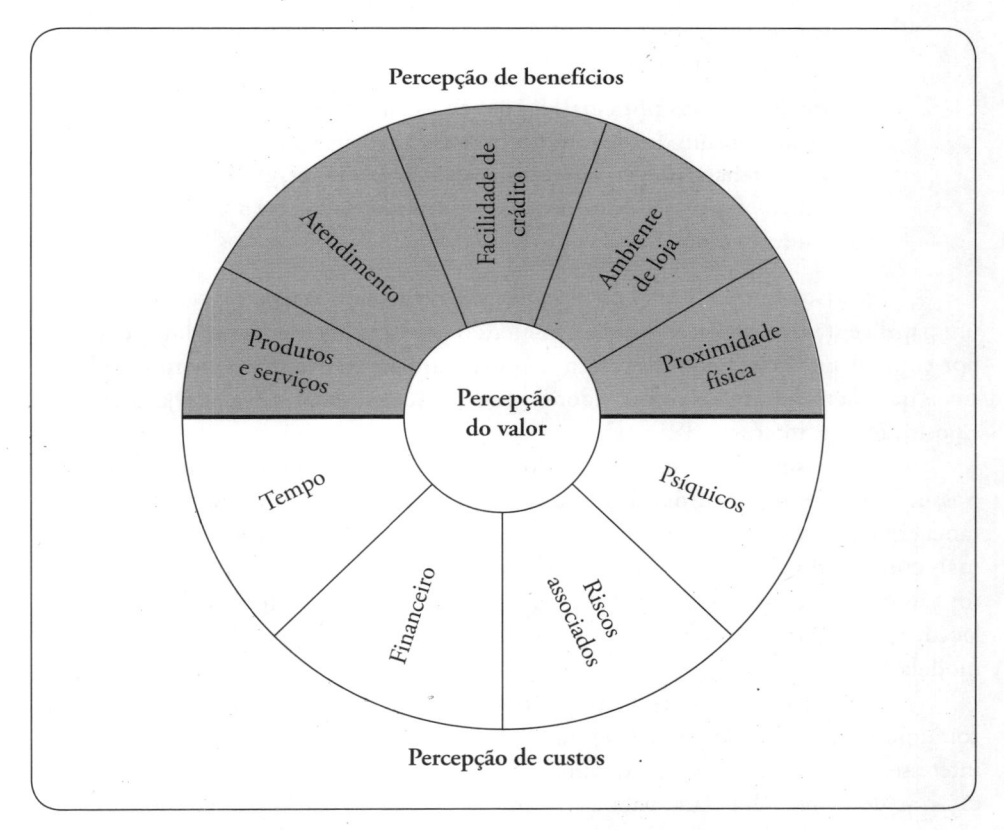

**Figura 3.2** Importância da percepção do consumidor na equação do valor.

---

[5] MOWEN, J.; MINOR, M. *Comportamento do Consumidor*. São Paulo: Prentice Hall, 2003.
[6] ZEITHAML, Valerie A. *Op. cit.*

É importante reconhecer que a percepção difere da realidade, aspecto que deve ser considerado pelo varejista na construção de sua proposta de valor. Logo, é fundamental que ele reconheça que é a percepção subjetiva da realidade (e não necessariamente a realidade objetiva) que influencia a avaliação que o consumidor faz da loja. Tal constatação nos ajuda a entender a famosa máxima "o cliente tem sempre razão".

Dois pontos devem ser destacados quanto à importância da percepção na construção de valor por uma empresa:

1) A percepção do consumidor exerce grande importância na escolha de uma loja. Mais do que a qualidade dos serviços, produtos e preços oferecidos, a intenção de compra em uma determinada loja está associada à percepção do consumidor em relação a esses fatores. Assim, uma loja que apresente preços mais baixos poderá, dependendo da forma como os consumidores perceberem sua proposta de valor, passar a imagem de loja de preços altos (ver Quadro 3.2).

2) No varejo, um dos principais ingredientes para a construção da percepção na mente do consumidor é o ambiente da loja caracterizado principalmente pelo "visual merchandising". Tal ingrediente define a percepção dos consumidores em relação à qualidade dos serviços e produtos, bem como aos custos associados a uma compra.

Em vista de todos esses fatores, não resta dúvida de que a percepção desempenha um papel central na avaliação do valor conferido por uma loja a seus produtos e seviços; por conta disso, cabe à administração de uma empresa estar sempre atenta a todos os sinais que ela transmite aos consumidores, para que sua proposta de valor seja apropriada e positivamente interpretada.

No Brasil, como verificamos no Capítulo 1, o consumidor de baixa renda possui uma hierarquia própria de valores, exemplificada pela considerável importância que atribui às redes de relacionamento e à família. Trata-se de uma população mais conservadora, preocupada em sentir-se socialmente incluída. Todos esses aspectos são extremamente importantes para compreender as características dessa população, bem como a maneira como ela interpreta os estímulos recebidos e, portanto, modela sua percepção.

Além disso, a baixa escolaridade desse segmento dificulta sua interpretação da comunicação empregada pelos varejistas e mesmo alguns atributos dos produtos de seu interesse. Assim, é crucial que a descrição desses produtos seja simples e que a comunicação se dê de maneira clara, para que o entendimento do consumidor se aproxime da mensagem transmitida.

Diversos são os aspectos que podem influenciar a percepção do consumidor. Por exemplo, uma loja farta de produtos tende a indicar preços baixos. Uma variedade de produtos adequada pode dar a entender que a loja conhece as necessidades do consumidor. Um ambiente agradável demonstra a preocupação e o respeito da empresa para com o consumidor. Já o atendimento cordial é extremamente valorizado, pois sugere proximidade e mesmo uma afinidade com o consumidor.

A partir daí podemos verificar que, no composto varejista, "tudo comunica", ou seja, a percepção do consumidor é construída como um quebra-cabeça no qual todas as peças compõem uma determinada imagem. Conforme seus valores, o consumidor junta essas peças, construindo a percepção em sua mente. Por isso, é importante que a estratégia da empresa esteja refletida em todas as variáveis do seu composto mercadológico – variáveis essas que devem dialogar entre si e transmitir ao consumidor uma imagem única, coerente com seu posicionamento.

---

**Quadro 3.2 – Pesquisa FGV com consumidores de baixa renda**

Pesquisa de 2004 realizada pelo Centro de Excelência em Varejo (GVcev) e coordenada pelo professor Juracy Parente analisou três diferentes formatos de varejo de alimentos em uma região da periferia de São Paulo e a maneira como suas respectivas propostas de valor são percebidas pelos consumidores.

Por meio de visitas a determinadas lojas, entrevistas em profundidade e discussões em grupo com os consumidores, constatou-se que o posicionamento excessivamente voltado para o preço baixo em alguns formatos varejistas, desenvolvidos especialmente para o segmento de baixa renda, não oferece uma proposta de valor que seja percebida favoravelmente por esses consumidores. Com efeito, a pesquisa revela um aparente paradoxo, na medida em que a loja mais bem avaliada e preferida pela maioria dos clientes pesquisados foi aquela com os preços mais altos.

Verificou-se como as características peculiares do comportamento do consumidor de baixa renda determinam sua percepção de valor. Apesar de externarem um discurso racional e destacarem a relevância do fator preço, o fato é que tais consumidores são extremamente influenciados por esquemas varejistas que percebem de forma pouco consciente, como, por exemplo, a abundante disponibilidade de produtos, a grande variedade de marcas líderes e marcas populares, uma comunicação visual alegre e de fácil leitura, uma política consistente de ofertas, atendimento cordial e respeito ao cliente.

PARENTE, Juracy. O varejo de alimentos para consumidores de baixa renda no Brasil. Projeto de Pesquisa FGV/NPP 2005.

---

## O papel da confiança na criação de valor

A confiança do consumidor pode ser definida como sua expectativa de que o provedor de serviços cumpra com suas promessas. Está relacionada a dois aspectos concernentes às empresas: os FLE (*frontline employees*), ou seja, os funcionários da linha de frente, e as MPP (*Management Policies and Practices*), que são as políticas e práticas de uma empresa. Nesse sentido, um consumidor pode ter confiança na administração de uma loja de roupas, por exemplo, mas não estendê-la a seus vendedores ou vice-versa. A confiança influencia a percepção de valor dos consumidores e, por conseguinte, a sua lealdade.[7]

Em comparação com outros segmentos, o papel da confiança é tão ou mais importante junto aos estratos de baixa renda, pois esses consumidores dispõem de um orçamento restrito e pouca manobra para erros, sentindo-se, muitas vezes, objeto da desconfiança alheia, inclusive por parte das empresas. Conforme afirma Prahalad, "tanto as grandes empresas como os consumidores de baixa renda tradicionalmente não confiaram um em outro. No entanto, empresas do setor privado que buscam se aproximar da baixa renda devem focar na construção de uma relação de confiança entre elas e o consumidor de baixa renda"[8].

As empresas que conseguirem criar um relacionamento pautado pela confiança poderão estabelecer uma vantagem competitiva. Nesse particular, como foi apontado no Capítulo 1, é importante avaliar com cautela as barreiras simbólicas ao acesso a bens e serviços e identificar formas de criar uma relação de confiança com o consumidor, seja prestando-lhe um atendimento respeitoso, seja executando práticas que denotem consideração por ele.

Boa parte da proposta de valor das Casas Bahia e um dos principais ingredientes de seu sucesso estão atrelados à confiança depositada pela empresa em seus consumidores. Duas de suas práticas exemplificam essa relação de confiança:

1) No processo de aprovação do crédito, o consumidor é avaliado não apenas com base em uma pontuação preestabelecida, mas nas informações que fornece ao analista de crédito, treinado para adaptar o sonho do cliente à realidade de seu bolso.

2) Segundo a filosofia da empresa, o melhor momento para fidelizar os clientes se dá nas situações de inadimplência. O consumidor apresenta o problema e a empresa procura solucioná-lo, respaldando-o na circunstância em que ele mais precisa. Com isso, é muito provável que esse cliente deixe de comprar em outras lojas e dê preferência àquela que mais bem lhe atendeu. Nas Casas Bahia fala-se, com efeito, em "recuperação do cliente", jamais em "dinheiro do cliente", o que acaba fortificando a relação de confiança.

Em vista disso, o consumidor das Casas Bahia, ao receber seu carnê para crediário, percebe-se inequivocamente aceito e tido como um cidadão – "cidadão Casas Bahia" –, nutrindo grande orgulho por fazer parte da clientela da empresa. É o momento em que ele se sente incluído socialmente.

---

[7] SIRDESHMUKH, Deepak; SINGH, Jagdip; SABOL, Barry. Consumer trust, value, and loyalty in relational exchanges. *Journal of Marketing*, v. 66, p. 15, 2002.

[8] PRAHALAD, C. K. *A riqueza na base da pirâmide*. Bookman: Porto Alegre, 2005.

## O processo de compra do consumidor

Em seu processo de compra, os consumidores, seja qual for o seu nível socioeconômico, percorrem uma seqüência de etapas que se inicia na identificação de suas necessidades, passando pelo planejamento, busca e seleção de alternativas, até chegar na efetivação da compra e, por fim, nas reações pós-compra. Em um estudo realizado em diversos países da América Latina[9], foram identificadas cinco etapas que caracterizam o processo de compra dos segmentos de baixa renda, conforme ilustrado na Figura 3.3.

Planejamento → Locomoção (de/para) → Seleção da loja → Seleção dentro da loja → Pagamento & pós-compra

**Figura 3.3**   Processo de compra do consumidor de baixa renda.[10]

A primeira etapa do processo de compra é o planejamento. Nesse momento, o consumidor define o montante de dinheiro que será disponibilizado para uma compra. No caso do consumidor de baixa renda, essa disponibilidade é muitas vezes inconstante, devido à própria irregularidade no fluxo de seus rendimentos. A mulher geralmente é a responsável pelo orçamento da casa e define o montante a ser gasto com cada item.

Segundo o IBGE[11], as famílias brasileiras com rendimento médio mensal de até R$ 1.200 gastam, em média, 27% de seu orçamento com alimentação. Depois da habitação, esse é o item que gera maior desembolso por parte do consumidor de baixa renda. Por isso é comum argumentar-se que as despesas de consumo dessa população giram basicamente em torno de produtos alimentícios – e preferencialmente de produtos de qualidade, pois o mínimo que se deseja é comer bem.

A segunda etapa do processo de compra é a locomoção. Esse que pode ser apenas um detalhe sem maior importância para a população de renda mais elevada é motivo de preocupação para o consumidor de baixa renda, já que em tal segmento a penetração de automóveis é escassa e o impacto do custo de deslocamento por transporte coletivo é demasiado alto em relação ao preço econômico do tíquete gasto nas compras. Assim,

---

[9]   BOOZ ALLEN & HAMILTON. Creating Value in Retailing for Emerging Consumers. Breaking Myths about Emerging Consumers – Learning from Small Scale Retailers. An Exploratory Study conducted for the Coca-Cola Retail Research Center – Latin America, jun. 2003.

[10]   *Ibid*

[11]   IBGE. *Pesquisa de Orçamentos Familiares 2002/2003.*

para compras rotineiras a ida à loja a pé é comum – daí a importância dos estabelecimentos localizados na vizinhança. Compras maiores podem ser efetuadas de ônibus ou carro, sendo comuns as ocasiões em que um mesmo veículo é compartilhado por mais de uma família. Em casos como esse, porém, nunca é demais salientar a importância da entrega em domicílio, pois o preço a pagar pelo frete acaba pesando menos no bolso do consumidor do que transportar a mercadoria por conta própria, além de ser uma forma de prevenir contra assaltos.

A terceira etapa do processo de compra é a seleção da loja. Nesse momento, a percepção do consumidor em relação à proposta de valor dos varejistas determina qual será o estabelecimento de sua escolha. A Figura 3.4 apresenta um modelo de escolha, evidenciando a importância dos elementos do ambiente da loja na percepção de valor e na opção do consumidor.

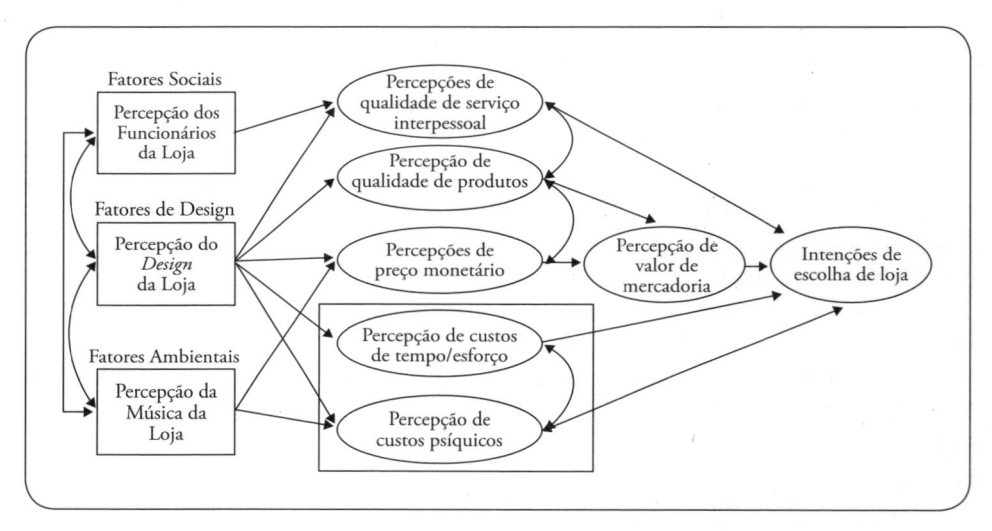

**Figura 3.4** Modelo conceitual do processo de compra com base nas percepções do ambiente.
Fonte: BAKER, Julie; PARASURAMAN, A.; GREWAL, Dhruv; VOSS, Glenn B. The influence of multiple store environment cues on perceived merchandise value and patronage intentions. *Journal of Marketing*, v. 66, p. 120, 2002.

O nível dos serviços prestados é também um importante determinante na escolha do consumidor por determinada loja. Existem dois níveis de serviços: o desejado e o adequado; o primeiro reflete o serviço que o cliente espera receber, ao passo que o segundo, o serviço que o cliente considera aceitável. Separando esses dois níveis de serviço existe uma área denominada *zona de tolerância*, que é o âmbito do desempenho do serviço considerado satisfatório pelo cliente: enquanto um desempenho abaixo dessa zona causará frustração, reduzindo a lealdade dos consumidores, aquele desempenho que estiver acima dela os surpreenderá agradavelmente, reforçando sua lealdade.[12]

Após selecionar a loja em que realizará suas compras, o consumidor procede à seleção dos artigos que pretende adquirir nas dependências do estabelecimento escolhido. Esse pode ser considerado um momento de grande entretenimento, em que se verificam no consumidor sentimentos de fascinação e entusiasmo, provocados pela experiência de compra. É também nesse momento, porém, que o consumidor experimenta o que passamos a denominar "paradoxo do poder e da frustração". Se, por um lado, a ocasião da compra oferece ao consumidor uma sensação de poder e inclusão social, é também aí que suas limitações financeiras afloram e a impossibilidade de adquirir muitos dos produtos desejados – por vezes até mesmo básicos – cria uma sensação de frustração, cuja intensidade e freqüência é muito maior no segmento de baixa renda.

Durante a seleção de alternativas, o baixo nível de formação educacional da população de baixa renda exige atenção especial por parte do varejista. No caso de empresas de auto-serviço, a comunicação visual faz-se muito importante. Para uma população com dificuldades de leitura, imagens podem ser utilizadas como forma de apresentar o produto. Além disso, letras garrafais podem facilitar o entendimento. Nas empresas que dispõem de vendedores, estes assumem um papel primordial ao facilitar a compreensão do consumidor. A equipe de vendas deve, portanto, comunicar-se com os clientes de maneira clara, sem menosprezá-los em momento algum.

Já a seleção do produto dentro da loja ocorre em duas fases. Em um primeiro momento, o consumidor decide que produto adquirir e, em seguida, escolhe sua marca. Com efeito, em algumas categorias a força de determinada marca pode ser tão relevante que, no caso de sua falta em uma loja, é bem possível que o consumidor opte por se dirigir a outra que disponha do produto. Há outras categorias, porém, em que o consumidor prefere comprar uma marca diferente a ter de ir a outra loja.

O tempo de seleção de produtos dentro da loja e o próprio vínculo emocional do consumidor podem variar, dependendo de que o processo de compras seja repetido ou de que se trate da compra de um novo produto. Nas compras repetidas, como geralmente o envolvimento do consumidor é menor, o processo é realizado sem que ele pense muito para decidir-se. Já nas compras novas, o procedimento do consumidor é mais lento e seu envolvimento emocional, maior. Nessas ocasiões, o consumidor avalia em maiores pormenores sua percepção de valor, e a influência do vendedor desempenha um papel crucial.

Por fim, tem-se a etapa de pagamento e pós-compra. No pagamento, o crédito assume grande importância para a população de baixa renda, fato que analisaremos mais

---

[12] PARASURAMAN, A.; BERRY, Leonard L. *Serviços de marketing: competindo através de qualidade*. São Paulo: Maltese, 1995.

detidamente no Capítulo 7. Já na fase do pós-compra, pode-se verificar a satisfação ou insatisfação do cliente com a aquisição, dependendo de sua percepção em relação aos atributos do produto que lhe são relevantes.

## Proposta de valor de empresas varejistas

Pesquisas indicam que os formatos de supermercado que grandes grupos varejistas estão desenvolvendo para os consumidores de baixa renda não estão se mostrando suficientemente sensíveis às necessidades fundamentais desse segmento, incapazes de atender adequadamente às suas expectativas. O posicionamento excessivamente voltado para o preço baixo desses formatos não apresenta uma proposta de valor que seja percebida de forma favorável por esses consumidores.

Conforme visto anteriormente, há uma grande diferença entre realidade e percepção. Entender de forma mais profunda os fatores que constroem percepções de preço baixo é um dos maiores desafios que os varejistas devem enfrentar. É necessário que eles compreendam melhor a importância de fatores não-objetivos na construção da imagem de suas marcas e lojas. Tal entendimento deverá fazer com que aqueles formatos varejistas que efetivamente praticam preços baixos consigam dedicar uma atenção adequada a outros importantes aspectos do composto varejista (como, por exemplo, o atendimento e a comunicação visual) e, assim, serem percebidos pelos consumidores como lojas que oferecem uma proposta de valor atraente.

O segmento de baixa renda é dotado de identidade própria. Expressa uma racionalidade em que o preço é fundamental. No entanto, a variedade dos produtos, o atendimento, o ambiente do estabelecimento e a confiança são fatores decisivos na escolha por determinada loja. Remetem às principais características desses consumidores, abordadas anteriormente, a saber: gosto pela fartura, pelo contato face a face, baixa auto-estima e ênfase na dignidade.

A situação de compra leva o consumidor ao dito "paradoxo do poder e da frustração", pois ser capaz de suprir o próprio lar com itens de necessidade básica o faz sentir-se poderoso, embora a limitação financeira lhe enseje a frustração de não poder abastecer a casa com todos os produtos desejados. A possibilidade de consumo proporciona uma sensação de bem-estar, pertencimento e inserção social, o que ressalta o importante papel que o varejo desempenha nesse contexto. Para que o varejo seja bem aceito, é fundamental que os formatos varejistas atuantes nesse segmento procurem atender e conciliar as diversas necessidades e expectativas dos consumidores.

Por mais fundamental que seja para a loja oferecer um preço competitivo, tão importante é dispor de um ambiente que revele preocupação com o bem-estar dos clientes e que seja amplo o suficiente para fazê-los sentir-se confortáveis – mas não tão amplo a ponto de intimidá-los ou frustrá-los. Por outro lado, o bom atendimento tem a função de estabelecer um vínculo com o consumidor, transmitindo-lhe uma imagem de respeito e confiança, enquanto a variedade dos produtos deve lhe indicar todas as suas possibilidades de escolha. As lojas que conseguirem integrar com competência as diversas variáveis do composto varejista, reforçando a auto-estima dos consumidores, facilitando e valorizando sua experiência de compra, terão maior sucesso.

Portanto, são empresas bem-sucedidas nesses segmentos aquelas realmente orientadas para o mercado de baixa renda. Sua cultura, linguagem, "*merchandising* visual" e estrutura organizacional são definidos de forma a entender, dialogar e atender adequadamente a esses clientes. Fazer com que o consumidor se sinta respeitado constitui requisito fundamental para o sucesso nesse mercado.

Por ser um importante elo entre o consumidor e a sociedade, o varejo deve buscar compreender todas as idiossincrasias dessa população a fim de criar um sentimento de identidade comum e, assim, desenvolver uma relação ganha-ganha. Dessa forma, as empresas poderão aproveitar o potencial dos estratos de baixa renda e oferecer uma proposta de valor adequada que lhe garanta níveis satisfatórios de vendas e lucratividade. Já os consumidores desse segmento terão acesso a novos produtos, sentir-se-ão mais respeitados, terão reforçada a sua auto-estima e experimentarão com mais intensidade o sentimento de pertença e inclusão social.

# RESUMO

Atrair o consumidor de baixa renda requer muito mais do que oferecer preços baixos. Todo varejista que pretenda conquistar esse mercado deve apresentar uma proposta de valor que seja adequada às características desse público consumidor e que busque maximizar sua percepção da relação custo/benefício.

Para tanto, a oferta de valor da empresa deve contemplar os vários aspectos considerados importantes pelo consumidor, dentre os quais a oferta de um *mix* de produtos adequado, um atendimento próximo e cordial, facilidade de crédito, proximidade física e um ambiente de loja agradável. Além disso, cabe à empresa minimizar os custos associados a uma transação – por exemplo, os custos de tempo, psíquicos e financeiros –, bem como os riscos de uma compra. Para que a empresa consiga oferecer a melhor proposta de valor, é importante que ela entenda o processo de compra do consumidor, respeite seus valores e seja orientada para o mercado de baixa renda, com uma consistente visão de longo prazo.

Capítulo 4
# FORMATOS VAREJISTAS DIRECIONADOS AO SEGMENTO DE BAIXA RENDA

## Edgard Barki
Mestre e doutorando em Administração de Empresas pela FGV-EAESP
Pesquisador do GVcev – Centro de Excelência em Varejo da FGV-EAESP

## Hermes Moretti Ribeiro da Silva
Mestre em Administração pela USP-FEA, doutorando em Administração de Empresas pela FGV-EAESP, pesquisador do GVcev – Centro de Excelência em Varejo e professor da Instituição Toledo de Ensino

A boa distribuição é um dos pilares da estratégia de qualquer empresa de sucesso. Montar uma estrutura de distribuição para o segmento de baixa renda exige o conhecimento prévio de características e peculiaridades próprias.

O presente capítulo está ordenado em cinco partes. A primeira parte conceitua os canais de marketing. Na segunda, apresenta-se o papel do varejo. A terceira discute algumas características de formatos varejistas direcionados ao segmento de baixa renda. A quarta realiza uma tipologia desses formatos. E na quinta, por fim, analisa-se o importante papel que o atacado desempenha nesse mercado.

Chegar até a população de baixa renda é uma das maiores dificuldades que as empresas enfrentam para alcançar o sucesso nesse mercado. Geralmente, essa população encontra-se em regiões de difícil acesso, dotadas de uma infra-estrutura pouco desenvolvida. Assim, é essencial entender quais são os canais de marketing utilizados e a forma como eles se estruturam para que os produtos desejados pela população estejam no lugar certo e na hora certa para serem adquiridos e consumidos.

O varejo desempenha um papel central na distribuição de produtos e, como visto no capítulo anterior, sua proposta de valor deve vir ao encontro dos anseios do consumidor. Um dos pilares da proposta de valor das empresas varejistas é seu formato, que está diretamente relacionado à estratégia por elas empregada. Pelo fato de os formatos varejistas das empresas que atuam junto ao segmento de baixa renda apresentarem características próprias, entender essas diferenças é crucial para o desenvolvimento de um composto mercadológico coerente com as necessidades do consumidor.

## Canais de marketing

O relacionamento entre produtor e consumidor final pode exigir a participação de instituições empresariais que viabilizem relações de troca. De um lado, aqueles que produzem querem vender seus produtos em grandes quantidades e maximizar seus lucros; do outro lado, o consumidor demanda níveis de quantidade e preço adequados à sua realidade. Exceto no caso de o próprio produtor negociar diretamente com o consumidor, por meio da internet ou de venda direta, justifica-se o papel dessas instituições empresariais, denominadas intermediários ou canais de marketing, na medida em que facilitam a relação entre produtor e consumidor.

Os canais de marketing definem-se como organizações interdependentes envolvidas no processo de disponibilizar um produto ou serviço para uso ou consumo. Eles formam o conjunto de caminhos que um produto ou serviço percorre depois de fabricado, culminando com sua compra ou utilização pelo consumidor final.[1]

Os canais de marketing apóiam muitos fabricantes a centrar-se em suas competências essenciais de confecção e desenvolvimento de produtos. Ademais, bens de primeira necessidade e de conveniência, por exemplo, seriam inviáveis na sua comercialização pelos fabricantes, pois o custo de se estabelecerem pontos-de-venda próprios não justificaria semelhante negócio.

Para um melhor entendimento das diferentes estruturas de canais que podem existir entre o fabricante e o consumidor, a Figura 4.1 ilustra os tipos de intermediários para bens de consumo.

---

[1] COUGHLAN, Anne T.; ANDERSON, Erin; STERN, Louis W.; EL-ANSARY Adel I. *Marketing Channels*. 6. ed. Upper Saddle River: Prentice Hall, 2001.

## Capítulo 4 • Formatos Varejistas Direcionados ao Segmento de Baixa Renda

```
Nível dois            Nível três            Nível quatro          Nível cinco
Fabricante            Fabricante            Fabricante            Fabricante
                                                 ↓                     ↓
                                             Atacadista              Agente
                          ↓                      ↓                     ↓
                      Varejista              Varejista             Atacadista
                                                                       ↓
                                                                   Varejista
    ↓                     ↓                      ↓                     ↓
Consumidor            Consumidor            Consumidor            Consumidor
```

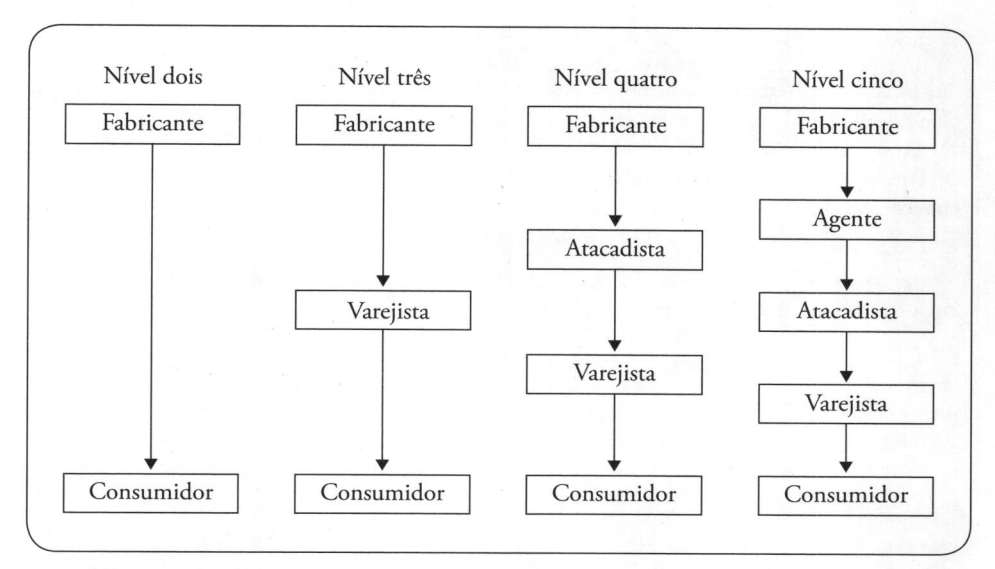

**Figura 4.1**  Estruturas de canal para bens de consumo.
Fonte: ROSENBLOOM, Bert. *Canais de Marketing:* uma visão gerencial. São Paulo: Atlas, 2002, p. 38.

Nota-se, na Figura 4.1, que podem existir diferentes níveis de intermediários entre o fabricante e o consumidor. Uma estrutura de nível dois caracteriza-se pela ausência de intermediários; nela, o fabricante se relaciona individual e diretamente com os consumidores, por meio da internet ou de vendas diretas. Na estrutura de nível três, emprega-se apenas um tipo de intermediário, o varejista, que compra e estoca produtos do fabricante, revendendo-os aos consumidores finais. Já na estrutura de nível quatro, os intermediários são compostos por entidades de atacado e varejo – normalmente, o atacadista revende os produtos do fabricante a pequenos e/ou distantes varejistas. Por último, na estrutura de nível cinco, surge o papel do agente, que pode atuar como um representante comercial autônomo do fabricante, relacionando-se com o atacado e o varejo.

O Quadro 4.1 – Caso RB Distribuidora ilustra a atuação de um atacadista, que consegue especial sucesso em atender uma extensa rede de pequenos verejistas, localizados em regiões de baixa renda.

Tal como ocorre nos outros mercados, os canais de marketing para o segmento de baixa renda podem ser estruturados em diversos níveis, pois setores diferentes da economia se estruturam de maneira diferente. Assim, no setor de cosméticos, por exemplo, há uma forte incidência de canais de nível dois, em que se verificam tanto a venda porta a porta (Avon) como a venda direta em loja (O Boticário). Já no segmento de eletroeletrônicos, prevalece o canal de nível três, com o varejista comprando diretamente do

> ## Quadro 4.1 – Caso RB Distribuidora
>
> Considerada um exemplo bem-sucedido de trabalho junto ao pequeno varejo, a RB Distribuidora começou suas atividades como atacadista em 1979, em Teresina (PI). Em 1982, abriu uma filial em Fortaleza e, a partir de 1994, mudou o foco de sua atuação de atacadista para distribuidor especializado em algumas marcas líderes de poucas categorias de produtos.
>
> Para que pudesse atender a todo o Estado do Ceará, em 2006 a empresa passou a contar com dois centros de distribuição, 260 colaboradores e uma frota formada por cem veículos. Seu patrimônio líquido até então era de US$ 8 milhões.
>
> A RB Distribuidora adota uma política rígida na escolha dos produtos que entrarão em linha. Os artigos que comercializa pertencem às categorias de alimentação, limpeza e perfumaria – sendo preferencialmente exclusivos, de grande penetração nos lares, alto giro e valor agregado médio de R$ 5,00/kg. Ademais, a empresa é bastante seletiva na escolha de seus fornecedores, comercializando produtos da Embaré, da Sara Lee, da Unilever, da Personna, da Kimberly-Clark, entre outras.
>
> Ela dispõe de uma ampla cobertura, atingindo 15 mil pontos-de-venda divididos entre o pequeno e o médio varejo. Seu sistema de atendimento varia de acordo com o porte do cliente. O pequeno varejo, que responde por 11 mil PDVs, realiza compras de até 1 salário mínimo, muitas vezes não constitui firma reconhecida e geralmente não possui *check-out*. Nesses clientes é comercializado um *mix* resumido de produtos, mediante um atendimento sistemático semanal e quinzenal, com a utilização de caminhonetes (Kombis). As vendas são realizadas com notas promissórias e prazo de até 14 dias. Essas lojas são atendidas por três equipes de vendas, responsáveis pelos setores de alimentação, limpeza e perfumaria.
>
> Já o médio varejo, que efetua compras acima de 1 salário mínimo, representa 4 mil pontos-de-venda, sendo todos firmas constituídas e com pelo menos um *check-out*. Nesse caso, o *mix* de produtos é mais variado. Em Fortaleza e Juazeiro, esses varejistas são atendidos semanalmente, e a entrega é realizada em 24 horas. Já as demais regiões são atendidas em uma base semanal e quinzenal, com a entrega realizada em até cinco dias.
>
> Weima Bezerra, superintendente da RB Distribuidora, ressalta que alguns dos ingredientes de sucesso da empresa estão em sua estratégia clara de atuação, focada no Estado do Ceará e em alguns poucos fornecedores e clientes de pequeno e médio portes. Além disso, a empresa se notabiliza pela regularidade na entrega e na cobrança, bem como pelo rigor da análise que define seu *mix* de produtos. O relacionamento próximo com fornecedores, clientes e funcionários constitui outro importante ingrediente do sucesso da empresa, assim como seu muito bem desenhado modelo operacional, que faz uso intensivo de tecnologia.
>
> Fonte: Seminário GVcev – Varejo na Baixa Renda: Distribuição e Comunicação para a Base da Pirâmide. São Paulo, nov. 2005.

fornecedor (Casas Bahia). No setor de alimentos, deparamos com exemplos de canais de nível três (grande varejista comprando diretamente do fornecedor), de nível quatro (supermercado de bairro comprando de atacadista) e mesmo de nível cinco.

Um dos maiores estudiosos da população de baixa renda, C. K. Prahalad[2], afirma que a criação de capacidade de consumo nesse segmento depende de três fatores:

- **Viabilidade:** seja por meio de embalagens individuais ou de novos esquemas de compra. Um ponto-chave é a possibilidade de compra sem prejuízo da qualidade.

- **Acesso:** as organizações devem ter em mente a necessidade de uma distribuição intensiva para atingir a população de baixa renda.

- **Disponibilidade:** geralmente, a decisão de compra do segmento de baixa renda é tomada com base em sua disponibilidade de dinheiro em determinado momento. Assim, como essa população não pode adiar decisões de compra, a disponibilidade dos produtos (e, portanto, a eficiência da distribuição) é um fator decisivo para o seu atendimento.

Quando se pensa nas características de acesso e disponibilidade, entende-se a relevância dos canais de marketing, pois são eles os responsáveis por criar uma distribuição intensiva capaz de atingir os pontos mais distantes em que se encontra a população de baixa renda. Além disso, ao garantir a disponibilidade dos produtos, diminuindo rupturas e sustentando um estoque no ponto-de-venda, eles permitem ao consumidor encontrar o produto desejado no momento em que seu orçamento lhe permite adquiri-lo.

Assim, como ficou exemplificado pelo caso RB Distribuidora no Quadro 4.1, o papel dos atacadistas é de extrema importância no mercado de baixa renda, já que eles conseguem atender ao pequeno varejo, garantindo crédito e disponibilidade de produtos dentro do prazo adequado.

## O papel do varejo

O varejo faz parte dos sistemas de distribuição entre o produtor e o consumidor, nos quais desempenha o papel de intermediário, funcionando como elo entre o nível do consumo e o nível do atacado ou da produção[3]. Vale ressaltar a existência de uma interdependência entre o varejo e os outros participantes do canal, pois todos formam um complexo sistema de marketing que busca atender às necessidades dos consumidores finais.

Por definição, o varejo é entendido como todas as atividades que englobam o processo de venda de produtos e serviços para atender a uma necessidade pessoal do consumidor final. Já o varejista é qualquer instituição cuja atividade principal consista na venda de produtos e serviços aos consumidores. As entidades varejistas compram, recebem e estocam produtos de fabricantes ou atacadistas, no intuito de oferecer aos clientes a conveniência de tempo e lugar para que realizem suas compras. Além disso, eles se preocupam com questões referentes a campanhas promocionais, atendimento ao cliente e riscos inerentes ao negócio.

---

[2] PRAHALAD, C. K. *A riqueza na base da pirâmide.* Bookman: Porto Alegre, 2005.

[3] PARENTE, Juracy. *Varejo no Brasil:* gestão e estratégia. São Paulo: Atlas, 2000. p. 23.

A fluidez desses fluxos possibilita uma rede de valor ajustada às exigências do cliente, mas esta só é alcançada com muito diálogo e com a convergência de objetivos para a resolução de conflitos de interesse.

Os varejistas de médio e grande portes assumem um papel muito mais forte na administração do canal e de liderança na introdução de produtos, visto que podem fidelizar o consumidor e também exigir níveis de qualidade, serviços e preços dos fornecedores que estejam ajustados aos seus objetivos e às expectativas de seus clientes. Já os pequenos varejistas, em razão de seu pequeno porte e poder de barganha, não possuem a mesma força, muitas vezes se submetendo, sem grandes objeções, às decisões dos fabricantes ou atacadistas.

Contudo, essa realidade tem sofrido alterações, conforme se pode constatar no Quadro 4.2, que revela algumas tendências do pequeno varejo e mostra o aumento de sua importância junto aos segmentos de baixa renda.

## A importância do pequeno varejo

A proximidade do ponto-de-venda é um fator decisivo para o sucesso do pequeno varejo. O fato de 40% das donas de casa desse segmento irem às compras a pé justifica, em grande parte, a baixa utilização dos hipermercados e a preferência por supermercados, mercearias, lojas de conveniência, padarias, feiras e açougues, geralmente localizados nos arredores de seus lares. Tal preferência também se justifica pela estabilidade dos preços verificada nesses estabelecimentos vizinhos, benefício que levou as consumidoras de baixa renda a reduzir suas compras de abastecimento em hipermercados e a aumentar a freqüência das compras de reposição.

No varejo de alimentos, percebe-se que o segmento de baixa renda sente-se mais bem servido pelas pequenas lojas de auto-atendimento (com menos de cinco *check-outs*). Esses estabelecimentos estão estruturados em um formato característico que alia elementos como proximidade física do consumidor, um *mix* de produtos adequado ao reabastecimento diário ou semanal, prestação de serviços diferenciados, como entregas de compras (mesmo de pequeno valor), concessão de crédito sem burocracia e uma política de preços alinhada ao perfil do cliente.[4]

A Figura 4.2 ilustra os diferentes níveis de participação de mercado das cinco maiores redes supermercadistas nas diferentes classes sociais. Note-se que enquanto a participação dessas empresas no consumo das classes A e B atinge 21%, nas classes D e E ela despenca para apenas 5%.

A importância do pequeno varejo no mercado brasileiro também pode ser atestada na Figura 4.3. Constata-se que, em 2004, quase metade das vendas do varejo estava nas mãos do pequeno varejo alimentar e dos pequenos supermercados, enquanto os hipermercados e os grandes supermercados respondiam por apenas 16%.

---

[4] THE BOSTON CONSULTING GROUP. *Mercados pouco explorados*: descobrindo a classe C. São Paulo, 2002.

## Quadro 4.2 – Pequeno varejo, grandes oportunidades

**Pequeno varejo alimentar aumenta participação no setor ao atender às novas expectativas do consumidor que busca praticidade e preços baixos**

Um produto só terá sucesso no mercado se garantir sua presença junto à grande massa da população, formada pelas classes C, D e E. A afirmação é do instituto de pesquisa Data Popular, que também mostra que a população de baixa renda, para quem uma ida ao hipermercado corresponde a um passeio no *shopping*, prefere realizar suas compras perto de casa.

Os motivos? Facilidade de locomoção, preços acessíveis, opções de pagamento e a garantia de ficar longe das "tentações" oferecidas pelos grandes supermercados. Mas a força das lojas de menor porte não está apenas nas periferias. A falta de tempo e o atendimento personalizado também atraem outros consumidores que passaram a valorizar o varejo de vizinhança e de conveniência. Diante desse cenário, garantir presença no pequeno varejo é uma grande oportunidade de negócio para a indústria de consumo.

Juntos, padarias, minimercados, mercearias, bares e farmácias são responsáveis, segundo dados da ACNielsen, por 37,1% de participação no setor, três pontos porcentuais acima do registrado há três anos. E a perspectiva é que essa tendência de crescimento do pequeno varejo continue.

O Estudo do Consumidor 2005 da ACNielsen revela as razões que levam à escolha do local de compra. Proximidade e preços atraentes são os itens mais valorizados, com 60 e 55%, respectivamente. O consumidor também valoriza ofertas e promoções (25%), a variedade de produtos (20%), o atendimento prestado (20%) e a variedade de marcas (15%). "Na última década, o comportamento do consumidor mudou. Ele passou a fazer compras fracionadas perto de sua casa, motivado pela conveniência e pela dificuldade de locomoção", reforça Araújo.

E, se até pouco tempo atrás era ponto pacífico crer que os preços praticados no pequeno varejo eram mais altos, a ACNielsen mostra exatamente o contrário. "Mais de 70% das categorias apresentam, no pequeno varejo, preços iguais ou menores que os dos auto-serviços de dez ou mais *check-outs*", afirma Araújo. Um estudo da LatinPanel envolvendo mais de 70 categorias de produtos mostra que 37% das cestas alimentares da população brasileira são adquiridas no pequeno varejo. A versatilidade do consumidor evidencia-se também na cesta alimentar, que, cada vez mais eclética, reúne tanto produtos de marcas líderes quanto itens mais baratos e de marcas desconhecidas.

"Para atrair o público, os comerciantes estão investindo no leiaute das lojas e na diversificação dos produtos. Alguns estão se organizando em centrais de negócios, para ganhar poder de barganha junto aos fornecedores", explica Fátima Merlin, gerente de Atendimento ao Varejo da LatinPanel.

Adaptado de *Pequeno varejo – grandes oportunidades*, edição 96. Disponível em http://www.revistadistribuicao.com.br/conteudo.asp. Acesso: 28 jan. 2006.

Para tentar reverter essa situação, algumas grandes redes já deram início a novas investidas sobre os consumidores de menor renda, criando modelos apropriados de atendimento que combinam um sortimento de qualidade e preços acessíveis. É o caso

Varejo para a Baixa Renda

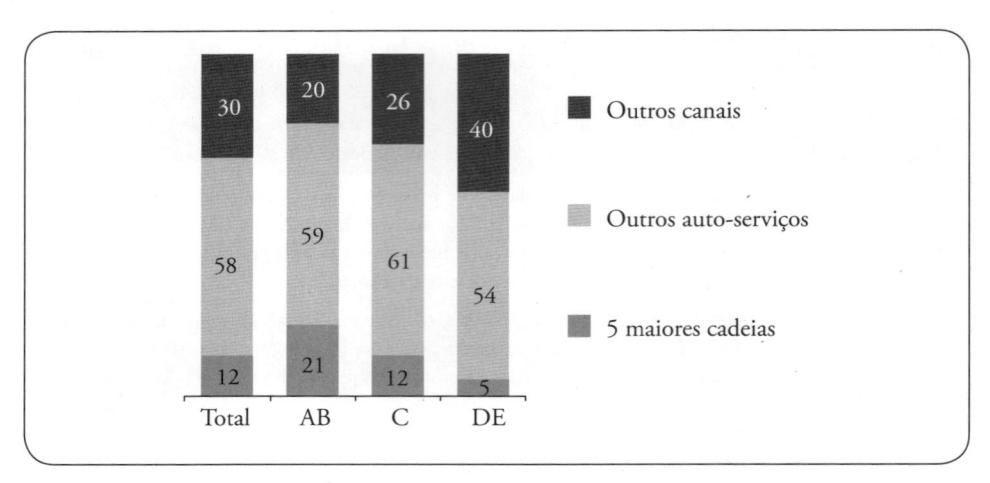

**Figura 4.2** Porcentagem do consumo por canal de distribuição.

Fonte: LATIN PANEL. *Varejo na baixa renda*: distribuição e comunicação para a base da pirâmide. Seminário GVcev, São Paulo, out. 2005.

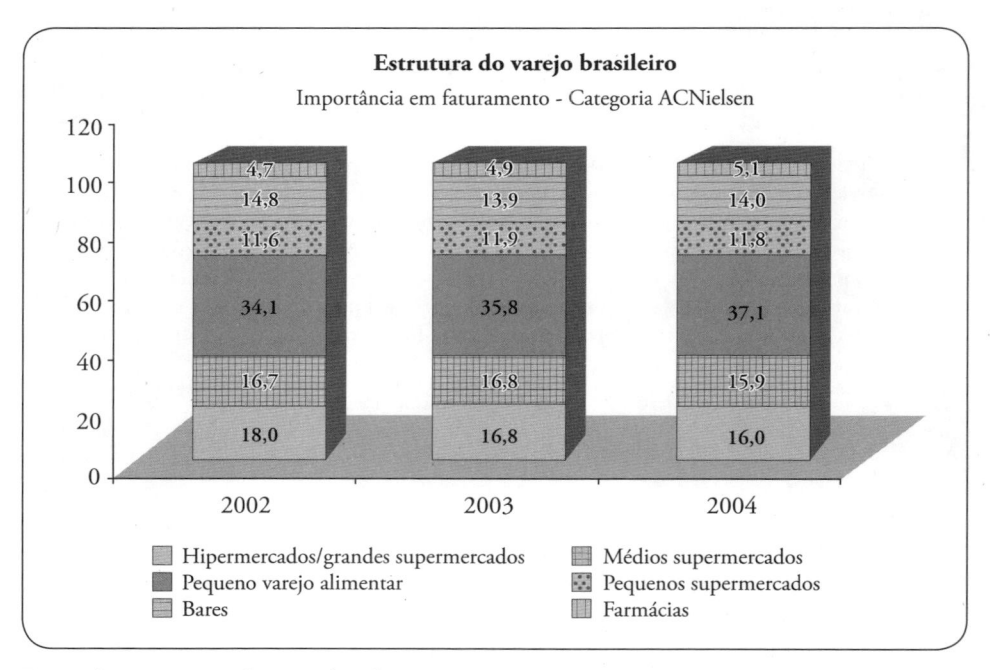

**Figura 4.3** Estrutura do varejo brasileiro.

Fonte: ABAD – Associação Brasileira de Atacadistas e Distribuidores. *Ranking 2005*. Disponível em: http://www.abad.com.br.

das redes Dia%, CompreBem e Wal-Mart TodoDia, pertencentes a grandes varejistas e investidores, e de redes nacionais menores, como a Sonda, a Bergamini e a D'Avó.

## Formato varejista

O formato de uma empresa varejista permite fazer uma análise de seu posicionamento no mercado.[5] Antes de identificar os diversos formatos existentes, é importante conceituá-los e entender o papel que exercem na proposição de valor de uma empresa.

O formato de uma loja está relacionado com sua oferta e *know-how*.[6] A oferta inclui elementos externos (sortimento, ambiente de compra, serviços, localização e preço), que apresentam os benefícios funcionais, sociais, psicológicos, estéticos e de entretenimento que acabam por atrair os consumidores para as lojas. Já o *know-how* inclui elementos internos, que determinam a força operacional e a direção estratégica de um varejista. Consiste na tecnologia (sistemas, métodos, procedimentos e técnicas) e na cultura (conceitos, normas, regras, práticas e experiências) do varejo. Enquanto os elementos externos são visíveis aos consumidores, muitos dos aspectos de *know-how* são implícitos.

Em geral, as lojas direcionadas ao segmento de baixa renda são mais generalistas e apresentam uma variedade de produtos mais ampla do que as voltadas para a população de renda mais elevada. Um exemplo disso é a diferença existente entre as Casas Bahia e o Fast Shop. A primeira é uma rede muito mais diversificada, vendendo de televisores a perfumes, passando por móveis, relógios e jóias. Já o Fast Shop dispõe de uma linha de produtos menos ampla, ainda que mais profunda, concentrando suas vendas em eletroeletrônicos e artigos de informática.

Compreender o comportamento do cliente contribui para que entendamos esse fato. Com efeito, o consumidor de baixa renda não busca exclusividade no momento da compra. Pelo contrário, o que ele deseja acima de tudo é sentir-se socialmente incluído. Daí sua preferência pelas lojas generalistas, que, por vender um pouco de tudo, acabam ampliando sua sensação de poder aquisitivo e pertencimento.

Um outro aspecto que ajuda a explicar o fenômeno da generalização de produtos nas lojas direcionadas ao segmento de baixa renda é a existência de uma grande concentração dessa população em pequenas cidades e na periferia. Nesses locais, como o acesso é mais difícil e a viabilidade de várias lojas se instalarem é menor, um único estabelecimento acaba por atender a boa parte das necessidades da população, convertendo-se em um grande generalista – não talvez por opção, mas pelas circunstâncias do mercado.

Se é fato que as lojas de pequeno porte predominam no mercado de baixa renda, muito se deve ao tamanho reduzido de seu espaço físico, que proporciona um ambiente mais aconchegante, aproximando o consumidor dos produtos e vendedores. Trata-se de

---

[5] GOLDMAN, Arieh. The transfer of retail formats into developing economies: the example of China. *Journal of Retailing*, v. 77, p. 221, 2001.

[6] *Idem, ibidem.*

um formato que vai contra o modelo das lojas de grande porte, cuja amplitude e impessoalidade acabam por intimidar o cliente de baixa renda.

Em geral, as lojas, independentemente do seu porte, exercem grande atratividade sobre esse consumidor, que, não contando com muitas opções de lazer, acaba conferindo um valor muito especial às experiências de compra, pois constituem um dos raros momentos em que ele se sente valorizado e capaz de exercer certo poder. Esse é um dos motivos para que as lojas tenham uma imagem positiva, sendo vistas como simpáticas, agradáveis e sobretudo democráticas. A visão da loja como democrática contrasta com a imagem que os bancos gozam junto a esse segmento. Nessas instituições, o consumidor de baixa renda não se sente bem-recebido. Pelo contrário. Ele acredita que os bancos são feitos para ricos.[7]

Portanto, como convém reiterar, o *mix* de produtos, o ambiente, os serviços prestados, a localização e os preços praticados pelos lojistas devem estar ajustados à realidade financeira e psicológica do consumidor. Para que ele se sinta valorizado, as lojas devem atentar para os seguintes aspectos:

1) O ambiente do estabelecimento deve ser claro e bem iluminado, de modo a produzir uma sensação de bem-estar e fartura.

2) É importante que haja uma grande disponibilidade e variedade de produtos.

3) A comunicação visual deve estar de acordo com os valores da população – com especial atenção às cores e à facilidade de entendimento do que está sendo comunicado. Deve também enfatizar a questão do preço.

4) Quanto ao atendimento, convém que seja o mais cordial possível, pois só assim o consumidor se sentirá bem e incluído socialmente. Não se pode esquecer, afinal, que a população de baixa renda valoriza o contato face a face, motivo pelo qual o atendimento próximo é essencial para que o consumidor se sinta acolhido.

Dois exemplos ajudam a ilustrar a importância do formato da loja no posicionamento do varejista e em sua adequação à população de baixa renda:

• No Habib's, o formato da loja foi desenvolvido para atender à família de baixa renda. O cardápio é voltado tanto para as crianças quanto para os pais, propiciando uma refeição farta e barata. O ambiente da loja é agradável, e, diferentemente de outras *fast-foods*, o cliente é atendido na mesa, podendo servir-se de garfo e faca. Além disso, as lojas estão localizadas tanto em *shopping-centers* populares como em avenidas de grande circulação, e os preços baixos que começam com zero são um grande atrativo para o consumidor. Dessa forma, o círculo se fecha e todos os elementos externos convergem para o atendimento dessa população, o que é sedimentado com elementos internos bem estruturados.

---

[7] PARENTE VAREJO; PESQUISA, SHOPPING BRASIL. Percepção do Consumidor de Baixa Renda em Relação a Serviços Oferecidos no Varejo, 2004.

- A Armarinhos Fernando é a maior rede varejista do país em seu segmento, com mais de 20 mil m² de área de vendas, divididos em 11 unidades distribuídas pela Grande São Paulo. Com 150 mil itens à disposição do consumidor, as lojas apresentam opções nos mais variados setores, como artigos infantis, brinquedos, armarinhos, bazar, itens de cutelaria, papelaria, perfumaria e utilidades para o lar, atendendo tanto ao atacado como ao varejo. Trata-se de um exemplo típico de loja generalista que atua com um extenso *mix* de produtos, privilegiando a fartura e procurando estar sempre instalada em centros comerciais de ruas com intenso fluxo de pessoas. Os *slogans* da Armarinhos Fernando explicitam seu posicionamento voltado para os estratos de baixa renda: "Mais barato, só se for de graça" e "Tudo para seu negócio e sua família". Ou seja, variedade e fartura a baixos preços.

## Tipologia de formatos

A seguir, são apresentados quatro conjuntos de formatos varejistas: varejo alimentício, varejo não-alimentício, varejo de serviços e varejo sem lojas. Todos esses formatos, à exceção do último, caracterizam-se pelo atendimento em uma área física de vendas.

## Varejo alimentício

Conforme observamos anteriormente, quanto menor a renda de uma família, maior é o peso da alimentação em seu orçamento. Assim, a área de vendas dos pólos comerciais voltados para a baixa renda possui uma boa concentração de lojas de alimentos, ao contrário do que se verifica nas áreas de vendas direcionadas aos segmentos mais abastados, em que predominam artigos outros que não os alimentícios. Em vista disso, o varejo de alimentos merece uma atenção especial. Eis alguns formatos varejistas mais utilizados na baixa renda por empresas alimentícias[8]:

1) Supermercado convencional: Loja alimentícia departamentalizada, com grande variedade de produtos alimentícios e relacionados e limitada disponibilidade de artigos de outra natureza. Comercializa em torno de 9 mil itens. A base desse formato está na combinação de volume de vendas, auto-serviço e preços baixos. Em média, dispõe de 7 a 20 *check-outs*, dispostos em uma área de vendas que varia de 700 a 2.500 m². Semelhante formato se faz bastante presente junto à população de baixa renda, com a diferença de que muitas vezes outras linhas de produtos são agregadas a esse *mix* estritamente alimentício.

2) Loja de desconto: Caracteriza-se pela seleção limitada de itens, um ambiente mais despojado, poucos serviços e a comercialização de um menor número de marcas, com preços geralmente inferiores aos dos supermercados. Esse formato

---

[8] BERMAN, Barry; EVANS, Joel R. *Retail Management: a strategic approach.* New Jersey: Prentice Hall, 2001. *Apud* PARENTE, 2000.

começa a ter uma presença mais efetiva no mercado de baixa renda, como se pode atestar pelo exemplo da Dia%.

3) Mercearias: Lojas pequenas, com 20 a 50 m² de área de venda, que apresentam uma linha básica de produtos de mercearia, frios, laticínios e bazar. Estão localizadas em regiões de baixo potencial de mercado, mas possuem grande penetração junto ao segmento de baixa renda.

4) Minimercado: Formato de varejo expressivo, especialmente consistente nos bairros de classe baixa. Apresenta basicamente a mesma linha de produtos de uma mercearia, mas já adota o sistema de auto-serviço, com apenas um *check-out*. Os minimercados chegam a representar mais de 10% dos gastos no varejo de alimentos.

5) Supermercado compacto: Caracteriza-se pelo sistema de auto-serviço, *check-outs* e produtos dispostos de maneira acessível, que permitem aos fregueses "auto-servirem-se" mediante cestas e carrinhos. Os supermercados compactos dispõem de dois a seis *check-outs* e apresentam uma linha de produtos alimentícios completa, mas compacta. Representam a maioria das unidades de auto-serviço no Brasil e, em geral, pertencem a operadores independentes.

6) Açougues: Apesar de sua especialidade, contrária à tendência de lojas mais generalistas, os açougues têm uma grande penetração no segmento de baixa renda. Dois aspectos ajudam a explicar esse fenômeno. Primeiro, o açougueiro atua praticamente como um consultor da consumidora, que muitas vezes confia nele para realizar suas compras. Segundo, para essa população, a carne tem um caráter aspiracional. Daí essas lojas e seus serviços serem tão valorizados por esse segmento.

7) Feiras livres: As feiras livres são muito atraentes para o consumidor de baixa renda, por dois aspectos principais: a proximidade e a fartura dos produtos, como geralmente se pode constatar. Além disso, elas oferecem boas oportunidades de compras a preços relativamente baixos, sendo que o contato face a face com o feirante permite ao consumidor lançar mão do expediente da pechincha, o que é sempre muito valorizado. Apesar de concorrer com os supermercados, as feiras podem muitas vezes ser aliadas dos varejistas com loja, uma vez que atraem um grande contingente de pessoas. Um exemplo disso é a GBarbosa, uma rede de supermercados de Aracaju que procura instalar suas lojas junto às feiras, encarregando-se inclusive de sua manutenção, já que proporcionam um maior fluxo de consumidores.

## Varejo não-alimentício

Outro conjunto de formato varejista é o varejo não-alimentício. Embora se encontre em pleno desenvolvimento no Brasil, esse conjunto ainda não goza de uma situação equiparável à do varejo alimentício. Os três principais modelos varejistas dessa categoria são as lojas especializadas, as lojas de departamentos e os magazines.

Capítulo 4 • Formatos Varejistas Direcionados ao Segmento de Baixa Renda

As **lojas especializadas** concentram suas vendas em uma linha de produtos que inclui itens como brinquedos, calçados, móveis, livros e confecções. Em geral, apresentam um sortimento profundo em algumas linhas de produtos e estão direcionadas para certo segmento de consumidores[9].

No entanto, como visto anteriormente, esse formato de loja não está muito ajustado ao mercado de baixa renda. Eis os principais tipos de lojas especializadas:

- Varejo de móveis e eletrodomésticos
- Varejo de confecções e calçados
- Drogarias e farmácias
- Varejo de brinquedos e artigos de lazer
- Varejo de materiais escolares
- Varejo de materiais de construção e reformas
- Varejo de automóveis e acessórios
- Varejo de combustíveis
- Outros tipos de varejo (óticas, perfumarias, etc.)

O segundo modelo varejista não-alimentício é constituído pelas **lojas de departamentos**. Trata-se de estabelecimentos de grande porte (com área de vendas superior a 4 mil m$^2$) que apresentam grande variedade de produtos, oferecendo aos consumidores uma ampla gama de serviços, estruturada em bases departamentais. A Mesbla e o Mappin eram exemplos notórios desse formato de loja.

Um terceiro modelo de varejo não-alimentício são as **minilojas de departamentos ou magazines**. Trata-se de um formato intermediário entre as lojas de departamentos e as lojas especializadas. As minilojas ou magazines são modelos rústicos e compactos de lojas de departamentos de linha limitada, com predomínio de seções de linha "dura". Sua área de vendas não permite uma ambientação separada por departamentos, assim como sua gestão não é estruturada no nível departamental.[10] O clássico exemplo desse formato, atuante no segmento de baixa renda, são as Casas Bahia.

Por fim, os demais formatos de varejo não-alimentício são o *category killer*, as lojas de descontos e as lojas de fábricas. Contudo, esses modelos ainda não são muito explorados no Brasil e distanciam-se da realidade da baixa renda.

## Varejo de serviços

Um modelo de varejo muito importante nos dias de hoje é o de serviços. Por engano, associa-se o varejo apenas à venda de produtos, ignorando-se o fato de que os serviços também

---

[9] PARENTE, Juracy. *Varejo no Brasil:* gestão e estratégia. São Paulo: Atlas, 2000. p. 33.

[10] PARENTE, Juracy. *Varejo no Brasil:* gestão e estratégia. São Paulo: Atlas, 2000. p. 34.

se enquadram perfeitamente nesse contexto de atendimento ao consumidor final. Existem muitos tipos de varejo em que a atividade exclusiva ou principal consiste na prestação de serviços, como atestam os salões de beleza, as clínicas médicas e as academias de ginástica. Contudo, há casos em que se verifica uma combinação da venda de produtos com a prestação serviços. As *pet shops*, por exemplo, revendem produtos (rações, gaiolas, etc.) e também oferecem serviços (banho, tosa, consulta veterinária, etc.). Exemplo semelhante são os restaurantes que têm integrada a venda de produtos com a prestação de serviços.[11]

Nota-se, portanto, que nem sempre é fácil separar o varejo de serviços do varejo de produtos. O Quadro 4.3 apresenta alguns critérios para a classificação de varejistas de serviços.

Tanto a revenda de produtos quanto a prestação de serviços na área de *fast-food* representam um modelo híbrido de varejo que colhe bons resultados nos dias de hoje. Prova disso é o Habib's (Quadro 4.4), uma rede brasileira de restaurantes que tem obtido grande êxito em sua atuação junto ao segmento de baixa renda.

### Quadro 4.3 – Critérios e tipos de varejo de serviços

| Critérios | Tipos | Exemplo de lojas |
|---|---|---|
| Grau de tangibilidade | Produtos alugados | Locadoras de roupas de festa, locadoras de veículos |
| | Produtos de que o consumidor mantém posse | Oficinas de carros, assistências técnicas de eletrodomésticos |
| | Sem produtos | Escolas de idiomas, academias de ginástica |
| Grau de competência | Alta especialização | Clínicas médicas |
| | Baixa especialização | Sapatarias, borracharias |
| Intensidade de mão-de-obra | Baseada em pessoas | Salões de beleza |
| | Baseada em equipamentos | Lavanderias |
| Grau de contato com o cliente | Contato alto | Lanchonetes, restaurantes, hotéis |
| | Contato baixo | Cinemas |
| Por objetivo | Objetivo de lucro | Bancos |
| | Não-lucro | Bibliotecas, postos médicos |

Fonte: Adaptado de BERMAN, Barry; EVANS, Joel R. *Retail Management: A Strategic Approach*. New Jersey; Prentice Hall, 2001. *Apud* PARENTE, 2000.

---

[11] PARENTE, *op. cit.*, p. 23.

## Quadro 4.4 – A receita do Habib's

Analisar a estratégia do Habib's pode trazer lições preciosas para os executivos que enfrentam o mesmo desafio. A empresa mantém um ritmo de crescimento vigoroso, com a inauguração de 30 lojas por ano. Muitos especialistas interpretam essa expansão como uma prova de que o potencial de consumo do público de baixa renda é mesmo enorme. A fórmula do Habib's combina metas e controles rígidos com produção em alta escala. A rede vende 50 milhões de esfihas por mês. Para chegar a esses números, cada loja tem o objetivo de vender, em média, 7,80 reais por cliente. A lógica é a mesma de 17 anos atrás, quando Alberto Saraiva, o fundador do Habib's, era um pequeno empresário do ramo de alimentos. Saraiva descobriu que havia um espaço a ocupar com a produção de comida árabe para pessoas de baixo poder aquisitivo. "Quando se facilita o acesso da população de baixa renda a algum produto, dá para ganhar dinheiro", diz Saraiva, hoje com 53 anos.

A estratégia do Habib's é oferecer preços baixos nos itens principais e estimular o cliente a consumir itens mais caros e lucrativos, como bebidas e sobremesas, que chegam a dar lucro superior a 400%. "Para ser rentáveis, as lojas precisam vender uma bebida e meia por cliente e 33 sobremesas para cada 100 pessoas", diz Saraiva. A loja que não atingir a rentabilidade mínima de 15% passa pela Unidade de Terapia Intensiva Habib's, ou UTI-H. Inspirado por sua formação de médico – profissão que nunca exerceu –, Saraiva criou o grupo para zelar pela saúde de cada loja. Na UTI-H, os executivos da cadeia funcionam como uma consultoria. Vão à loja problemática, identificam o que está errado e propõem soluções.

Outro segredo para os baixos preços do Habib's é a verticalização. Há uma cozinha central em cada estado em que a rede mantém presença, de onde os alimentos são distribuídos entre as lojas. Em São Paulo, que reúne quase metade das unidades, o Habib's vai inaugurar uma nova cozinha, com o dobro da capacidade da atual. Além da centralização na produção da comida, o Habib's mantém seis empresas próprias, que respondem por 30% do negócio do grupo. A Arabian Bread é o braço de panificação e doces. A indústria de laticínios Promilat fabrica os queijos utilizados nas esfihas. Há uma marca própria de sorvetes, a Ice Lips, que também abastece redes de supermercados. A empresa de *telemarketing* VoxLine, encarregada dos pedidos de entrega expressa, é fornecedora para outras empresas, como a Avon. "A verticalização é uma estratégia importante para quem lida com produtos de baixo custo e precisa ter controle dos processos de fabricação", diz o especialista em varejo Alberto Serrentino, da consultoria Gouvêa de Souza & MD. Esse é um ponto comum entre Habib's e Casas Bahia, outra empresa brasileira que conseguiu conquistar o consumidor de baixa renda. A Bartira, braço industrial da Casas Bahia, abastece quase 40% das linhas de móveis das lojas.

Quando não é possível o público ir ao Habib's, o Habib's vai até o público. Há dois anos, a empresa inaugurou uma unidade no interior do estádio do Morumbi, em São Paulo, onde comercializa os seus produtos durante os jogos. A escolha dos pontos onde as novas unidades serão abertas é especialmente cuidadosa. Esse trabalho é feito por uma imobiliária do grupo, a Planej, que caça os pontos comerciais com as melhores condições de locação. "Nenhum local é fruto do acaso", diz Saraiva. Nas ruas, as lojas do Habib's normalmente se localizam em esquinas com grande fluxo de populares, o público-alvo da empresa.

Fonte: *Portal Exame*, 18 nov. 2005. Disponível em http://app.exame.abril.com.br/edicoes/ 856/negocios/conteudo_104114.shtml.

## Varejo sem lojas

Os avanços da tecnologia de comunicação e as mudanças no estilo de vida dos consumidores criam uma situação propícia para a franca expansão do varejo sem lojas. A possibilidade de comprar produtos e serviços sem sair de casa proporciona conveniência, rapidez e segurança, atributos muito relevantes na escolha desse tipo de varejo.

Dentre os principais modelos de varejo sem loja estão o marketing direto, as vendas diretas, as máquinas de vendas (*vending-machines*) e o varejo virtual.

O **marketing direto** é definido como um sistema de marketing interativo entre vendedor e consumidor, que utiliza um ou mais veículos de comunicação para estabelecer contato com o cliente ou obter um pedido de compra.[12] O varejista comunica suas ofertas mediante catálogos enviados por mala direta, revista, jornal, rádio, televisão ou computador, e os consumidores efetuam seus pedidos pelo correio, telefone ou computador. Atualmente, a popularização da televisão e do telefone nas famílias de baixa renda tem favorecido esse tipo de estratégia de venda.

As **vendas diretas** envolvem explicações pessoais e demonstrações de produtos e serviços[13].

O contato pessoal entre vendedor e consumidor pode ser realizado na casa deste, em seu escritório ou pelo telefone. Exemplos muito comuns desse tipo de varejo junto ao segmento de baixa renda é a comercialização de produtos pelas revendedoras da Avon (ver Quadro 4.5) ou pelas vendedoras de Yakult, que percorrem porta a porta oferecendo produtos. Os ambulantes itinerantes que revendem alimentos e oferecem serviços de conserto de panelas, amolação de facas, etc., muito atuantes nos bairros de menor poder aquisitivo, também podem ser incluídos nesse modelo varejista.

As **máquinas de vendas** (*vending-machines*) constituem um sistema varejista realizado por meio de máquinas nas quais os consumidores podem comprar produtos e serviços. Elas são encontradas em locais de grande circulação, como rodoviárias, metrôs, hospitais, escolas etc, e funcionam 24 horas, dispensando a presença de vendedores e exigindo apenas a reposição periódica dos produtos nela estocados.

Por fim, o **varejo virtual** caracteriza-se pelo emprego da internet para a revenda de produtos e serviços aos consumidores finais. Sem dúvida, essa estratégia tem adquirido grandes proporções, havendo incerteza quanto à intensidade de seu impacto sobre os outros formatos varejistas. No caso do público de baixa renda, em função de seu restrito acesso ao computador, há ainda um relativo distanciamento desse tipo de varejo. No entanto, esse é um canal que vem aumentando sua popularidade, sobretudo com os financiamentos de computadores concedidos tanto pelo governo federal quanto por empresas privadas (a exemplo do "Computador do Milhão").

---

[12] LEWISON, Dale M. *Retailing*. 6. ed. Englewood Cliffs: Prentice Hall, 1997. *Apud* PARENTE, 2000.

[13] LEWISON, Dale M. *Retailing*. 6. ed. Englewood Cliffs: Prentice Hall, 1997. *Apud* PARENTE, 2000.

> ### Quadro 4.5 – Venda direta da Avon
>
> A história da venda direta se funde com a própria história da Avon, que há mais de um século criou chances de trabalho às mulheres. A Avon é a líder mundial em venda direta de produtos e artigos de beleza – que chegam por meio de 3,4 milhões de revendedoras autônomas de 140 países espalhados pelos cinco continentes. Uma experiência que vem sendo difundida há mais de cem anos, criando uma oportunidade única de trabalho para as mulheres.
>
> A empresa foi uma das primeiras a oferecer oportunidades para as mulheres se tornarem financeiramente independentes. As mulheres têm vendido produtos da Avon, nos Estados Unidos, desde 1886 – 34 anos antes de obterem o direito ao voto!
>
> A experiência da Avon foi tão bem sucedida que despertou o interesse de outras empresas a virem para o Brasil (e de outras que nasceram por aqui), criando um grande mercado de trabalho. Mas, afinal, como funciona esse sistema de venda? A melhor definição seria a comercialização de produtos e serviços, por meio do contato direto com o consumidor em questão, dispensando a necessidade de se ter um ponto-de-venda permanente. Para chegar às mulheres ativas de hoje em dia, as revendedoras da Avon realizam vendas em escritórios, fábricas, hospitais, escolas e em qualquer lugar onde as mulheres trabalhem. A atividade de revendedora autônoma possibilita a milhares de pessoas complementarem sua renda, assim como às empreendedoras se tornarem verdadeiras mulheres de negócios.
>
> Hoje, com uma força de vendas de 700 mil revendedoras autônomas, orientadas por cerca de 600 gerentes de setor, a Avon consegue comercializar seus produtos para aproximadamente 19 milhões de brasileiros, atendidos a cada 19 dias, periodicidade em que são veiculados os folhetos de vendas com novas ofertas.
>
> Fonte: *site* da Avon. Disponível em http://www.avon.com.br. Acesso: 3 mar. 2006.

## O papel do atacado

Responsável por abastecer 900 mil pontos-de-venda em todo o país, o setor atacado-distribuidor apresentou um crescimento real de faturamento de 11,9 % em 2004 e de 6% em 2005. Segundo dados do *Ranking 2006* da ABAD (Associação Brasileira de Atacadistas e Distribuidores), ao faturar R$ 86,5 bilhões (ver Figura 4.4), o setor aumentou sua participação nas vendas de produtos de consumo de 51%, registrados em 2003, para 55,4% em 2004 e 58% em 2005.

      O crescimento do setor atacado-distribuidor deve ser creditado às mudanças no perfil de consumo que vêm se consolidando nos últimos anos. As compras de produtos de mercearia (alimentos e produtos de higiene e limpeza) estão gradativamente se encaminhando para as pequenas lojas de vizinhança e para os canais tradicionais, como padarias, mercearias, lojas de conveniência e supermercados com até quatro *check-outs*, em detrimento dos grandes hipermercados.

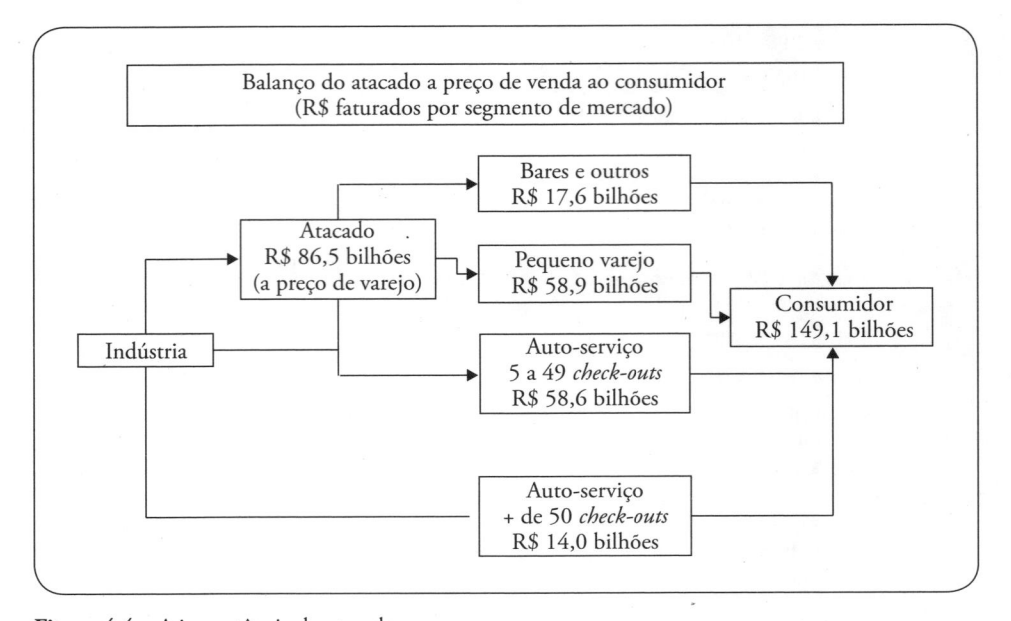

```
┌─────────────────────────────────────────────────────────────────────┐
│              Balanço do atacado a preço de venda ao consumidor      │
│                  (R$ faturados por segmento de mercado)             │
│                                                                     │
│                              ┌──────────────────┐                   │
│                         ┌───▶│  Bares e outros  │───┐               │
│                         │    │   R$ 17,6 bilhões│   │               │
│                         │    └──────────────────┘   │               │
│              ┌──────────┴───┐                       │               │
│              │   Atacado    │    ┌──────────────────┐               │
│         ┌───▶│ R$ 86,5 bilhões──▶│ Pequeno varejo   │──┐            │
│         │    │(a preço de    │   │  R$ 58,9 bilhões │  │            │
│         │    │   varejo)    │    └──────────────────┘  ▼            │
│ ┌───────┴─┐  └──────────┬───┘                    ┌──────────────┐   │
│ │Indústria│             │    ┌──────────────────┐│  Consumidor  │   │
│ └───────┬─┘             └───▶│   Auto-serviço   ││R$ 149,1 bilhões│ │
│         │                    │ 5 a 49 check-outs│──▶              │ │
│         │                    │  R$ 58,6 bilhões │└──────────────┘   │
│         │                    └──────────────────┘   ▲               │
│         │                    ┌──────────────────┐   │               │
│         │                    │   Auto-serviço   │   │               │
│         └───────────────────▶│ + de 50 check-outs──┘               │
│                              │  R$ 14,0 bilhões │                   │
│                              └──────────────────┘                   │
└─────────────────────────────────────────────────────────────────────┘
```

**Figura 4.4**  A importância do atacado.
Fonte: *Ranking ABAD 2006*. Disponível em: www.abad.com.br. Acesso em: 14 jul. 2006.

Por vezes, o próprio fabricante estimula a força do atacado, já que essa é a forma mais econômica e eficiente para atingir a população de baixa renda. É o caso da Unilever, que desenvolveu um projeto para estimular o pequeno varejo, levado a efeito pelos chamados Distribuidores Especializados na Categoria (DECs), que, mais do que distribuir produtos, são responsáveis por seu giro (ver Quadro 4.6).

Ao atuar junto ao varejo de baixa renda, o distribuidor/atacadista enfrenta diversos desafios, a saber:

• Trata-se de um mercado em que a informalidade tem grande força;

• As pequenas empresas varejistas não possuem conhecimento de administração e, conseqüentemente, sofrem de um alto índice de mortalidade;

• Além disso, por apresentarem um fluxo de caixa bastante justo, a concessão de crédito é ao mesmo tempo uma necessidade e um risco;

• A deficiente infra-estrutura do Brasil, aliada aos altos índices de roubo, dificulta a entrega de mercadorias em vários pontos da periferia, onde se localiza o varejo de baixa renda;

• O distribuidor deve comercializar os produtos certos (de mais alto giro) no momento certo (disponibilidade de fluxo do varejo), o que exige um excelente planejamento de compras e estoque.

Capítulo 4 • Formatos Varejistas Direcionados ao Segmento de Baixa Renda

Apesar de grandes, vários atacadistas/distribuidores têm enfrentado bem esses desafios, como atestam os exemplos da RB Distribuidora (Quadro 4.1) e dos DECs (Quadro 4.6), discutidos anteriormente.

### Quadro 4.6 – DEC: uma alternativa da Unilever para atingir o pequeno varejo

Os Distribuidores Especializados na Categoria (DECs) são uma proposta da Unilever para atingir o pequeno varejo de cuidados pessoais. Eles surgiram da percepção de uma oportunidade: a categoria de cuidados pessoais (CPs) apresentava um desempenho insatisfatório nos PDVs (pontos-de-venda), fruto de uma prestação inadequada de serviços ao *trade* tradicional e nenhuma garantia de implementação de estratégias nos PDVs. O foco do varejo estava em categorias de alta rotatividade e alto volume, com uma visão de curtíssimo prazo. Não havia especialização ou habilidades para desenvolver CP. Assim, percebia-se uma necessidade de profissionalização. Além disso, o consumidor buscava conveniência, mas a categoria CP não era encontrada no pequeno varejo.

O objetivo do DEC era ser o distribuidor preferencial de perfumaria para o pequeno e médio varejo, por meio de serviços diferenciados. Os DECs trabalham com foco exclusivo nas linhas de cuidados pessoais e beleza, o que traz um melhor entendimento de seu mercado, suas características e tendências. A especialização também os ajuda a entender seus clientes em profundidade, bem como seus desejos e necessidades.

Os DECs trabalham com um portfólio de produtos completo e diferenciado, composto por mais de 2.500 itens que atendem a seus clientes em todos os canais de venda. Apesar de ser uma iniciativa da Unilever, os DECs contam com a parceria dos maiores fabricantes de produtos de cuidados pessoais e beleza de todo o país.

As vendas efetuadas por intermédio dos DECs são fragmentadas, isto é, são feitas por unidade, o que possibilita aos clientes realizar um investimento menor em mercadorias (estoque), com uma variedade maior de produtos.

O diferencial do sucesso dos DECs está na eficiência de sua equipe de consultores de vendas, que visitam os PDVs, comercializam os produtos e, mais importante, são responsáveis por seu giro. Para tanto, eles trabalham com o conceito de "layoutização", isto é, procuram, da melhor forma possível, ambientar a loja aos olhos do consumidor, com uma gestão de categorias que busca o aumento das vendas, uma maior lucratividade para cada categoria e material exclusivo de ponto-de-venda. Além disso, oferecem treinamentos para o varejista e as entregas são realizadas em até 24 horas.

Todas essas ações permitiram aos DECs, dentro de um período de quatro anos, mais do que dobrar as vendas de produtos nos mercados atingidos.

Fonte: Seminário GVcev – Conhecendo o consumidor de baixa renda: lições para o varejo e para a indústria. São Paulo, Junho. 2004

## RESUMO

A distribuição é um dos pilares de sustentação da estratégia de qualquer empresa que pretenda obter sucesso junto ao público de baixa renda. Entender suas características e peculiaridades é o primeiro passo para definir como acessar essa população, que por vezes não consome pela falta de disponibilidade do produto no momento em que há disponibilidade de renda.

O formato de uma loja varejista indica seu posicionamento no mercado. Os elementos externos e internos de um formato devem convergir para o atendimento adequado das características e peculiaridades do consumidor de baixa renda.

Deve-se ressaltar a importância do pequeno varejo junto a essa população, o qual muitas vezes consegue atender aos desejos do consumidor mediante uma proposta de valor mais adequada, que agrega conveniência (pela proximidade física), facilidade e flexibilidade de crédito (pela caderneta), um *mix* de produtos adequado (e direcionado para a população) e um relacionamento íntimo com esse consumidor.

Esses diferenciais dificultam a penetração desse mercado pelas grandes redes, que, na tentativa de encontrar os meios de atender a essa população, muitas vezes esbarram em aspectos burocráticos ou na falta de conhecimento das características desse consumidor, acabando por não obter o sucesso esperado.

Dada a importância do pequeno varejo, o atacado desempenha um papel essencial nesse mercado, sendo, na maioria das vezes, a ponte entre fabricantes e varejistas, principalmente quando pensamos em regiões mais distantes e carentes. No entanto, o sucesso do distribuidor depende de uma alta tecnologia de informações e processos, aliada a um entendimento das necessidades e características do pequeno varejo, em que se destacam a necessidade de crédito, as entregas constantes e o apoio na definição do *mix* de produtos.

Além do pequeno varejo, outros formatos que vêm obtendo sucesso são os magazines, que combinam um *mix* de produtos amplo e adequado com um crédito facilitado. Também é expressiva a participação da venda direta feita porta a porta, que permite chegar a residências mais distantes e que tem como diferenciais o relacionamento próximo e íntimo com o consumidor, a conveniência e, muitas vezes, a facilidade de crédito.

# Capítulo 5
# ESTRATÉGIA DE PRODUTOS

## Edgard Barki
Mestre e doutorando em Administração de Empresas pela FGV-EAESP e pesquisador do GVcev – Centro de Excelência em Varejo

## Roseli Morena Porto
Professora do Departamento de Administração Geral e Recursos Humanos da FGV-EAESP, mestre e doutora em Administração de Empresas pela FGV-EAESP e pesquisadora do GVcev

O *mix* mercadológico tem na estratégia de produtos um de seus pontos mais importantes. O sucesso de uma loja está associado aos produtos comercializados. Para atingir o segmento de baixa renda, é importante que a estratégia de produtos esteja alinhada com as necessidades e expectativas dos consumidores que almejam encontrar na gôndola o produto desejado, no momento em que dispõem do dinheiro para adquiri-lo.

Este capítulo está dividido em sete tópicos que são relevantes para a elaboração de uma estratégia de produtos: posicionamento, segmentação, variedade de produtos, *mix* de marcas, gestão de categorias, novos produtos e embalagem.

Definir o *mix* de produtos é uma das decisões mais importantes a ser tomada por uma empresa varejista. A estratégia de produtos deve criar um equilíbrio entre artigos de alto giro e de alta margem. Além disso, os produtos devem atender às necessidades e expectativas do consumidor e, mais importante, devem estar de acordo com o posicionamento da empresa.

A estratégia de produtos inclui diversos aspectos que o varejista deve tomar em consideração, dentre os quais destacamos os seguintes:

1) **Posicionamento**: O posicionamento indica a imagem que o consumidor tem de uma empresa. No varejo, o *mix* de produtos reflete o posicionamento. Dessa forma, a estratégia de produtos deve estar totalmente integrada com o posicionamento da empresa.

2) **Segmentação**: Essencial para o sucesso de uma empresa é entender o seu público-alvo. Quando falamos do segmento de baixa renda, tendemos a classificá-lo como um grupo homogêneo. É importante, no entanto, identificar os subsegmentos existentes nesse mercado e posicionar a empresa com a comercialização de produtos e a oferta de serviços direcionados àqueles que o varejista pretende atingir.

3) **Variedade de produtos**: Vale a pena manter uma linha restrita e enxuta de produtos, ou a diversificação é uma decisão mais acertada? Aumentar a linha de produtos é sinônimo de aumento de vendas? Essas são algumas dúvidas relacionadas à decisão sobre a variedade de produtos a ser comercializada em uma empresa varejista.

4) ***Mix* de marcas**: A empresa varejista deve definir com que marcas trabalhará em cada linha de produtos. Devem-se avaliar nesse ponto, entre outros fatores, a importância das marcas líderes na composição do *mix*, o efeito da comercialização de marcas mais populares e a relevância estratégica de se trabalhar com marcas próprias.

5) **Gestão de categorias**: A gestão de categorias permite uma administração de produtos mais lógica e voltada para os resultados. Entender o papel de cada categoria de produtos e seu impacto no negócio é crucial para o gerenciamento de uma empresa varejista.

6) **Novos produtos**: Um dos muitos mitos relacionados ao consumidor de baixa renda é o de sua aversão a novos produtos. Entretanto, como essa assertiva não encontra respaldo na realidade, o acréscimo de novos produtos é um importante passo para o desenvolvimento de uma adequada estratégia e renovação do *mix*.

7) **Embalagem dos produtos**: A embalagem dos produtos, além de exercer um forte apelo emocional, pode ter também um forte impacto sobre sua funciona-

lidade. A definição do tamanho ideal da embalagem a ser comercializada é uma das decisões cruciais na estratégia de produtos.

As decisões referentes a esses aspectos serão abordadas com maior profundidade nos itens a seguir.

## Posicionamento de mercado

O conceito de posicionamento de mercado foi desenvolvido por Al Ries e Jack Trout na década de 1980.[1] Significa, segundo a definição dos autores, desenvolver a oferta e a imagem da empresa para que ocupem um lugar destacado na mente dos clientes-alvo. Com efeito, o grande desafio das empresas é justamente ocupar o primeiro lugar na mente dos consumidores. Assim, o posicionamento de mercado começa com um produto, um serviço, uma empresa, ou até mesmo uma pessoa. No entanto, posicionamento não é o que se faz com o produto: é o que a empresa faz com a mente do cliente potencial – ou seja, a maneira como posiciona seu produto na mente desse cliente, diferenciando-se da concorrência.

Preço e produto são duas dimensões importantes para avaliar o posicionamento de uma empresa de varejo. A imagem de uma marca varejista está muito associada ao binômio preço/qualidade de seus produtos. O grupo Pão de Açúcar, por exemplo, que opera duas marcas de supermercados – Pão de Açúcar e CompreBem –, procura diferenciar o *mix* de produtos de ambas oferecendo uma maior variedade de itens sofisticados na marca Pão de Açúcar e artigos populares com preços baixos na marca CompreBem.[2]

Ao definir seu posicionamento, deve ficar claro para a empresa que não é possível ser tudo para todos. Quem tenta fazer isso, muitas vezes acaba sendo nada para ninguém. Por isso, empresas que têm o foco nas classes mais altas devem estar atentas em como atingir as classes mais baixas sem afetar seu posicionamento.

Da mesma forma, muitas vezes empresas com foco nas classes baixas depois que crescem tentam atingir, com as mesmas estratégias, as classes mais altas. O que nem sempre traz bons resultados, pois a empresa perde seu foco e fica sem um posicionamento claro para o consumidor.

## Segmentação de mercado

A segmentação de mercado é a divisão do mercado em grupos distintos de compradores, conforme suas diferentes necessidades, características e comportamentos, passíveis de exi-

---

[1] RIES, Al TROUT, Jack. *Posicionamento:* a batalha por sua mente. 20. ed. Makron Books, 2002.

[2] PARENTE, Juracy. *Varejo no Brasil*. São Paulo: Atlas, 2000.

gir produtos ou compostos de marketing específicos. Constitui um importante esforço para aumentar a precisão do marketing da empresa, na medida em que se situa entre o marketing de massa e o marketing individual. O mercado pode ser dividido de acordo com os fatores demográficos, comportamentais, geográficos e psicográficos do consumidor, conforme detalhado na Figura 5.1.

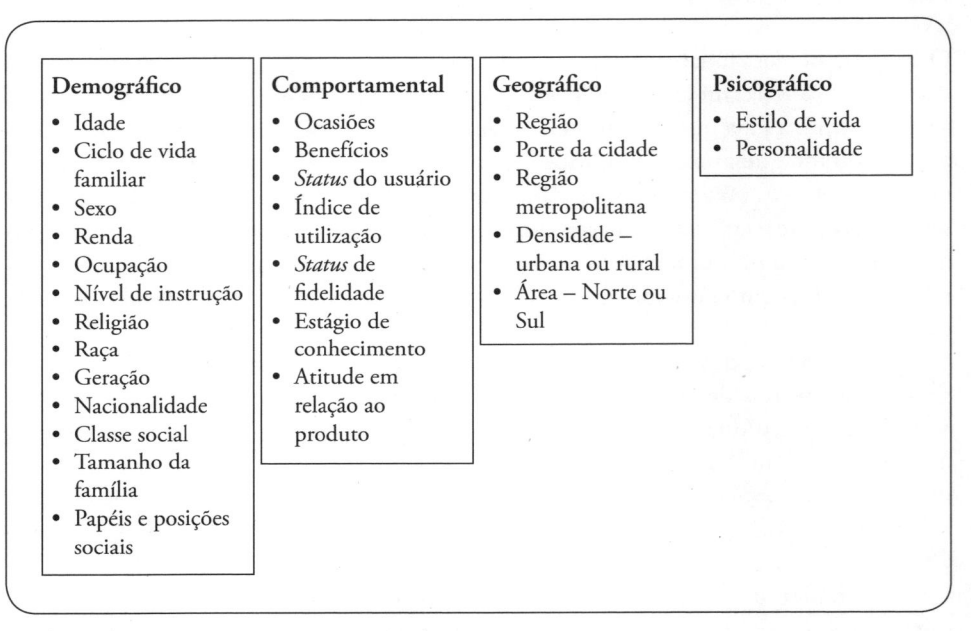

| Demográfico | Comportamental | Geográfico | Psicográfico |
|---|---|---|---|
| • Idade<br>• Ciclo de vida familiar<br>• Sexo<br>• Renda<br>• Ocupação<br>• Nível de instrução<br>• Religião<br>• Raça<br>• Geração<br>• Nacionalidade<br>• Classe social<br>• Tamanho da família<br>• Papéis e posições sociais | • Ocasiões<br>• Benefícios<br>• *Status* do usuário<br>• Índice de utilização<br>• *Status* de fidelidade<br>• Estágio de conhecimento<br>• Atitude em relação ao produto | • Região<br>• Porte da cidade<br>• Região metropolitana<br>• Densidade – urbana ou rural<br>• Área – Norte ou Sul | • Estilo de vida<br>• Personalidade |

**Figura 5.1**   Fatores para a segmentação do mercado consumidor.
Fonte: KOTLER, Philip. *Administração de Marketing*. 10. ed, Prentice Hall, 2000. p. 286.

No caso dos consumidores de baixa renda, a segmentação mais usual considera as características demográficas de renda e classe social, o que leva a tratá-los como um grupo homogêneo. Entretanto, ao se analisar esse segmento sob outras bases, percebe-se que existem diferenças significativas. O desafio do varejo direcionado à baixa renda é identificar essas características, para que assim aprimore seu posicionamento, comercializando produtos que atendam mais precisamente às necessidades desse tipo de cliente.

Tais diferenças podem se basear em aspectos comportamentais, como índice de utilização e ocasiões, ou psicográficos, como a segmentação por estilo de vida. O varejista de um mercado de bairro, ao definir seu sortimento, deve ter em mente, por exemplo, o fato de que os clientes visitam esse tipo de loja com mais freqüência e que sua cesta de compras contém poucos itens, já que o principal objetivo é a reposição. Por outro lado, as compras em um hipermercado são realizadas com menor freqüência, o tíquete tem um valor maior e seus clientes as consideram uma ocasião de lazer.

Segundo a "Teoria da Difusão da Inovação", de Everett Rogers[3], os consumidores podem ser classificados com base em sua postura individual perante a inovação e a adoção desta ao longo do tempo. Conforme ilustra a Figura 5.2, a adoção da inovação tem como característica uma curva de distribuição normal, com cinco diferentes perfis de consumidores.

Os **inovadores** são amantes da novidade, formadores de opinião e lançadores de tendências. Em geral, constituem-se de artistas famosos, celebridades sociais e membros da alta sociedade que exercem o papel de ditar a moda, introduzindo novos estilos periodicamente e direcionando as escolhas dos demais grupos de consumidores. Dentre as características mais marcantes desse grupo estão a estabilidade financeira, essencial para que o inovador possa arcar com os possíveis prejuízos de adotar uma novidade que even-

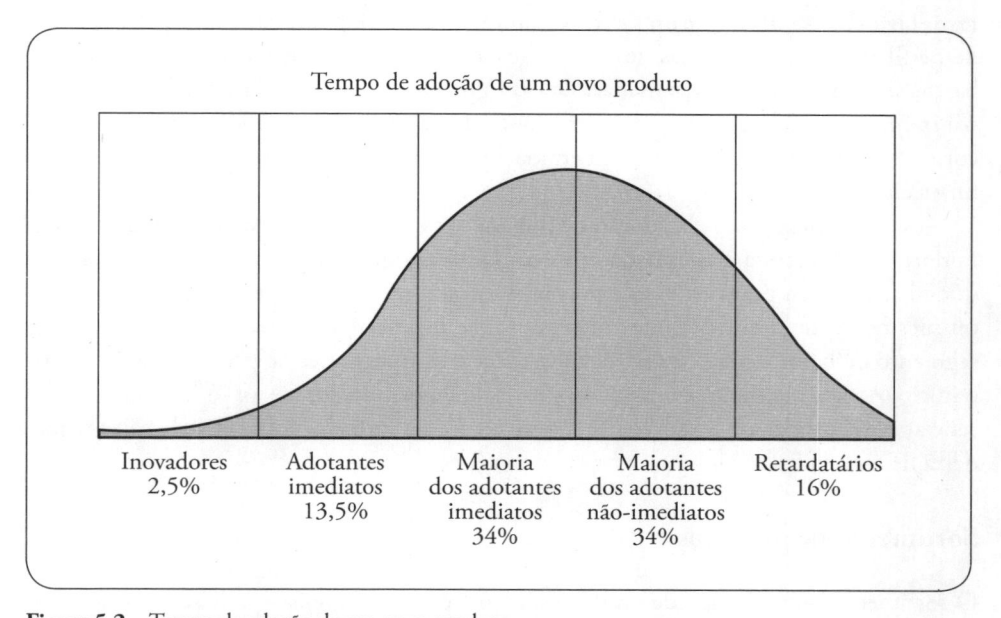

**Figura 5.2** Tempo de adoção de um novo produto.
Fonte: ROGERS, Everett M. *Diffusions of Innovations*, New York: Free Press, 1962. p. 162.

---

[3] ROGERS, Everett M. *Diffusions of Innovations*, New York: Free Press, 1962.

tualmente não corresponda às suas expectativas, assim como a habilidade em lidar com a incerteza e o gosto pelo risco.

Alguns imitadores (**adotantes imediatos**), ao aderir à nova tendência, conferem-lhe maior visibilidade. São pessoas mais integradas à sociedade local que o segmento cosmopolita dos inovadores. Grandes líderes, esses imitadores são dotados de opinião forte e vêem os inovadores como fonte de posição e informação sobre as novas tendências. São, ademais, indivíduos respeitados por seus pares e reconhecidos por sempre aderirem discretamente a inovações de sucesso, servindo como modelo para a grande massa de consumidores que neles se espelha, atingindo a **maioria dos adotantes imediatos**. Esse segmento, representante de um terço do total de indivíduos, é constituído por aqueles que adotam a inovação antes do cidadão médio.

O movimento prossegue, desta vez alcançando a **maioria dos adotantes não-imediatos** e, assim, um estágio de saturação social. Esse segmento também responde por um terço do total de indivíduos, mas seus integrantes, por ser céticos e cautelosos, costumam aderir às inovações depois do cidadão médio. Para eles, a adoção da inovação pode ser levada tanto por uma necessidade econômica quanto pela pressão de seus pares.

Ao alcançar o declínio e a obsolescência, a inovação é então adotada pelos **retardatários**. Esse último grupo não possui qualquer opinião de liderança; são pessoas de perfil tradicional, isoladas no círculo social em que estão inseridas, e suas decisões baseiam-se em experiências passadas. Devido à precária situação financeira em que se encontram, são cautelosas diante das inovações e dos agentes de mudança, pois não podem correr o risco de tomar uma decisão errada e ter de arcar com seus respectivos prejuízos financeiros.

A segmentação pela adoção de inovações caracteriza os inovadores como consumidores de alta renda e os retardatários como indivíduos com menor poder aquisitivo, que só se decidem pela compra de produtos inovadores somente depois de consagrados, ou mesmo quando em declínio. Entretanto, se o produto já é lançado com vistas ao segmento de baixa renda, é possível conquistar seus integrantes de perfil inovador desde o início. Assim, mesmo que tenham um nível de renda semelhante, os indivíduos se diferenciam pela propensão à adoção das inovações. Dessa forma, a população de baixa renda deixa de ser analisada como um grupo homogêneo.

## Sortimento de produtos

O sortimento ou variedade de produtos de uma empresa varejista pode ser dividido em dois conceitos: amplitude e profundidade. A amplitude refere-se ao número de categorias, subcategorias e segmentos de produtos que uma loja comercializa. Já a profundidade está relacionada ao número de marcas e itens dentro de certa categoria. É possível identificar quatro tipos de posicionamento lojista que se diferenciam pelo sortimento de produtos, conforme apresentado na Figura 5.3:

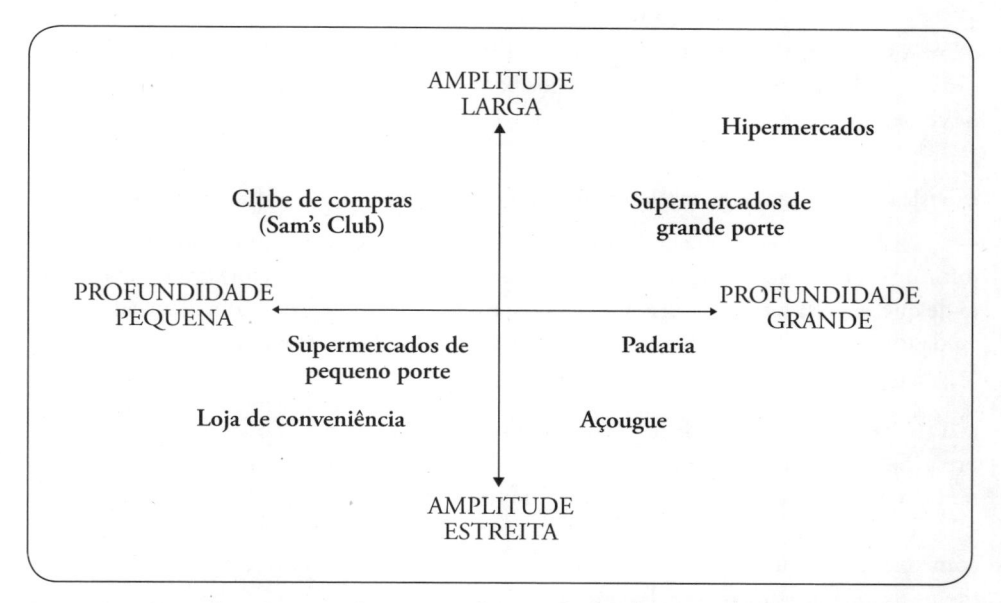

```
                        AMPLITUDE
                          LARGA
                                              Hipermercados

            Clube de compras            Supermercados de
              (Sam's Club)                 grande porte

PROFUNDIDADE                                              PROFUNDIDADE
   PEQUENA  ←────────────────────────────────────────→       GRANDE
                  Supermercados de         Padaria
                   pequeno porte

            Loja de conveniência          Açougue

                        AMPLITUDE
                         ESTREITA
```

**Figura 5.3** Tipos de varejo segundo a amplitude e a profundidade dos produtos oferecidos.
Fonte: PARENTE, Juracy. *Varejo do Brasil*. São Paulo: Atlas, 2000. p. 193.

A decisão quanto à amplitude e à profundidade dos produtos oferecidos ao público de baixa renda é de extrema importância, já que freqüentemente seus consumidores buscam adquirir alimentos e bebidas de marcas líderes, ao mesmo tempo em que precisam manter seus gastos dentro do orçamento.

O varejo deve, pois, oferecer o *mix* adequado entre marcas líderes que representam o desejo de consumo desse segmento – adquiridas em momentos específicos (festas, fins de semana, visitas de amigos e familiares) – e produtos com preços mais acessíveis, que respondem pelo grosso das compras de uma grande parcela da população.

Assim sendo, a profundidade e a amplitude dos produtos oferecidos em uma loja implicam uma decisão crucial. Ao definir os itens que deverão ser comercializados, alguns pontos devem ser considerados:

- Uma maior variedade de produtos proporciona um maior poder de escolha, o que é visto como um ponto positivo, principalmente pelo consumidor de baixa renda, que tem menos possibilidade de acesso a produtos e serviços.
- A maior variedade de produtos também transmite a mensagem de valorização desse consumidor, pois sente que a loja o valoriza e confia nele e que, por isso, investe em produtos, disponibilizando não só artigos baratos, mas um amplo leque de alternativas de consumo.
- Um maior número de produtos comercializados também contribui para uma exposição mais farta, algo inteiramente condizente com os valores dessa população.
- Algumas vezes, no entanto, uma variedade muito grande de produtos pode transmitir uma idéia negativa, agravando o sentimento de frustração do consumidor consciente de que seu rendimento é insuficiente para a aquisição de todos os itens desejados, Um cuidadoso trabalho de exposição e *merchandising* pode abrandar essa sensação.

Uma das questões-chave ao se analisar o *mix* de produtos a ser vendido em uma loja é saber como a variedade de artigos pode interferir ou não no posicionamento da empresa. Se por um lado aumentar a variedade pode ser uma maneira razoável de incrementar as vendas, por outro tentar ser tudo para todos pode ser extremamente prejudicial.

Ao pensar em uma loja, o consumidor imediatamente imagina que produtos ela comercializa. Já quando pensa em um produto que quer comprar, ele visualiza mentalmente as lojas em que poderá fazer essa compra.

Quando uma empresa incrementa sua linha de produtos indevidamente e sem planejamento, ela pode estar afetando seu posicionamento. Quando não está claro para o consumidor qual o foco da loja e o que ela comercializa, isso pode fazer com que ele acabe por não incluí-la em suas opções de compra.

Isso não quer dizer, contudo, que uma rede não possa diversificar seu portfólio, buscando aumentar suas vendas e margens. Ocorre apenas que essa medida deve ser tomada com critério e de modo que as novas linhas sejam agregadas seguindo uma evolução natural dos negócios.

Alguns exemplos podem explicar melhor esses pontos:

1) Uma loja de R$ 1,99 ou um pequeno bazar vendem de tudo. Essa grande variedade de artigos está em perfeita conformidade com seu posicionamento, cujo foco é a comercialização de produtos a preços módicos. Quando o consumidor deseja comprar algo simples e barato, logo pensa em uma loja com esse formato, onde espera encontrar muitas opções desses tipos de produtos.

2) Uma loja de calçados pode comercializar acessórios tais como bolsas e cintos, mas terá muita dificuldade com a venda de celulares. Os consumidores que estiverem à procura desse tipo de aparelho com certeza irão a uma loja especializada.

3) A C&A tem como posicionamento ser uma empresa que vende moda. Por isso, o telefone celular faz parte de seu *mix* de artigos. Apesar de não constituir o foco da empresa, essa linha de produtos lhe permite aumentar as vendas e margens, sem perder de vista seu posicionamento. Logo, ao consumidor não soa nada estranho comprar celulares na C&A, que, para viabilizar as transações, concede financiamento por intermédio de seu braço financeiro, o Banco Ibi.

4) As Casas Bahia vêm ampliando pesadamente sua linha de produtos. Além dos tradicionais eletroeletrônicos e móveis, a empresa começa a comercializar perfumes, relógios, artigos de ótica e chocolates (ver Quadro 5.1). Posiciona-se, assim, como um grande magazine, cujo foco é tornar realidade o sonho do consumidor mediante concessão crédito para qualquer produto de seu interesse. Não há dúvida de que tal estratégia possa alavancar as vendas da rede, mas ela deverá ser implementada com muita sensibilidade, para não desconfigurar a identidade da empresa ou tornar confusos sua imagem e posicionamento.

### Quadro 5.1 – Caso Casas Bahia

O foco das Casas Bahia é a comercialização de produtos eletroeletrônicos e móveis. No entanto, a empresa começa a comercializar novos itens em suas lojas. Na loja da Praça Ramos de Azevedo, no centro de São Paulo, onde funcionou o Mappin, a empresa possui departamentos variados como ótica, agência de viagens, perfumaria, artigos de cama, mesa e banho e chocolates.

"Vamos ser a Macy's ou a Bloomingdale's do Brasil", prevê o diretor administrativo-financeiro da rede, Michael Klein. A Macy's e a Bloomingdale's são tradicionais lojas de departamentos dos Estados Unidos. A diferença é que essas duas redes começaram com o foco nas confecções e depois se expandiram para outros segmentos. No caso das Casas Bahia, a trajetória é inversa: dos eletrodomésticos e móveis para artigos de vestuário, entre outros.

Atualmente, a empresa possui quiosques da Nestlé em 16 lojas, a ótica na unidade do centro, a agência de viagens SanCatur em 6 lojas e a partir de abril de 2006 foram abertos estandes para venda de perfumes importados em 32 lojas. Além disso, a empresa está negociando a entrada na rede de uma joalheria, uma livraria, um espaço reservado para recarga de celulares, além da inclusão de artigos de cama, mesa e banho em outras unidades.

Dentro de dois anos, a expectativa é que esses novos itens respondam por 10% das vendas da companhia. Atualmente, a fatia dos eletrodomésticos no faturamento é de 68% e dos móveis, de 30%. Os novos produtos e serviços têm participação pequena ainda. Essa diversificação possui dois objetivos centrais: aumento das vendas principalmente nas lojas mais antigas que têm um menor potencial de crescimento e aumento da rentabilidade com produtos que geram margens maiores do que os eletroeletrônicos.

Fonte: CASAS Bahia querem virar a Bloomingdale's do Brasil. *O Estado de S. Paulo*, Economia, p. B-14, 2 jun. 2006.

## *Mix* de marcas

"A marca pode ser vista como um fenômeno psicológico. Formalmente, ela é um nome, sinal, símbolo ou logo que identifica os produtos e serviços de uma empresa, diferenciando-a das demais. Contudo, é mediante experiências pessoais, mensagens comerciais, comunicações interpessoais e outros meios que a marca ganha significado para os clientes. Seu poder reside nas mentes dos consumidores e em todos os pensamentos, sentimentos, percepções, crenças, atitudes e comportamentos resultantes da miríade de possíveis interações que se estabelecem com ela."[4]

A marca constitui um fator primordial para as classes C, D e E, não menos que para as classes de maior poder aquisitivo. Ainda que inegável a premência do preço, a marca dos produtos também é um aspecto de muita relevância. Com efeito, por maior que seja sua limitação financeira, o consumidor de baixa renda não está disposto a adquirir qualquer produto. Em razão disso, ele enfrenta um grande dilema, uma necessidade de escolha constante, devido justamente a essa restrição orçamentária.

Um dos mitos relacionados ao consumidor de baixa renda aponta sua infidelidade às marcas. Entretanto, vários estudos demonstram não ser essa uma realidade. Pelo contrário: dentre todos os consumidores, o de baixa renda tende a ser o mais fiel. Sua forte preferência por determinadas marcas se deve a uma questão simples, que não diz respeito nem à lealdade à marca precisamente, nem a algum aspecto aspiracional – mas ao fator "entrega". O desejo desse consumidor é contar com produtos que "entreguem" o que ele está esperando – por exemplo, o arroz que sai sempre do mesmo jeito, porque a dona de casa não pode errar, ou aquele sabão em pó que ela sabe que não estraga a camisa. Assim, a preferência por uma dada marca está estreitamente ligada ao risco de errar, à limitação econômica do consumidor e à capacidade do produto de atender às suas expectativas. Portanto, como a experimentação de uma nova marca que talvez não traga os benefícios desejados pode ser muito custosa, esse consumidor acaba sendo mais fiel às marcas que já foram testadas.

Nesse sentido, uma marca líder se faz importante, pois ameniza o sentimento de exclusão social que não raro acompanha o consumidor de baixa renda. Pois que, ao não comercializar marcas líderes, uma empresa varejista transmite a mensagem de que não acredita no potencial de seus consumidores, acabando por agravar seu sentimento de inferioridade. Por isso é importante que, além dos produtos mais populares, também constem do *mix* do varejista algumas marcas líderes que transmitam uma mensagem de respeito e confiança no poder de compra de seus clientes.

Um último aspecto relacionado à importância das marcas líderes é que elas criam uma referência de preços. Em geral, elas têm o poder de determinar o que é um produto

---

[4] WEBSTER Jr., Frederick E.; KELLER, Kevin Lane. A roadmap for branding in industrial markets. *Brand Management*, v. 2, n. 5, p. 388-402, maio 2004.

mais caro e outro mais barato. Quando uma empresa comercializa apenas produtos populares, os consumidores se sentem perdidos e incapazes de avaliar se esses produtos são caros ou baratos.

Um dos maiores erros cometidos por algumas empresas varejistas voltadas para o público de baixa renda é comercializar apenas produtos populares. Tal procedimento tem como base o mito de que esse consumidor só compra movido pelo preço. Na prática, porém, o que ele quer é ter a possibilidade de comparar preços e incluir marcas líderes em seu processo de escolha.

Por conseguinte, uma empresa varejista direcionada à baixa renda não pode vender tão-somente marcas líderes, por mais importantes que elas sejam. Faz-se essencial oferecer um *mix* equilibrado, que mescle marcas líderes e marcas alternativas de qualidade e preços acessíveis que atendam às necessidades e anseios dos consumidores com restrições orçamentárias. Aliás, são as marcas populares que em muitas categorias de produtos proporcionam o volume necessário de vendas ao varejista.

## Marca própria

Uma das muitas decisões que compete a uma empresa é definir a utilização de marcas próprias em seu *mix* de produtos. Segundo o 11º Estudo Anual da ACNielsen[5], as marcas próprias no mercado brasileiro têm uma participação de 5,5% no valor das vendas totais e de 8,8% no volume comercializado. O número total de itens de marca própria no Brasil cresceu em torno de 13%, passando de aproximadamente 38 mil, em 2004, para 43 mil, em 2005. De um modo geral, o estudo mostra que o percentual de conhecimento das marcas próprias junto às consumidoras cresceu 10 pontos percentuais de 2004 para 2005, sendo que 91% das consumidoras que adquirem essas marcas as recomendam.

Apesar de as marcas próprias ainda apresentarem uma pequena participação de mercado e um baixo desenvolvimento comparativamente aos mercados internacionais, seu volume de vendas vem crescendo nos últimos anos, estando o Brasil entre os 10 países onde o consumidor reconhece nas marcas próprias dos supermercados uma boa alternativa às outras marcas. Se a princípio estavam presentes mais fortemente no varejo de alimentos, nas categorias mercearia, limpeza caseira, higiene e saúde, atualmente os produtos com marcas próprias também são encontrados nas seções de eletroeletrônicos de hipermercados como o Carrefour e em farmácias como a rede Farmais.

A ACNielsen define marca própria como qualquer produto distribuído exclusivamente pela organização que detém a marca. Esta pode levar o nome da empresa ou utilizar um outro nome que não esteja associado à marca da organização. Mais detalhadamente, o Comitê de Marcas Próprias da Associação Brasileira de Supermercado (ABRAS) designa como produtos de marca própria os artigos que pertencem ou que têm sua marca/identidade e distribuição controlada por varejistas, atacadistas, cooperativas de

---

[5] Pesquisa anual *Marcas Próprias*, da ACNielsen, publicada no *Diário do Comércio* de São Paulo a 03 de janeiro de 2005.

consumo, centrais de compras, importadores/exportadores ou qualquer outro distribuidor de bens de consumo. Na construção de sua marca própria, essas organizações podem optar por dois tipos de marca, a saber[6]:

- *Marca da rede* – utiliza-se da mesma marca que identifica a rede de lojas, podendo fortalecer a fidelização do cliente à rede com um menor volume de investimentos.
- *Marca-fantasia* – utiliza-se de uma marca diferente da identificação da rede, requerendo maiores investimentos de *marketing* para a construção da marca junto ao consumidor.

O hipermercado Carrefour e os supermercados Pão de Açúcar são exemplos de uso de marca da rede. Nos últimos tempos, porém, tem predominado a utilização de marcas-fantasia, a exemplo dos atacadistas Peixoto e Makro, que batizaram seus produtos com marca própria de *VALOR* e *ARO*, respectivamente. Enquanto o objetivo do primeiro é abastecer os pequenos varejistas que implantaram o seu modelo de gestão adotando o nome *VALOR*, o do segundo é direcionar seus produtos *ARO* aos *transformadores* (restaurantes, bares, hotéis). No varejo de vestuário, a C&A, a Renner e a Riachuelo trabalham com inúmeras marcas-fantasia exclusivas, dotadas de personalidade própria e construídas a partir das características demográficas e do estilo de vida de seus vários segmentos de consumidores.

Uma vez definido se o produto levará o nome da rede ou um nome de fantasia, o próximo passo é definir a estratégia de posicionamento da marca própria, que deve estar alinhada com a estratégia da empresa.

- *Produtos premium/inovadores* – são produtos diferenciados, inovadores e com maior valor agregado, na maioria das vezes voltados a nichos de mercado. Os produtos *premium* elevam o valor da categoria e, tendo uma boa aceitação, aumentam a rentabilidade e fidelizam os clientes, que não encontram equivalente na concorrência.
- *Produtos similares aos líderes* – são produtos com qualidade equiparável à dos líderes de mercado, mas com um preço de 10 a 20% inferior.
- *Produtos intermediários* – são produtos de qualidade um pouco inferior à dos líderes, com o preço podendo ficar entre 20 e 30% abaixo do preço destes.
- *Produtos de primeiro preço* – são produtos que servem como alternativa para os consumidores que buscam um menor desembolso, não competindo diretamente com a qualidade das marcas líderes e apresentando preços de 30 a 50% inferiores.

Como em outros países, a marca própria foi introduzida no mercado brasileiro com uma estratégia de *primeiro preço*, o que contribuiu para criar seu estigma de pro-

---

[6] CAMP – Comitê ABRAS de Marcas Próprias. *Guia ABRAS de marcas próprias:* princípios gerais, 2001.

duto barato e de baixa qualidade. Entretanto, nos mercados em que a marca própria tem uma presença forte e consolidada, como se verifica em países europeus, as redes já trabalham com a segmentação, oferecendo produtos *premium* e *primeiro preço* em uma mesma loja. No Brasil, essa estratégia é utilizada pela Companhia Brasileira de Distribuição (CBD). Nas lojas da bandeira CompreBem e Extra, o consumidor encontra produtos com o nome da rede e a linha *primeiro preço*, denominada *ESCOLHA ECONÔMICA*. Já nos supermercados Pão de Açúcar, a marca própria segue o posicionamento *premium*, principalmente na categoria mercearia, com produtos inovadores a preços um pouco superiores aos das marcas líderes. Para o consumidor brasileiro, apesar de o preço ainda ser um fator determinante em sua decisão de adquirir marcas próprias, outros fatores também ganham relevo, quais sejam: a qualidade, a variedade e a credibilidade das cadeias.

Seja qual for a estratégia escolhida pela empresa, o lançamento de uma marca própria tem os seguintes objetivos: fidelizar os clientes criando um diferencial frente à concorrência; aumentar a rentabilidade da loja/rede e seu poder de negociação junto aos fabricantes; e estabelecer uma política "ganha-ganha" junto aos fornecedores de marca própria, incentivando uma parceria de longo prazo. Eis outras razões fundamentais para o sucesso das marcas próprias[7]:

- Construção e manutenção da fidelidade dos consumidores
- Reforço do posicionamento de mercado da empresa
- Aumento das escolhas dos consumidores
- Adequação de produtos ao perfil dos consumidores

Ao analisar o comportamento do consumidor de baixa renda em relação às marcas próprias, deparamos com um paradoxo. Se os produtos dos varejistas sempre foram oferecidos como uma opção mais barata em comparação com as marcas líderes, seria de esperar que as classes D e E representassem seus principais consumidores. Entretanto, como destaca o 11º Estudo Anual da ACNielsen, os domicílios de alto nível socioeconômico tendem a consumir mais marcas próprias que os de nível médio e baixo. Alguns fatores ajudam a explicar essa contradição.

Apesar da restrição orçamentária dos segmentos de baixa renda, o consumo de marcas líderes reduz o risco de uma possível insatisfação ao experimentar produtos de redes. Além disso, é freqüente a compra de marcas líderes motivada por aspectos aspiracionais – por exemplo, para consumo em situações sociais – e de produtos de marca própria para consumo familiar.

---

[7] DAVIES, Ross. The private label phenomenon in Western Europe: trends and perspectives: notable cases. In: *Seminário Internacional de Marcas Próprias* organizado pelo Fórum GVcev de Marcas Próprias (FGV-EAESP) 09 nov. 2004.

## Gestão de categorias

As categorias são agrupamentos de produtos formados por itens complementares ou substitutos, planejados para atender a certas necessidades dos consumidores. Já as subcategorias são agrupamentos formados por produtos com alto grau de substitubilidade, concorrentes entre si. Em um supermercado, por exemplo, uma possível categoria seria "Refrigerante" e uma subcategoria, "Guaraná".[8]

As categorias de produtos desempenham papéis diferentes nos varejistas, sendo a competente gestão dessas categorias essencial para o sucesso de uma empresa. Dependendo do público-alvo e do posicionamento do varejista, uma categoria pode ter uma importância maior ou menor. "Por exemplo, em um supermercado de periferia, a categoria 'frangos' desempenha um papel muito mais importante que a categoria 'vinhos'".[9]

Dessa forma, é importante definir o *mix* de produtos mais adequado ao consumidor de baixa renda. Segundo pesquisa da Booz Allen[10], descrita no Quadro 5.1, o *mix* de compra do consumidor de baixa renda pode ser classificado em produtos "principais", "secundários" e "de luxo". Os produtos principais são aqueles itens que atendem às necessidades básicas nas categorias de alimentos (arroz, feijão, macarrão, etc.), higiene pessoal (sabonete, pasta de dentes, etc.), higiene do lar (sabão, detergente, água sanitária, etc.). Os secundários são produtos adquiridos de vez em quando. Já os produtos de luxo são aqueles que só podem ser comprados em situações especiais, como por ocasião de uma festa ou do recebimento de um dinheiro extra.

Naturalmente, o consumidor de baixa renda está mais voltado para algumas categorias básicas de alimentação e higiene. Um enlatado, por exemplo, pode ser considerado artigo de luxo, dado que a cesta de compras desse consumidor geralmente é preenchida com itens muito mais básicos, como arroz, feijão, macarrão, etc.

## Novos produtos

O desenvolvimento de novos produtos constitui um ponto decisivo ao se trabalhar com o mercado de baixa renda, que por muitos anos foi relegado a um segundo plano. Empresas e profissionais voltavam sua atenção para as classes média e alta, na crença de que, como a baixa renda não tinha potencial de compra e não se interessava pelas inovações tecnológicas, não era relevante para o crescimento a longo prazo. Ademais,

---

[8] PARENTE, *op. cit.*, p. 185.

[9] *Ibid.* p. 196.

[10] BOOZ ALLEN & HAMILTON. Creating Value in Retailing for Emerging Consumers. Breaking Myths about Emerging Consumers – Learning from Small Scale Retailers. *An Exploratory Study conducted for the Coca-Cola Retail Research Center – Latin America*, jun. 2003.

julgavam não existir profissionais gabaritados para trabalhar nesse mercado. Por conta disso, raríssimas eram as ocasiões em que novos produtos eram desenvolvidos especificamente para esse público.

O fracasso de muitos dos produtos lançados nos mercados emergentes se deve ao fato de que muitas empresas multinacionais simplesmente transferem seus programas de marketing, sem promover qualquer adaptação às particularidades dos países emergentes nem entender as peculiaridades desse mercado.

Assim, Prahalad[11] afirma ser necessária a adoção de uma nova mentalidade por parte das empresas relativamente a esse segmento, em que deverão prevalecer produtos em pequenas embalagens, baixas margens unitárias, altos volumes e alto retorno sobre

### Quadro 5.1 – Categorias de produtos comprados pelo consumidor de baixa renda

|  | "Principais" | "Secundários" | "Luxo" |
|---|---|---|---|
| Secos e molhados | Arroz, feijão, macarrão, óleo, sal, açúcar, molho de tomate, biscoitos | Doces e salgadinhos | Enlatados, chocolates, biscoitos (marcas líderes), cereal |
| Alimentos perecíveis | Frutas e vegetais, carnes, ovos, pão, margarina, manteiga | Frios, iogurte, queijo | Comida congelada, sorvetes |
| Bebidas | Café, suco concentrado, refrigerantes de marca com preço baixo | Refrescos em pó, cerveja | Coca-Cola |
| Produtos de limpeza | Sabão em pó, alvejantes, desinfetantes | Amaciante | Detergentes e amaciantes de marcas líderes |
| Produtos de higiene pessoal | Papel higiênico, sabonete, pasta de dentes, absorventes, desodorantes, xampu | Xampus de marcas líderes, condicionador de cabelo | Perfumes de marcas líderes, xampu de boa qualidade, loção facial |

Fonte: Booz Allen & Hamilton (2003).

---

[11] PRAHALAD, op. cit.

o capital investido. Para tanto, o desenvolvimento de produtos e a gestão das empresas devem seguir uma nova lógica, na qual se podem identificar 12 princípios básicos:

1) Foco na performance de preço, com a busca de uma nova percepção de custo-benefício. Não basta apenas reduzir os preços em 5 a 10%.

2) Os produtos direcionados ao segmento de baixa renda devem combinar uma alta tecnologia com a infra-estrutura nem sempre confiável dos países emergentes.

3) O tamanho do mercado da baixa renda exige que as empresas apresentem maior escala em suas operações.

4) As soluções desenvolvidas para a baixa renda não podem basear-se nos mesmos padrões de utilização de recursos nos países desenvolvidos. Devem ser ecologicamente sustentáveis.

5) A funcionalidade necessária dos produtos para a baixa renda pode ser diferente da disponível nos mercados desenvolvidos.

6) Os processos devem ser reavaliados, sendo sua inovação fator decisivo para o desenvolvimento e a disponibilidade de produtos para esse segmento.

7) É importante que tais processos permitam a trabalhadores menos qualificados realizar os trabalhos.

8) A inovação na baixa renda exige investimentos significativos no uso apropriado e nos benefícios dos produtos e serviços.

9) O desenvolvimento de produtos e serviços deve tomar em consideração a infra-estrutura deficitária de muitos dos países emergentes.

10) A concepção das interfaces com esses consumidores deve ser pensada com cuidado, considerando, por exemplo, a codificação por cores e o reconhecimento de digitais.

11) A distribuição constitui um aspecto crucial para atingir a população de baixa renda, muitas vezes localizada longe dos centros urbanos.

12) Por sua natureza, o sucesso na baixa renda deverá quebrar alguns dos paradigmas existentes.

Tais princípios apresentados por Prahalad deixam claro que os produtos comercializados para a baixa renda não devem simplesmente ser uma versão simplificada daqueles vendidos para as classes com maior poder aquisitivo. Devem ser desenvolvidos considerando-se a lógica e as necessidades de cada mercado, razão pela qual é importante estudar sua funcionalidade, desempenho e principalmente a relação custo-benefício.

Ademais, deve-se considerar que os produtos passam por diferentes etapas desde que são lançados no mercado. Conforme ilustra a Figura 5.4, eles percorrem os estágios de introdução, crescimento, maturidade e declínio.

O acompanhamento do ciclo de vida do produto permite que a empresa varejista direcione suas estratégias de sortimento na busca do equilíbrio entre os produtos recém-lançados e aqueles já consagrados, de acordo com os resultados esperados de venda e lucro.

No estágio de **introdução**, o produto é lançado no mercado, registrando normalmente um lento crescimento nas vendas. Em geral, ele é fornecido por um único fabricante, tendo nenhum ou poucos concorrentes. Poucos varejistas introduzem o produto em linha, mas aqueles que o fizerem deverão ter estoques limitados, pois a previsão é que ocorra um baixo volume de vendas. Nesse estágio, como o nível de preço tende a ser mais alto, o produto é comprado por consumidores com maior poder aquisitivo. Entretanto, independentemente do nível de renda, existem consumidores cujas características comportamentais revelam enorme curiosidade por inovações e gosto pela experiência de novidades. Nessa fase, as degustações no ponto-de-venda são importantes para incrementar sua experimentação.

O processo de massificação inicia-se no estágio de **crescimento**, à medida que os inovadores adotam o hábito de consumir o novo produto. Trata-se de um período de rápida aceitação do produto pelo mercado, oferecido por um número crescente de varejistas que dispõem de mais opções de fornecedores com produtos semelhantes. É o momento em que os varejistas introduzem novas versões do produto para satisfazer ao número crescente de consumidores. Inicia-se, assim, uma disputa de preços tanto entre os fornecedores como entre os varejistas concorrentes.

Com a **maturidade**, o produto atinge seu limite máximo de vendas, tendo sido aceito pela maioria dos clientes. Uma seleção variada de produtos semelhantes é então oferecida pelos diversos fornecedores, que investem pesadamente em propaganda. É nessa fase que os varejistas apresentam a maior variedade de versões e tipos do produto. Além disso, a concorrência de preços entre varejistas concorrentes atinge seu nível de maior intensidade. Observa-se, conseqüentemente, uma queda nas margens e nos lucros.

No último estágio ocorre uma queda nas vendas, agravada pelo surgimento de novos produtos, que passam gradualmente a ocupar o espaço daqueles que entraram na fase de **declínio**. O público-alvo vai se transferindo para as classes de menor poder aquisitivo. Aos poucos, as lojas reduzem a variedade de opções e os fornecedores interrompem sua fabricação. Se por um lado os produtos que já perderam a atratividade para os clientes devem ceder espaço aos novos produtos, por outro lado não é aconselhável interromper a produção de artigos em declínio mas que ainda mantêm uma demanda expressiva.

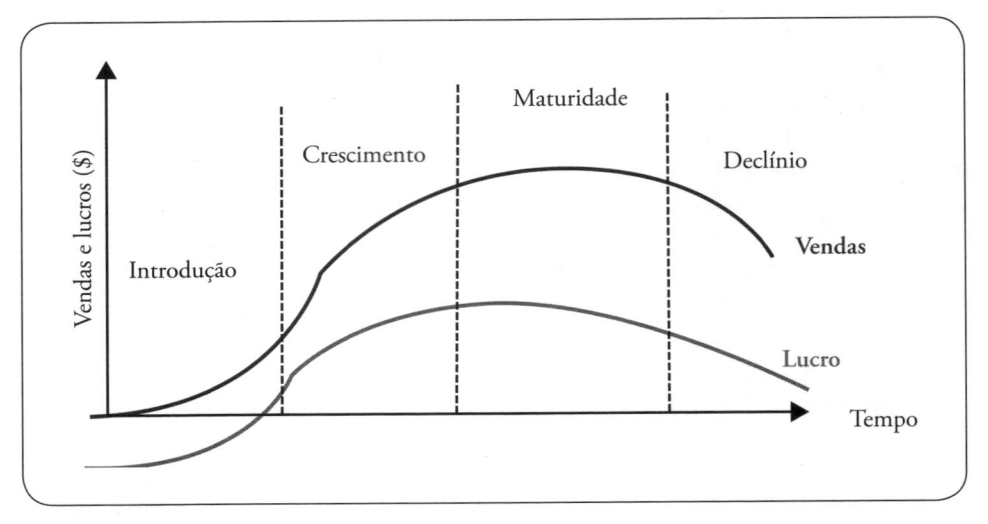

**Figura 5.4** Estágios de evolução do mercado.
Fonte: KOTLER, *op. cit.*, p. 309.

## Embalagem de produtos

A despeito de todos os seus atributos de conservação do produto, praticidade e facilidade de manuseio, quando se trata do público de baixa renda a embalagem ganha uma maior importância por dois aspectos suplementares: em primeiro lugar, ela deve apresentar uma comunicação que ressalte as características dessa população, cuja preferência por cores fortes e a considerável dificuldade de leitura são notórias, fato que exige um cuidado especial na linguagem empregada. Em segundo lugar, faz-se necessário avaliar o tamanho mais adequado da embalagem, a fim de que essa população possa adquirir versões reduzidas de um produto que caibam no seu bolso.

Argumenta-se equivocadamente que os consumidores de baixa renda não buscam produtos de qualidade, quando, na verdade, o que almejam é exatamente o sonho que vêem na TV, e não uma versão mais barata.[12] No Brasil, os consumidores das classes C, D e E desejam as mesmas mercadorias que os consumidores das classes A e B – daí o esforço dos fabricantes em adequar seus produtos a esse nicho. A Coca-Cola, por exemplo, lançou uma embalagem de vidro de 200 mililitros. Por ser retornável, o consumidor paga apenas por seu conteúdo (50 centavos). Essa embalagem, até recentemente restrita à Baixada Fluminense e à Grande Belo Horizonte, é hoje vendida em outros cantos do país.

---

[12] PRAHALAD, C. K. *A riqueza na base da pirâmide*. Bookman: Porto Alegre, 2006.

Capítulo 5 • Estratégia de Produtos

Os Quadros 5.2 e 5.3 apresentam casos que ilustram a relevância do tamanho da embalagem e do impacto que esta pode ter na decisão de compra de um produto.

### Quadro 5.2 – A decisão quanto ao tamanho da embalagem

Para atender os segmentos de baixa renda, a aposta nas miniembalagens não é exclusiva das multinacionais. A Vida Alimentos, dona do tradicional óleo Maria, que mistura óleo de soja com azeite de oliva, acaba de lançar o primeiro óleo de mesa do país em embalagem Tetra Pak.

A embalagem tem 100 mililitros e custa 1 real, enquanto a lata tradicional de 500 mililitros chega às gôndolas por 4,50 reais. "Alcançaremos um público que ainda não utiliza o óleo Maria habitualmente", afirma Márcio Bairão, diretor de marketing da Vida.

A opção pelas versões compactas alimenta uma questão delicada para as grandes empresas: poderão abalar a reputação das líderes e comprometer seus preços premium? "Não se as líderes continuarem justificando o preço de suas apresentações regulares", afirma o designer e consultor Lincoln Seragini, especialista em formação de marcas.

A Danone, por exemplo, tinha a opção de lançar a embalagem compacta com a marca Paulista. "Optamos pelo Danoninho porque nossa estratégia é fazer crescer o top de linha num segmento de enorme potencial", diz Alberto Bendicho, gerente de comunicação e marketing da Danone.

Fonte: Sob medida para a baixa renda. *Revista Exame*, 15 jun. 2005.

### Quadro 5.3 – Embalagem como diferencial

Meses atrás, a Nestlé descobriu que, na periferia de São Paulo, leite condensado é dado como presente de aniversário. Desde então, uma lata desse produto, com uma fita vermelha, não sai da mesa do presidente da empresa, Ivan Zurita. Ela virou o "mascote" do novo projeto estratégico da multinacional suíça, que está há 84 anos no Brasil, mas nunca soube vender para as classes mais pobres.

A nova idéia é criar produtos que caibam no orçamento dos consumidores das classes C, D e E. Produtos lácteos, biscoitos, chocolates e sorvetes devem sofrer adaptações para atender essa faixa de renda. Zurita estuda até parceria com um banco para financiar o pequeno comércio, as populares "biroscas" da periferia, para que possam comprar produtos Nestlé.

Já que o Leite Moça virou presente de aniversário, alguém na Nestlé teve uma idéia que já vai chegar às prateleiras: uma embalagem dourada, com laço vermelho impresso na própria lata.

Fonte: NESTLÉ corre atrás do cliente de baixa renda. *Valor Online*, 20 set. 2005.

# RESUMO

O interesse dos fabricantes pelo mercado de baixa renda é recente. Por muito tempo o foco das empresas eram consumidores das classes A e B, relegando a um segundo plano aqueles de menor poder aquisitivo. As razões alegadas para a exclusão desse segmento no desenvolvimento de produtos eram diversas: a população de baixa renda não tinha potencial de compra nem interesse por inovações tecnológicas, sendo pouco relevante para o crescimento da empresa no longo prazo, além do despreparo de seus profissionais em trabalhar com esse mercado. Inúmeros exemplos mostram que produtos têm sido elaborados tendo em vista o consumidor com recursos limitados. Esse movimento também se reflete no varejo.

As decisões relativas à definição da estratégia de *mix* de produtos apresentam grandes desafios aos gestores de empresas varejistas. Para o sucesso financeiro devem atingir um equilíbrio entre os produtos de alto giro e os de alta margem, mas para atender às necessidades e expectativas do consumidor, devem considerar, simultaneamente, aspectos relacionados à variedade de produtos, *mix* de marcas, desenvolvimento de marcas próprias e a introdução de novos produtos.

Nesse sentido, o conceito de segmentação de mercado passa a ser primordial para a identificação das diferenças comportamentais, psicográficas, etc, bem como da propensão à adoção da inovação entre os indivíduos de baixa renda, que até recentemente eram analisados como um grupo homogêneo.

Apesar de sua limitação financeira, o consumidor de baixa renda valoriza a presença de marcas líderes no ponto-de-venda decorrente de sua necessidade de satisfação aspiracional e da possibilidade da redução do risco de errar. Além da composição entre marcas líderes, marcas próprias e marcas alternativas, o varejista deve ofertar embalagens em tamanhos menores que caibam no orçamento de seus clientes.

# Capítulo 6
# SERVIÇOS E ATENDIMENTO NO VAREJO PARA A BAIXA RENDA

## Luís Fernando Varotto
Mestre em Administração de Empresas – área de Estratégias de Marketing – pela FGV-EAESP e pesquisador do GVcev – Centro de Excelência em Varejo

> Neste capítulo, discutimos a importância dos serviços e do atendimento como ferramentas para a satisfação dos consumidores de baixa renda e a busca de sua fidelização pelos varejistas. Analisando essas atividades sob o ponto de vista de sua utilidade para o consumidor, apontaremos estratégias empregadas com sucesso por empresas nesse mercado.

Para melhor compreensão, este capítulo está dividido em duas partes. Na primeira é feita a análise dos conceitos de valor percebido e experiência de compra, fatores fundamentais para o desenvolvimento adequado de serviços e de atendimento no varejo. Na segunda parte é feita uma análise dos principais tipos de serviços prestados pelos varejistas, classificados nas categorias de pré-transação, transação e pós-transação.

Os serviços ao cliente englobam todas as características, atividades e informações que aumentam a habilidade do consumidor em reconhecer o valor potencial do produto ou serviço principal do varejista.[1] Quando se fala de serviços no varejo, o principal aspecto a ser tratado é a forma como eles podem fortalecer o relacionamento entre varejista e consumidor, bem como gerar maiores receitas e lucratividade para a empresa.

Atualmente, a palavra de ordem no varejo é fidelização, ou retenção, dos consumidores. Em um ambiente crescentemente competitivo, as empresas devem voltar-se para o consumidor, de modo a tornar sua capacidade de retê-lo uma vantagem competitiva sustentável. Com efeito, a satisfação das necessidades dos clientes é a condição essencial para garantir sua fidelidade.[2]

A grande preocupação com a satisfação do consumidor tem sua origem na percepção de um decréscimo nos níveis de lealdade a marcas, produtos e lojas. Tem-se atribuído esse declínio a vários fatores, entre eles a maior possibilidade de escolhas e disponibilidade de informações para o consumidor, bem como a comoditização de vários produtos[3]. A satisfação do consumidor constitui, portanto, um requisito indispensável para a conquista de sua lealdade, visto que um cliente satisfeito mantém uma atitude favorável em relação à loja e um comportamento de repetição de compra.

A satisfação do consumidor decorre da qualidade do serviço por ele percebida. Quanto maior a qualidade do serviço ou do atendimento, maior a sua satisfação; quanto maior a sua satisfação, maior a probabilidade de que ele volte a comprar; finalmente, quanto maior a probabilidade de que ele volte a comprar, maior o índice de lealdade à loja, o que se reflete diretamente no faturamento da empresa.[4]

Assim, o serviço e o atendimento oferecidos pelo lojista podem melhorar a percepção do cliente quanto ao valor dos produtos ou serviços adquiridos. Logo, devem ser vistos como uma plataforma de diferenciação para o varejista, de modo a transmitir aos clientes a imagem e sensação de um valor superior.[5]

## Valor percebido e experiência de compra

Para construir um relacionamento sólido e duradouro com os clientes, é necessário oferecer-lhes soluções que sejam percebidas como valiosas, atendam às suas necessidades e superem suas expectativas.

---

[1] KOTLER, P. R. *Marketing management analysis, planning, implementation and control.* 9. ed. Upper Saddle River, N. J.: Prentice Hall,1997.

[2] DAY, G. S. The capabilities of market driven organizations, *Journal of Marketing*, v. 58, n. 4, p. 37-52, 1994.

[3] PARENTE, Juracy. *Varejo no Brasil:* gestão e estratégia. São Paulo: Atlas, 2000.

[4] OLIVER, R. *Satisfaction:* a Behavioral Perspective of the Consumer, New York: McGraw Hill, 1997.

[5] LEWISON, D. M. *Retailing*, 6. ed. Upper Saddle River, N. J.: Prentice Hall, 1997. p. 492.

O valor de um produto ou serviço é avaliado pelo consumidor com base em um processo de seleção, no qual são comparadas as opções oferecidas pelos diversos lojistas, segundo os critérios de benefício/custo e experiência de compra. O consumidor efetuará sua escolha de acordo com a alternativa de maior valor percebido, após a análise do custo (sacrifício) comparado com o benefício proporcionado, adicionado à experiência de compra (ver Quadro 6.1).

### Quadro 6.1 – Valor para o cliente

$$\text{Valor} = \frac{\text{Benefício}}{\text{Custo}} + \text{Experiência de compra}$$

Os benefícios proporcionados por uma loja são a variedade e a qualidade dos produtos, o atendimento, os serviços, a comunicação e o *merchandising*. Como sacrifício/custo considera-se o nível de preços praticados, a percepção de preço por parte do cliente, as ofertas, o crédito, o prazo de pagamento e o esforço de deslocamento até a loja. Já a experiência de compra é a parte subjetiva da avaliação, em que entram os aspectos emocionais.

A experiência de compra está intimamente ligada a aspectos mais subjetivos, que se refletem na comparação entre expectativa e realidade. No modelo do Quadro 6.1, quando a experiência de compra supera a expectativa, verifica-se a satisfação do cliente. Do contrário, quando a expectativa supera a experiência de compra, tem-se um cliente insatisfeito. Nessas circunstâncias é que se percebe a relevância dos serviços e do atendimento como forma de fazer a diferença, tornando a experiência de compra um fator positivo e capaz de contribuir para a fidelização dos clientes.

No caso do varejo voltado para o mercado de baixa renda, todos esses elementos estão em ação. O desenvolvimento de bons padrões de atendimento e prestação de serviços cria uma oferta de valor adequada às características de renda desse consumidor, ao mesmo tempo em que proporciona experiências de compra condizentes com suas aspirações. O Quadro 6.2 mostra um exemplo da importância do atendimento e dos serviços prestados no varejo.

> ### Quadro 6.2 – Sonda e D'Avó: atendimento aos clientes de baixa renda
>
> Corredores amplos, limpos e bem iluminados. A ambientação das lojas é agradável: painéis sinalizam as seções principais, as gôndolas estão repletas de produtos e a exposição é organizada. Em todas as seções, o sortimento é variado: há marcas líderes e opções mais baratas, com versões para todos os gostos. Para maior conveniência dos clientes, encontram-se também padaria, rotisseria, açougue e peixaria. Os funcionários ouvem com atenção os consumidores e respondem às suas dúvidas educadamente.
>
> Se você acha que estamos falando de supermercados ou hipermercados para o público das classes A e B, está enganado. A descrição acima refere-se a lojas situadas em bairros da periferia de São Paulo e pertencem a redes como D'Avó e Sonda, que seguem o modelo apontado pelos especialistas em varejo como a chave para obter sucesso no atendimento aos consumidores de baixa renda.
>
> No que diz respeito ao atendimento, por exemplo, o tratamento nessas lojas é cordial e atencioso. No D'Avó, os atendentes informam com paciência todas as formas de pagamento e serviços prestados. No Sonda, o empacotador oferece ajuda para levar as compras até o carro, e os funcionários se oferecem para chamar o encarregado quando não sabem resolver uma dúvida.
>
> Essas redes de varejo são vencedoras porque romperam com os conceitos ultrapassados de que o consumidor de baixa renda só se importa com preço, em detrimento da qualidade e da experiência de compra. Segundo Fernando Fernandes, especialista em varejo da consultoria Booz Allen Hamilton, essas redes estão no caminho certo porque oferecem aos consumidores de baixa renda um espaço em que eles se sentem incluídos, respeitados e bem servidos.
>
> Fonte: Adaptado de "Sonda e D'Avó: Excelência no atendimento aos clientes de baixa renda". *Revista Supermercado Moderno*, fev. 2006. Disponível em http://www.sm.com.br/anterior/index.htm. Acesso: 18 abr. 2006.

## Os tipos de serviços no varejo

No que se refere aos serviços oferecidos pelo varejo, podemos classificá-los conforme descrito no Quadro 6.3.

### Os serviços de pré-transação

Os serviços de pré-transação são aqueles que antecedem o processo de compra. São, portanto, estímulos que atraem os consumidores para a loja. Incluem os seguintes serviços, entre outros: estacionamento com ou sem seguro contra roubos/acidentes; horário de funcionamento; informações veiculadas em folhetos, revistas, *websites*, *telemarketing* e anúncios.

### Quadro 6.3 – Os tipos de serviços no varejo

| Serviços | Utilidade para o consumidor |
|---|---|
| Pré-transação | Facilidade para comprar na loja ou obter informações sobre os produtos vendidos. |
| Transação | Facilidade para finalizar a compra. |
| Pós-transação | Satisfação do consumidor com a experiência de compra. |

Fonte: PARENTE, *op. cit.*, p. 275.

## *Estacionamento*

Para o consumidor de baixa renda, o serviço de estacionamento é importante? Sem dúvida que sim. Com as atuais facilidades de financiamento, é maior a possibilidade de compra de veículos, mesmo entre as camadas mais populares. Não obstante, o varejista também deve se preocupar com as pessoas que realizam suas compras a pé.

A localização e a forma de entrada no estacionamento são importantes, mesmo para aqueles consumidores que não possuem carro. A título de exemplo, um grande estacionamento entre a entrada da loja e a rua pode ter um efeito inverso – desestimulando em vez de atrair os consumidores.

Geralmente, o consumidor que se deslocar de sua residência até a loja a pé terá de atravessar o estacionamento inteiro para chegar até ela. Ao sair, estará novamente a pé e passará pela portaria do estacionamento carregando suas compras na mão, enquanto observará e será observado por outros consumidores que estarão colocando suas compras em seus carros. Para esse consumidor, a experiência de compra provavelmente não será positiva, pois o ambiente da loja não lhe é acolhedor. Uma alternativa seria aproximar a loja da rua e dispor o estacionamento ao lado ou nos fundos dela, não inibindo o consumidor nem dificultando seu acesso.

## *Horário*

O horário de funcionamento é outro fator que deve ser analisado com atenção. O consumidor necessita que o horário de atendimento da loja acomode-se à sua realidade, e não o contrário. Por exemplo, os pequenos varejos localizados em regiões de baixa renda abrem suas portas desde cedo, permanecendo invariavelmente abertos durante os finais de semana e feriados. Não só os pequenos varejos têm se adaptado à necessidade de novos horários de atendimento, mas também as grandes lojas e magazines.

Um exemplo de adequação do horário de atendimento é dado por algumas redes de farmácias de São Paulo, que permanecem abertas de segunda a sábado, das 7 às 22 horas, e aos domingos e feriados, das 8h às 20h. Além disso, funcionam 24 horas ininterruptas, efetuando entregas em domicilio mediante uma central de atendimento por telefone.

## *Segurança*

Atualmente, o fator segurança tornou-se decisivo para a população. É necessário, pois, promover a sensação de segurança no cliente, de modo que ele possa fazer suas compras com tranqüilidade, sem medo de roubos ou assaltos. Em vista disso, os serviços de segurança nas portas de entrada e saída da loja e do estacionamento devem ser visíveis, e os profissionais de segurança devem ser treinados a prestar atendimento de modo atencioso e eficaz.

Nessa questão deve haver também a preocupação do varejista em não montar uma estrutura que seja intimidatória (por exemplo, porta giratória das agências bancárias). O cliente deve se sentir seguro, acolhido – nunca intimidado.

## *Informação e comunicação*

A informação e o desenvolvimento de canais de comunicação com o consumidor também são fatores que a cada dia se tornam mais importantes para sua atração e fidelização. O surgimento dos SACs (Serviços de Atendimento ao Consumidor), que se popularizaram com o advento do Código de Defesa do Consumidor, foi um primeiro passo nessa direção.

Em busca de uma maior proximidade com seu consumidor final, a indústria, em parceria com o varejo, tem investido em publicações e propagandas que privilegiam o acesso mais direto ao consumidor, oferecendo informações e estímulos que geram tráfego nas lojas.

A rede de supermercados CompreBem, que tem seu foco nas classes C, D e E, lançou uma revista com tiragem de 1,2 milhão de exemplares mensais. Com conteúdo composto por 50% de texto editorial e 50% de ofertas, ela busca uma maior aproximação de seus clientes, provendo, além das tradicionais ofertas de produtos, receitas variadas e informações que auxiliam a cliente no dia-a-dia de casa, na administração do orçamento doméstico e nos cuidados com a família. Além dessa publicação, no Dia das Crianças é distribuída a *Revistinha CompreBem*, voltada para a comunicação com o público infantil (ver Figura 6.1).

Outro exemplo quem dá é o Carrefour, que renovou contrato com a apresentadora Ana Maria Braga para que siga à frente da propaganda da rede. O diretor de *marketing* da empresa, Rodrigo Lacerda, afirma ter encontrado na apresentadora uma garota-propaganda ideal, em quem o consumidor confia e que transmite o sentimento de cumplicidade junto às diferentes classes sociais.[6]

---

[6] FRANCO, Carlos. Varejo descobre a força dos serviços nas propagandas. *O Estado de São Paulo*. Disponível em: http://txt.estado.com.br/editorias/2005/10/31/eco028.html. Acesso em: 31out. 2005.

Capítulo 6 • Serviços e Atendimento no Varejo para a Baixa Renda

**Figura 6.1**   *Revistinha CompreBem.*
Fonte: *CompreBem*. Disponível em http://www.comprebem.com. Acesso: 12 out. 2004.

Ainda segundo o diretor de *marketing* da rede, o que o consumidor de supermercado espera encontrar nas campanhas publicitárias são promoções e preços, sendo que cada vez mais nas classes C, D e E verifica-se o desejo de se contar com um serviço personificado, prestado de uma maneira que valorize o cliente. "O hipermercado é o *shopping center* das classes C, D e E, e esse consumidor quer ser tratado bem e dispor de lazer, praça de alimentação, farmácias, estacionamento e posto de gasolina", disse ele. A propaganda tem levado em conta essa tendência, que também se traduz em investimentos das redes em reformas e aberturas de novos formatos de loja, de acordo com a conveniência do consumidor. Ir a um supermercado é hoje uma experiência; por isso, o Carrefour adotou o *slogan* "É lá que a gente vai encontrar".[7]

---

[7] FRANCO, *op. cit.*

## Os serviços de transação

Os serviços de transação são aqueles oferecidos pelos varejistas no momento da compra. Dentre eles, podemos destacar os seguintes:

- crediário e cartão de loja
- serviço de embalagem
- sistema ágil de pagamento
- atendimento do pessoal da loja
- serviço de lazer para as crianças
- serviço de alimentação
- serviço de guarda-volumes
- serviço de "achados e perdidos"
- serviço de açougue
- serviço de padaria e doceria com ou sem encomenda
- experimentação e degustação de produtos

### *Crediário e cartão de loja*

O crediário tem sido o grande impulsionador do consumo no mercado de baixa renda, sobretudo em se tratando de bens duráveis como eletrodomésticos, móveis e automóveis. Entretanto, para que seja efetivo e contribua para uma experiência de compra bem-sucedida, esse serviço deve estar inserido dentro de uma política de concessão de crédito ajustada às características e necessidades desse consumidor.

Os critérios tradicionais de concessão de crédito na maioria das vezes não atendem às necessidades do cliente de baixa renda. Isso porque muitos consumidores não possuem empregos formais, não tendo condições de comprovar renda, ou porque o endereço de sua residência não se encontra regularizado. Além disso, a maioria não possui conta em banco. Todos esses são fatores que devem ser levados em conta na estruturação de uma política de concessão de crédito voltada para a baixa renda.

A não-comprovação de renda de modo algum implica necessariamente ausência de renda. Atualmente no Brasil, mais de 50% dos trabalhadores não possuem carteira assinada, mas trabalham no mercado informal. O desenvolvimento de sistemas de gerenciamento de crédito deve, portanto, basear-se em critérios mais flexíveis. Um dos grandes exemplos nesse setor tem sido a experiência das Casas Bahia, que mediante um banco de dados sofisticado e muita sensibilidade vêm obtendo resultados significativos (ver Quadro 6.4).

## Quadro 6.4 – Crédito das Casas Bahia

Como conceder financiamento de crédito a quem não tem uma ocupação formal nem sequer documentos que comprovem renda – e, ainda assim, evitar altos índices de inadimplência? Esqueça os convencionais programas de escores que a maioria das empresas e bancos utiliza para avaliar os riscos. "São máquinas engessadas", diz Celso Amâncio, diretor de crédito das Casas Bahia. "Crédito é cheiro, e por isso é preciso conversar com o cliente."

Há quase três décadas nas Casas Bahia, Amâncio está à frente de uma equipe de mais de 900 analistas. É ele o encarregado de iniciar os *trainees* de analistas na arte da observação humana: interpretar a linguagem dos gestos e formular as perguntas certas. Tudo com sutileza. "Fazemos com que um cliente da classe D se sinta um classe A", diz Amâncio. Se o freguês se apresenta como pedreiro, carpinteiro ou de qualquer outro ofício manual, o analista observará se tem calos nas mãos ou respingos na roupa. Demonstrar interesse pela profissão do cliente e sutilmente aprofundar algumas perguntas é outra técnica que ajuda a desmascarar farsantes. Para tanto, os analistas fingem estar reformando a casa, procurando advogado ou uma indicação de médico. Essa interação, além de filtrar eventuais fraudes, tem outro propósito: ajuda a construir um relacionamento com o freguês.

Em certa ocasião, a empresa implementou o plano de perdoar a dívida de quase 1 milhão de clientes que estavam com a ficha suja no SPC (Serviço de Proteção ao Crédito). A anistia estava condicionada a que comparecessem a uma loja das Casas Bahia para esclarecer a razão do calote. Com isso, cerca de 10% dos inadimplentes, os que puderam apresentar explicações convincentes, voltaram imediatamente às compras. Desse episódio resultou também uma lição. Os analistas da rede constataram que quase a metade dos devedores havia emprestado o nome para um terceiro fazer as compras. Desde então, o financiamento passou a ser liberado apenas no caso de o endereço do cadastro e o da entrega do produto serem o mesmo.

Fonte: Adaptado de Nelson Blecher, Máquina de vender. *Revista Exame*. Disponível em http://portalexame.abril.com.br/edicoes/811/empresas/conteudo29839.shtml. Acesso: 11 fev. 2004.

Além do crediário, os varejistas devem aceitar pagamentos por meio de cartões de crédito e débito. Segundo a Associação Brasileira das Empresas de Cartões de Crédito e Serviços (ABECS)[8], até o final de 2006 os cartões de crédito, débito e de loja deverão chegar a um total de 390 milhões de unidades, com crescimento de 15% em relação a 2005. Em número de transações, eles serão responsáveis por 4,6 bilhões. Em valores, a expectativa é de que movimentem R$ 261 bilhões. Por segmento, os cartões de débito atingiram 171 milhões de unidades, com previsão de chegarem a 196 milhões em 2006. Já os de crédito contabilizam 68 milhões, com expectativa de alcançar 80 milhões.

---

[8] ABECS – Associação Brasileira das Empresas de Cartões de Crédito e Serviços. *Mercado de Cartões em 2005*. Disponível em: http://www.abecs.org.br/mercado_cartoes.asp. Acesso em: 18 maio 2006.

Para fidelizar os consumidores, os varejistas igualmente investem em cartões de loja, também conhecidos como *private label*, que oferecem vantagens aos clientes. Dados da ABECS indicam que esses cartões movimentaram um volume financeiro de R$ 22 bilhões em 2005, com aumento de 18% em comparação com 2004. O crescimento estimado para 2006 é de 17%, alcançando o montante de R$ 25,7 bilhões. Quanto ao número de cartões, o total atingiu 99 milhões em 2005, podendo chegar a 112 milhões em 2006.

A título de exemplo, no supermercado D'Avó o cartão da loja representa 40% dos pagamentos, enquanto 21% das compras são feitas em dinheiro e o restante, com outros cartões de crédito e débito. No Sonda, os pagamentos com cartões de crédito (incluindo o cartão Sonda) e débito já são usados em 47% das compras feitas nas lojas que atendem aos consumidores de baixa renda. O dinheiro representa 38% das vendas, enquanto os cheques correspondem a 9% e os vales-alimentação, a 6%.

Na rede de materiais de construção Leroy Merlin, entre 20 e 30% das compras feitas na loja são parceladas. Seu cartão exige renda mínima de R$ 150,00 e oferece parcelamento em até 10 vezes, com prestações mínimas de R$ 50,00. Essas condições são variáveis e dependem do movimento das vendas. A Hortifruti, rede de hortifrutigranjeiros, lançou o Cartão Natural, que possibilita pagamentos em até 40 dias sem juros, além de isenção na taxa de anuidade, dois cartões adicionais grátis, 12 datas de vencimento para escolher e opção de pagamento da fatura nas lojas Hortifruti, na rede bancária, em caixas eletrônicos e pela internet. Além disso, quem utiliza o cartão da Hortifruti participa de promoções exclusivas e tem direito a descontos especiais.

Além de ser uma forma de pagamento, os cartões de loja possibilitam estreitar o relacionamento com os clientes, desde que o varejista analise o comportamento deles por meio de suas informações pessoais, registradas no banco de dados da empresa.

## *Serviço de embalagem*

As embalagens, especialmente aquelas para presente, são serviços muitas vezes ignorados por varejistas que trabalham com o mercado de baixa renda. No esforço incessante por manter baixos os custos operacionais, muitas vezes pequenos "agrados" são esquecidos e boas oportunidades de diferenciação são desperdiçadas.

O Lojão do Brás, rede de varejo de roupas localizada na cidade de São Paulo e focada no mercado de baixa renda, percebeu essa oportunidade quando seus clientes, principalmente nas datas comemorativas, solicitavam tal serviço. Em vez de designar funcionários para embalar os presentes, o que aumentaria o custo de operação da loja, ela passou a entregar a própria embalagem para presente aos consumidores, agregando valor aos produtos e à empresa de forma simples e sem elevar os custos operacionais.

## *Serviço ágil de pagamento*

O processo de pagamento é a fase final da compra dentro do varejo, sendo fundamental para uma experiência de compra positiva. O cliente pode estar encantado com a variedade dos produtos, com as ofertas, com a política de crédito, etc., mas uma fila longa ou o excesso de procedimentos de controle durante a realização do pagamento podem pôr tudo a perder, contribuindo para uma experiência de compra negativa.

## Atendimento do pessoal da loja

O atendimento no momento da compra é provavelmente o fator mais importante para uma boa experiência na loja. Seja em auto-serviços ou em lojas especializadas, o papel da equipe de vendas e do atendimento é essencial para que o cliente se sinta à vontade.

No varejo, o vendedor é o anfitrião da loja. É ele o responsável por receber o cliente e fazê-lo sentir-se à vontade. No varejo voltado para a baixa renda, é de fundamental importância a questão da identificação com o grupo social. Ou seja, o consumidor deve sentir que o vendedor fala a sua linguagem, entende os seus problemas e pensa como ele – enfim, é um dos seus. Mais do que um vendedor, é alguém em quem ele pode confiar. A importância desses serviços para a baixa renda é confirmada por pesquisas e pelos próprios varejistas.

Uma pesquisa do Programa de Administração do Varejo, da USP, sobre hábitos de compra de eletroeletrônicos[9] revelou que a maioria dos consumidores não costuma fazer pesquisa de preço nas lojas. O atendimento e a estrutura dos estabelecimentos é que exercem uma grande influência sobre sua decisão de compra. Entre os atributos que definem uma compra, a pesquisa aponta 20 itens, incluindo garantia (70,8% dos entrevistados), descontos (68,5%), condições de pagamento (66,5%), qualidade (60,1%) e financiamento (40,3%).

Dois outros dados da pesquisa demonstram que o consumidor deseja um atendimento diferenciado: a oferta de brindes é valorizada por 50,9% dos entrevistados, sendo que 43,1% deles consideram importante contar com uma área de entretenimento para crianças e acompanhantes na loja. Ou seja, o atendimento prestado e a estrutura oferecida podem ser fatores fundamentais para atrair os consumidores. "Com as mudanças ocorridas nesse setor a partir da abertura da economia na década de 90, foram muitas as estratégias para ganhar a confiança do consumidor. Mas o que detectamos na pesquisa é que ainda há muito a fazer para atender às necessidades desse público. Ele quer mais do que apenas preço baixo e condições de pagamento", explicou Cláudio Felisoni, coordenador do Programa.[10]

Como exemplo da preferência do cliente pelo bom atendimento da loja, a professora Sônia Mora Monteiro declarou que o preço pesa em sua decisão de compra, mas o atendimento atencioso de funcionários da loja também conta muito. Por isso, ela vai à

---

[9] PROVAR – Programa de Administração do Varejo. Pesquisa *Perfis e Hábitos de Compra de Eletroeletrônicos e Eletrodomésticos*. USP, São Paulo, ago. 2005. Disponível em http://www.provar.org/pesq/pesquisas/pesq_54.htm. Acesso: 22 out. 2005.

[10] Consumidor não faz comparação de preços de eletroeletrônicos. *Gazeta Mercantil*, Caderno C, 16 ago. 2005. p. 3.

loja do Dia%, na zona leste da cidade de São Paulo, região em que morou e que freqüenta para visitar a sogra. "O pessoal do supermercado me chama pelo nome, conversa, não dá para esquecer", disse ela. Outro exemplo é o do sr. Sheizin Goya, que está convencido de que o atrativo de seu pequeno supermercado com sete caixas, localizado no bairro de Santana, na cidade de São Paulo, é mais do que atender à vizinhança. "Aqui é como uma família, conhecemos todo mundo, entregamos em casa, tentamos resolver de imediato o problema do cliente. No grande, não se fala com o dono", disse ele.[11]

Buscando oferecer um melhor atendimento, o programa Economistas do Lar, promovido pela rede de supermercados Sendas, no Rio de Janeiro, contratou donas de casa para apresentar aos clientes as oportunidades de economia e promoções nas lojas da rede, orientando-os a otimizar seu orçamento.

Por sua vez, a rede CompreBem promove o programa Amiga CompreBem: dentro das lojas, os clientes podem contar com os conselhos de uma pessoa da comunidade que, conhecida dos moradores e sabedora de seus gostos e desejos, pode indicar as melhores ofertas e dar dicas de consumo, observando suas necessidades.

Nas Casas Bahia, a melhoria constante no atendimento aos clientes faz parte do programa de treinamento dos vendedores, como se pode ver no Quadro 6.5.

## *Serviço de lazer para as crianças*

A presença de crianças que acompanham seus pais durante as compras é cada dia mais comum, bem como o fato de a ida ao supermercado nos fins de semana ter se tornado um programa de lazer familiar. Muitas lojas de varejo, percebendo essa nova realidade, criaram espaços de recreação para crianças, com o objetivo de dar maior tranqüilidade aos pais e assim permitir uma permanência mais longa e sossegada na loja durante a realização das compras, que se convertem efetivamente em um programa familiar. É o caso de alguns hipermercados como o Extra e o Carrefour, que têm investido nesse tipo de serviço ao cliente.

## *Serviço de alimentação*

As áreas de alimentação das lojas contribuem para a criação de experiências de compra mais completas e agradáveis. Sobretudo nos estabelecimentos que dispõem de um maior espaço físico, esse tipo de serviço contribui para uma maior permanência do cliente dentro da loja, proporcionando uma nova fonte de geração de receita. Estabelecimentos populares como o Lojão do Brás, em São Paulo, possuem áreas de alimentação nas lojas com mais de 1.000 m$^2$.

---

[11] O AVANÇO do pequeno supermercado. *O Estado de São Paulo*. Disponível em: http://txt.estado.com.br/editorias/2005/07/12/eco026.html. Acesso em: 13 fev. 2006.

## Quadro 6.5 – Atendimento nas Casas Bahia

Um dos maiores atrativos das Casas Bahia é o ambiente descontraído das lojas, onde os clientes antigos são tratados pelo nome e o vendedor favorito é presenteado com mimos como pães caseiros. Confiança e respeito são fundamentais para o negócio. A empregada doméstica Eliene Rocha trouxe na bolsa seu RG e uma conta de luz rasgada. Foi o suficiente para levar um celular, em seis prestações de 133 reais. "A loja do pobre é essa", diz José Salvino, porteiro noturno que foi à loja comprar dois celulares para sua família. "Tenho tudo das Casas Bahia. A única coisa que não comprei foi a antena do canal por assinatura."

Além do treinamento em sala de aula para aprender como se arrumar e estar sempre impecáveis, os vendedores são instruídos da importância do relacionamento de longo prazo com o cliente e de recebê-lo sempre com uma atitude positiva.

Uma oportunidade de ouro para sedimentar o relacionamento com o cliente ocorre quando ele volta à loja para pagar o carnê. Com uma conversa informal é possível conferir se ele ficou satisfeito com o produto, a entrega e o atendimento. Estrategicamente posicionados ao lado do caixa estão os vendedores responsáveis pela chamada venda cruzada. Eles aproveitam a visita do cliente para tentar efetuar uma nova venda. Cerca de 7% das vendas são realizadas nessa modalidade, trazendo mensalmente mais de 30 milhões de reais para os caixas da rede. Esse porcentual só não é maior porque os clientes precisam ter quitado metade de sua dívida total para contrair uma nova.

Todos esses cuidados funcionam: 77% dos clientes cadastrados voltam a comprar nas Casas Bahia. O clima de intimidade e confiança entre clientes e vendedores deve-se também à preferência pela contratação de funcionários do próprio bairro onde se localiza a loja. As inaugurações das novas lojas sempre contam com a presença de um membro da família Klein, prestigiando a nova equipe com uma festa que se estende aos clientes. É a busca do encantamento desde o primeiro dia.

Fonte: Adaptado de Nelson Blecher, "Encantadores de clientes". Disponível em http://portalexame.abril.com.br/edicoes/811/empresas/conteudo_29839.shtml. Acesso: 11 fev.2004.

## *Serviço de guarda-volumes*

Outro serviço bastante simples, mas muito útil para esse público, são os guardas-volumes contidos no interior das lojas. Principalmente em áreas de intenso comércio popular, onde as pessoas se locomovem a pé, como a da Rua 25 de Março ou o Brás, em São Paulo, esse serviço é muito valorizado, pois os clientes podem se locomover com maior facilidade, sem carregar o peso das compras, com a vantagem de terem necessariamente de retornar à loja.

## *Serviço de "achados e perdidos"*

Oferecer um serviço de guarda de objetos perdidos no estacionamento ou dentro da loja é uma forma de agradar ao cliente, obter sua simpatia e satisfação. Uma forma simples de demonstrar respeito e consideração.

## *Serviço de açougue*

Eis um outro tipo de serviço muito valorizado pelos consumidores de baixa renda, na medida em que lhes permite adquirir a quantidade de carne, aves ou peixe mais adequada a seu orçamento, além de lhes oferecer maiores opções de preço e variedade.

## *Serviço de padaria e doceria com ou sem encomenda*

Para festas de aniversário e ocasiões especiais, como o Natal e o Ano-Novo, esse serviço é muito valorizado, pois permite à dona de casa oferecer à sua família uma alimentação diferenciada (doces, bolos, sanduíches). Além disso, a oferta diária de pão para o café-da-manhã e lanches é uma forma de atrair os clientes para a loja.

## *Experimentação e degustação de produtos*

A experimentação também constitui um fator importante, principalmente no varejo alimentar. Em função de sua restrição orçamentária, o consumidor de baixa renda resiste a experimentar novas marcas ou produtos, uma vez que não pode errar na escolha, já que não terá recurso adicional para uma nova compra. A experimentação e a degustação de novos produtos podem, pois, quebrar a resistência do consumidor ao assegurar-lhe de que está efetuando uma boa aquisição.

Na maior parte dos casos, os varejistas negociam uma parceria com o fabricante dos produtos a serem degustados, possibilitando a divisão dos custos da promoção.

## Serviços de pós-transação

Os serviços de pós-transação ou pós-venda são cada dia mais importantes no esforço dos varejistas em fidelizar sua clientela. O segmento de baixa renda não é exceção, sendo que determinados tipos de serviços tendem a ser mais valorizados. Alguns bons exemplos são: serviços de entrega, troca e devolução de mercadorias e serviços financeiros.

## *Serviço de entrega*

O serviço de entrega, já tradicional em lojas de móveis, eletrodomésticos e materiais de construção, pode ser estendido a segmentos como os supermercados e as farmácias. No mercado de baixa renda, em que muitas pessoas não dispõem de automóvel, esse tipo de serviço assume especial importância.

Em muitos supermercados de vizinhança também é comum o oferecimento de transporte aos clientes – dos estabelecimentos até suas residências – após a realização das compras. Sem dúvida, trata-se de um serviço que gera muita fidelização junto a esse público, além de possibilitar um aumento no tíquete médio de compra. Mesmo as grandes redes estão atentas a essa necessidade do consumidor. A rede CompreBem, por exemplo, realiza entrega em domicílio para compras realizadas até as 16h.

A Têxtil Abril, tradicional rede de lojas de produtos populares de São Paulo, possui oito microônibus com ar-condicionado e circuito interno de TV (transmitindo anúncios da empresa), que passam o dia trazendo clientes das estações de metrô para as lojas. Também disponibiliza lanchonete e *playground* em seus estabelecimentos, com monitores encarregados de cuidar das crianças. Além disso, mantém suas portas abertas todos os dias, inclusive aos domingos, de manhã a noite.

## Serviço de troca e devolução

Quanto às trocas e devoluções de mercadorias, o varejista deve estar preparado para facilitar esse processo, evitando constrangimentos e valorizando essa necessidade do público de baixa renda. Ao adotar procedimentos simples e desburocratizados, ele estará passando aos consumidores a sensação de que são valorizados e dignos de confiança.

O Lojão do Brás, por exemplo, realiza a troca de mercadorias mesmo quando o cliente não traz consigo o cupom fiscal – efetuando, inclusive, trocas por outros produtos. Caso o cliente não queira a mercadoria, é feita a devolução sem maiores questionamentos.

## Serviços financeiros

Muitas redes de varejo popular, como as Casas Bahia, a CompreBem e o Magazine Luíza, já oferecem outros tipos de serviços para atrair os clientes, principalmente de baixa renda. A rede CompreBem, por exemplo, oferece, nos caixas de suas lojas, serviços como recarga de celulares pré-pagos das operadoras Vivo, Tim, Claro e Oi, aceita o pagamento de contas de água, luz, gás, de faturas de cartões de crédito e de qualquer outro boleto bancário, além de disponibilizar terminais de recarga do Bilhete Único em algumas lojas das cidades de São Paulo, Diadema, Guarulhos, Osasco e Santo André.

Os serviços financeiros no varejo englobam a transformação de muitos pontos-de-venda de grandes lojas de varejo popular em verdadeiros bancos. Percebendo a grande capilaridade desse tipo de varejo e sua identificação com o consumidor de baixa renda, muitas financeiras estão se instalando dentro dessas lojas e passando a oferecer produtos como seguro de vida, financiamentos, créditos consignados, entre outros tipos de serviços financeiros, sem esquecer os próprios bancos, que passam a se utilizar das varejistas como correspondentes bancários, permitindo que as pessoas efetuem o pagamento de contas nesses locais, sem o incômodo das filas e a impessoalidade das agências bancárias (ver Quadro 6.6).

Em razão das restrições orçamentárias do público de baixa renda, o parcelamento em longas prestações é um expediente cada vez mais comum, principalmente em se tratando de produtos eletrônicos, móveis e eletrodomésticos. Não obstante, muitas lojas associadas a financeiras e bancos têm aumentado a oferta de serviços que não se limitam simplesmente à concessão de crédito e ao parcelamento de compras.

Varejo para a Baixa Renda

> **Quadro 6.6 – Serviços financeiros no varejo popular**
>
> O Banco do Brasil anunciou a primeira parceria de financiamento ao consumo e venda de produtos e serviços financeiros com uma rede de varejo. O acordo foi feito com a Lojas Maia, rede de eletrodomésticos e móveis com faturamento anual de R$ 400 milhões, 110 lojas em sete Estados do Norte e do Nordeste e sede em Cabedelo, cidade-satélite de João Pessoa. Pelo acordo, o Banco vai financiar as vendas a prazo da Lojas Maia; criar um cartão *private label* híbrido para a rede, com bandeira Visa; oferecer produtos de capitalização e seguros nas lojas; e transformar os pontos-de-venda em correspondentes bancários.
>
> "Será uma parceria completa", disse o vice-presidente de varejo do BB, Antonio de Lima Neto, que pretende, dentro do prazo de cinco anos previsto na parceria, chegar a uma carteira de R$ 2 bilhões. Para a Lojas Maia, que até então usava o caixa próprio para bancar as vendas financiadas, que representam 75% do total, o acordo libera capital para os planos de expansão e fortalece as defesas contra o avanço das redes de varejo do Sudeste. O acordo prevê que o BB financiará as vendas da Lojas Maia em até 48 meses – em comparação com a média atual de nove meses –, utilizando os recursos do próprio grupo.
>
> Fonte: Adaptado de Maria Christina Carvalho, "Banco do Brasil fecha parceria com a Lojas Maia", *Valor Econômico*. Disponível em http://www.valoronline.com.br/. Acesso: 7 abr. 2006.

Cientes de que essa população é carente de segurança financeira e não conta com muitas possibilidades de poupança – visto que muitos percebem uma renda instável e, portanto, têm poucas condições de planejamento financeiro –, serviços que proporcionem um mínimo de tranqüilidade futura, garantindo que os produtos adquiridos durem pelo menos tanto quanto a quantidade de prestações a serem pagas, aliados a garantias em caso de diminuição involuntária de renda, são muito atraentes para esses consumidores.

A oferta de um seguro contra o desemprego do cliente no momento em que ele adquire um produto que será pago em várias prestações, permitindo que algumas parcelas sejam quitadas em caso de desemprego, é uma forma de amenizar a insegurança financeira e fortalecer sua confiança na loja. Serviços desse tipo têm sido oferecidos com sucesso no varejo por empresas como Casas Bahia e Magazine Luíza. Serviços desse tipo, como o "Luiza Cred" do Magazine Luiza, e o "Parcela Garantida" das Casas Bahia, têm sido oferecidos com sucesso no varejo.

# RESUMO

Nem sempre o varejo que apresenta o menor preço é aquele escolhido pela população de baixa renda para a realização de suas compras. As pesquisas e os exemplos comprovam que, para a percepção do valor da loja e a fidelidade do cliente, um outro fator sobressai: a experiência de compra do consumidor. Logo, o varejo deve estar preparado para proporcionar uma experiência de compra que possibilite ao cliente de baixa renda sentir-se incluído, respeitado e valorizado.

A experiência de compra é fortemente influenciada pelos serviços oferecidos pelos varejistas, os quais se dividem em três tipos: serviços de pré-transação, que antecedem o processo de compra; serviços de transação, oferecidos pelos varejistas no momento da compra; e os serviços de pós-transação, prestados aos clientes após o processo de compra.

Qualquer estratégia de atendimento e serviços voltada para o público de baixa renda não pode negligenciar sua restrições orçamentárias, condição que o torna mais exigente no que se refere à relação custo/benefício. Assim, na medida em que os serviços e o atendimento no varejo podem aumentar a percepção do cliente quanto ao valor do produto ou serviço principal, eles devem ser vistos como uma plataforma de diferenciação para o varejista, capaz de transmitir aos consumidores a imagem e a sensação de um valor superior.

# Capítulo 7
# FORMAÇÃO DE PREÇOS

## Mônica Canedo
Mestre em Administração de Empresas pela Faculdade de Economia e Administração da Universidade de São Paulo, especialista em varejo

## Sílvio Abrahão Laban Neto
Professor de Marketing da FGV-EAESP. Engenheiro Naval com especialização e doutorado em Administração de Empresas pela FGV-EAESP. Vice-coordenador do GVcev – Centro de Excelência em Varejo

> Na origem das decisões sobre táticas de preço, ofertas, promoções e crédito está a necessidade de compreender profundamente o comportamento dos consumidores. A preocupação dos varejistas deve ir muito além das cotações e negociações com os fornecedores e buscar a especialização em gerar vendas, conhecer melhor seu público-alvo, zelar pelo ambiente da loja, treinar e motivar funcionários e equilibrar as variáveis do marketing *mix* que afetam a competitividade, tais como sortimento, atendimento, apresentação e promoção.

Este capítulo está dividido em quatro partes: a primeira analisa o papel do preço na estratégia de marketing de uma empresa, a segunda descreve o comportamento do consumidor em relação a preços, ofertas e promoções, a terceira explica algumas das possíveis táticas de preços e a última parte discorre sobre o importante papel que o crédito tem nesse mercado.

No varejo, como em qualquer outro segmento, as decisões de preços, ofertas e crédito são variáveis cruciais de posicionamento, estabelecidas a partir das características do mercado de atuação, do sortimento de produtos ou serviços e das ações da concorrência.

Este capítulo trata do papel do preço, das ofertas e do crédito no varejo de baixa renda, mostrando como esses elementos são percebidos e como estimulam o comportamento de compra do consumidor em questão.

## O papel do preço

Em última instância, preço é a quantificação numérica que resume as estratégias do composto de marketing da empresa, representadas pela quantidade de dinheiro que o consumidor deverá desembolsar para adquirir determinado produto ou serviço. Dentro de uma visão mais elaborada, o marketing relaciona o elemento preço ao conceito de valor percebido, expresso como o total de benefícios sobre o total de custos, vistos sob a ótica do cliente. Preço é, portanto, tudo aquilo que o consumidor percebe ter dado ou sacrificado para obter o produto ou serviço desejado, como mostra a Figura 7.1.

Varejistas operando simultaneamente com margens elevadas e giro rápido são raros. Normalmente, ou os *mark-ups* são altos e o volume é baixo, como ocorre nas lojas voltadas para o público de altíssimo poder aquisitivo; ou os *mark-ups* são baixos e

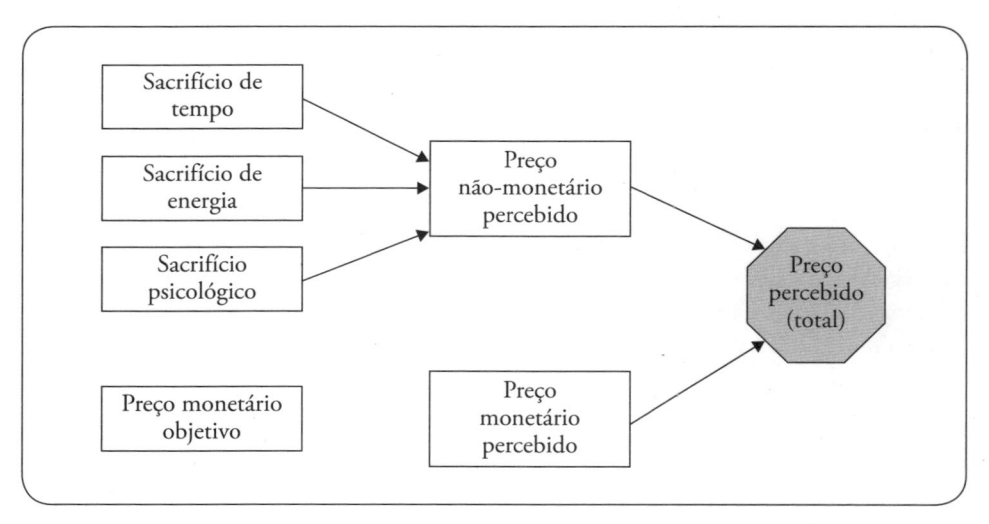

**Figura 7.1** Componentes do preço na concepção do marketing.
Fonte: URDAN, André; URDAN, Flavio. *Gestão do composto de marketing:* visão integrada de produto, preço, distribuição e comunicação, estratégias para empresas brasileiras, casos e aplicações. São Paulo: Atlas, 2006. p. 184.

os volumes de venda são maiores. No segmento de baixa renda, em especial, boa parte dos varejistas se enquadra nesse último grupo, típico das lojas de auto-serviços ou de desconto.

Nos últimos anos, o processo de consolidação das grandes redes varejistas, aliado ao desenvolvimento do pequeno e médio varejo, intensificaram a concorrência. Além disso, a proliferação de produtos e marcas e o surgimento de novas soluções e serviços competindo pela renda limitada dos clientes têm aumentado a sensibilidade destes aos preços praticados pelos lojistas. Como efeito, os consumidores já não vêem razão para pagar mais por produtos semelhantes, principalmente quando as diferenças perceptíveis entre estes estão diminuindo.

A tarefa nada fácil de atrair e manter clientes ganha complexidade à medida que o varejo avança, tornando-se cada vez mais parecido em matéria de sortimento, serviços, preços, ofertas e meios de pagamento. Nesse cenário, o desafio é encontrar novas estratégias de marketing capazes de oferecer ao cliente a melhor equação de valor.

No estudo denominado "Mudanças no Mercado Brasileiro 2005"[1], a ACNielsen identificou que, no momento de eleger onde fazer suas compras, os consumidores latino-americanos valorizam especialmente a proximidade da loja. Tal preferência se explica pelas dificuldades que muitos deles enfrentam para se deslocar de suas residências até os locais de compras, em virtude da deficiência no transporte público e da falta de recursos financeiros ou de acesso a meios próprios de transporte. Para mitigar essa dificuldade, as empresas varejistas podem optar por uma estratégia de expansão de seus negócios. No entanto, trata-se de uma opção complexa e muitas vezes dispendiosa, na medida em que à proximidade seguem-se, em ordem de importância, preços baixos, descontos e promoções, qualidade e variedade dos produtos – o que reforça a importância do preço como variável estratégica.

Diante da enorme variedade de opções e em vista de um contexto limitado por custos, conhecimento, mobilidade e renda[2], os consumidores decidem suas compras garimpando qual oferta lhe propiciará maior valor. Todo esse movimento tende a pressionar os varejistas a baixarem seus preços, sobretudo nos segmentos em que a renda do consumidor é instável, pendendo para a estagnação ou o declínio. Pressionados, varejistas endurecem as negociações com fabricantes, e o resultado é um mercado de margens apertadas, fortemente caracterizado por ofertas e promoções de preços.

Quanto mais desenvolvida é a sociedade e quanto maior é a renda disponível, maior é o número de atributos que obtêm uma expressiva participação nos modelos de decisão de compra do consumidor. Ainda assim, podemos afirmar que o preço exerce forte influência nas decisões sobre o quê, onde e quando comprar. Para ilustrar esse fato,

---

[1] ACNielsen. Mudanças no Mercado Brasileiro 2005.

[2] KOTLER, P. *Administração de Marketing:* análise, planejamento, implementação e controle. 5. ed. São Paulo: Atlas. 1998, p. 497.

consideremos uma matéria publicada na revista *Fortune*³, onde se comenta que, apesar de os produtos e marcas de luxo continuarem vendendo muito bem no mercado japonês, as lojas de 100 ienes ou menos, correspondentes aos nossos estabelecimentos de 1 real, têm apresentado um crescimento vertiginoso, não sendo raro encontrá-las repletas de clientes às 2h da manhã.

A gestão de preços é um misto de arte e ciência. As informações disponíveis sobre mercado, elasticidade da demanda, estrutura de custos e concorrência são costumeiramente de difícil e complexa obtenção, sendo, em muitos casos, imprecisas. Além disso, a decisão de compra do consumidor, por mais que o fator preço seja relevante, é sempre influenciada por fatores não-racionais, como "o valor percebido pelo cliente". Somam-se ações e reações dos concorrentes, que se verificam a todo o momento, trazendo ameaças e oportunidades. É impossível administrar preços sem ter o olhar voltado para a concorrência.

> Se uma empresa oferece produto que na análise do consumidor tem mais benefícios, preços menores ou as duas vantagens, o interesse pelos concorrentes diminui. Se outra empresa abaixa os preços e os rivais respondem na mesma proporção, os consumidores ganham, mas a rentabilidade do setor fica pressionada. Se os concorrentes aumentam a capacidade produtiva, sem equivalente elevação na demanda, o desequilíbrio futuro entre oferta e demanda terá reflexos sobre os preços. Se uma empresa trabalha com custos bem menores que a concorrência, ela tem flexibilidade para forçar a queda dos preços e pressionar os rivais.⁴

Reconhecer as características específicas dos consumidores de baixa renda, criando oportunidades de alavancar sua capacidade de compra e lhes assegurando acesso e disponibilidade, constitui elemento central e indispensável das decisões de precificação para os varejistas que queiram servir a esse segmento.

Segundo Prahalad⁵, para criar capacidade de consumo na baixa renda é necessário que o preço dos produtos caiba em seu limitado orçamento. Por exemplo, embalagens individuais ou com menor volume de produtos podem ser uma forma de viabilizar o consumo.

As redes McDonald's e Habib's enfrentam a forte concorrência da economia informal: vendedores de alimentos nas ruas, como os carrinhos de cachorro-quente, oferecem *fast-food*, incluindo refrigerante, por menos de R$ 3,00, aceitando, inclusive, meios alternativos de pagamento, como vales-transporte, por exemplo. O McDonald's reage a isso reduzindo em até 50% o preço de alguns produtos e adaptando o tamanho dos itens.

---

³ URDAN, André; URDAN, Flavio, *op. cit.*, p. 194.
⁴ PRASSO, Sheridan. Japan Goes Wild for 100-Yen Prices. *Fortune*, 28 nov. 2005.
⁵ PRAHALAD, C. K. *A riqueza na base da pirâmide*. Bookman: Porto Alegre, 2005.

Trata-se de parte da estratégia que define um novo posicionamento de marca, um posicionamento inclusivo, que viabiliza o acesso dos consumidores de qualquer classe social e nível de renda. O Habib's, por sua vez, reduziu o preço das esfirras abertas e divulgou amplamente tal iniciativa com o *slogan* "O preço que você pediu veio para ficar".

Com uma solução simples e efetiva, em meados de 2005 a Danone colocou no mercado a embalagem com dois potes de Danoninho a um preço fixo e anunciado em propaganda. A solução surgiu depois de constatado que a embalagem de oito unidades era quebrada pelo pequeno varejista de modo a oferecer o produto a um preço mais acessível à baixa renda e, assim, estimular seu consumo.

## Comportamento do consumidor em relação a preços, ofertas e promoções

É preciso que os varejistas busquem um alinhamento entre o posicionamento de mercado e as decisões ligadas às ofertas, de modo a reforçar sua imagem perante o público-alvo: que produtos, qual o melhor formato da oferta, a que preço, quando, por quanto tempo, como e onde comunicar.

Entender o comportamento do consumidor e a forma como ele se relaciona com as ofertas e promoções é fundamental para o sucesso da estratégia de preço do varejista. Como visto no Capítulo 3, "Proposta de Valor", atrair o cliente de baixa renda exige muito mais do que oferecer preços baixos. O varejista que pretenda conquistar esse mercado deve apresentar uma proposta de valor que seja adequada às suas características e que busque maximizar sua percepção quanto à relação custo-benefício.

Nem todos os consumidores valorizam os mesmos atributos, como atesta a leitura do artigo "Dentro de la mente y del bolsillo del consumidor latinoamericano"[6], que apresenta os resultados de pesquisa realizada com mais de 3 mil consumidores de cinco capitais latino-americanas: São Paulo, Cidade do México, Bogotá, Santiago e Buenos Aires. A pesquisa identificou cinco perfis de consumidores a partir de sua forma de comprar. São eles: os caçadores de ofertas, os buscadores de ofertas com bom nível de renda, os buscadores de variedade com orçamento limitado, os frustrados por terem um orçamento muito restrito e os compradores que valorizam qualidade e tempo (ver Tabela 1).

As características socioeconômicas e demográficas da população não são suficientes para explicar seus diversos padrões de comportamento de compra: mesmo pertencendo a uma mesma classe social, a forma como os consumidores compram cria segmentos distintos de clientes, segmentos que devem ser levados em conta nas estratégias de vendas e marketing. Os resultados da pesquisa revelaram indícios fortes de que a maioria dos consumidores não se orienta por promoções e ofertas ao decidir onde comprar e que,

---

[6] D'ANDREA, Guillerno; Lunardini, Fernando. Dentro de la mente y del bolsillo del consumidor Latinoamericano. *Harvard Business Review*, out. 2005.

## Tabela 7.1 – Características dos segmentos de mercado

| | Caçadores de ofertas | Buscadores de ofertas com bom nível de renda | Buscadores de variedade com orçamento limitado | Frustrados por terem orçamento restrito | Compradores que valorizam qualidade e tempo |
|---|---|---|---|---|---|
| Participação da baixa renda (em toda a América Latina)* | 33% | 0% | 30% | 32% | 5% |
| Quanto representam da população de São Paulo | 40% | 18% | 8% | 26% | 11% |
| % de consumidores para quem a LOCALIZAÇÃO é um fator importante na escolha da loja | 84% | 79% | 84% | 83% | 80% |
| % de consumidores para quem o PREÇO é um fator importante na escolha da loja | 76% | 64% | 71% | 70% | 52% |
| % de consumidores para quem as PROMOÇÕES são um fator importante na escolha da loja | 57% | 52% | 52% | 47% | 39% |
| % de consumidores para quem a QUALIDADE DOS PERECÍVEIS é um fator importante na escolha da loja | 41% | 46% | 50% | 39% | 50% |

*Em São Paulo, consideradas as classes D e E.

Fonte: Adaptado dos dados apresentados em "Inside the minds and pockets of Latin American consumers. How consumers build price perception and its impact on retailers" – pesquisa realizada para The Coca-Cola Retailing Research Council Latin America pela McKinsey&Company, 2005.

ao contrário do que possa indicar o senso comum, as promoções em geral pouco contribuem para a percepção dos clientes em relação aos preços.

E na baixa renda, isso se aplica? Dentre as categorias que surgiram do estudo em questão, eis aquelas com maior presença desse público:

**Os caçadores de ofertas.** Extremamente sensíveis às diferenças de preço, dedicam muito tempo às compras e visitam várias lojas, garimpando as melhores ofertas. São os consumidores menos fiéis. Com esse perfil verifica-se um número expressivo de homens acima de 50 anos. Sua faixa de gastos com alimentos e bebidas é 14% menor que a média. A população de baixa renda representa 33% desse segmento, que na cidade de São Paulo responde por 40% do total de consumidores.

**Os frustrados por terem um orçamento muito restrito.** Gastam pouco tempo comprando, mesmo porque se vêem impossibilitados de adquirir a maior parte dos itens à venda. Não valorizam os tablóides e preferem preços baixos a serviços. Não mostram preferência por nenhum formato de varejo em especial, comprando onde for mais perto ou mais cômodo. Tendem a comprar com menor freqüência e são mais fiéis à sua principal loja de alimentos. A população de baixa renda representa 32% desse segmento, cuja cesta de compras é formada basicamente por produtos essenciais do dia-a-dia.

**Os que buscam variedade, mas cujo orçamento é limitado.** São os consumidores que desejam os produtos de melhor qualidade, mas que dispõem de orçamento restrito. Seu perfil típico é o da mãe jovem, com famílias maiores, de seis ou mais integrantes. Preferem geralmente os hipermercados e realizam compras maiores com baixa freqüência. Quando encontram uma promoção atraente, tendem a comprar para fazer estoque. A população de baixa renda representa 30% desse segmento, para o qual políticas de crédito que permitam acesso são fortes impulsionadoras de venda.

Compreender de que forma os consumidores constroem sua percepção de preço é um caminho fundamental para orientar as estratégias de marketing e as decisões de preço. Que fatores os clientes consideram para julgar se um varejista é "careiro" ou "barateiro"? O artigo em apreço reforça a proposição de que o principal elemento que gera a percepção de preços baixos é, efetivamente, praticar preços baixos nos produtos de valor conhecido pelo cliente, ou seja, naqueles itens cujos preços de referência ele realmente conhece.

Segundo a pesquisa, o peso do fator preço corresponde a 50% na construção dessa percepção. Eis os demais:

• Composição do sortimento (25%), formada por alternativas de baixo preço para produtos do dia-a-dia; diversas opções de qualidade *vs.* preço e produtos de marca própria com boa relação preço-qualidade.

- Promoções e descontos freqüentes em produtos conhecidos e desejados contribuem para formar a percepção de preços baixos; entretanto, o peso atribuído a esses dois fatores pode ser menor do que o senso comum poderia sinalizar. Na pesquisa citada, esses fatores contribuem com apenas 8% das percepções de preços. Entretanto, quando se fala de caçadores de ofertas, em que há expressiva participação das classes C, D e E, promoções e descontos freqüentes ganham peso de 23%.

- Folhetos, tablóides e material de comunicação no ponto-de-venda contribuem em média com 8%. Já para aqueles que buscam variedade, mas que enfrentam fortes restrições de orçamento, esses elementos ganham uma importância de 25%.

Expor o cliente a um exagero de ofertas e comunicação visual sobre descontos e promoções pode fazer com que ele fique "cego" à mensagem do lojista e perca a real percepção dos preços praticados. O ambiente e a atmosfera da loja participam, em média, com 10% da percepção geral dos preços, entendida como uma relação em que quanto mais sofisticada a loja e menor o fluxo de pessoas em suas dependências, maior a percepção de preços altos. É interessante salientar que também no grupo de caçadores de ofertas esse elemento é mais forte, representando 17%.

Assim, o sucesso das promoções e ofertas só pode ser assegurado se estiver ancorado nas características específicas de cada comportamento específico. Mais do que isso, a percepção quanto aos preços é construída por meio de outros elementos do composto mercadológico, e as ofertas, apesar de contribuírem de forma importante, não são a única ferramenta a ser empregada: exposição adequada e massificada de produtos, variedade, atendimento e preços competitivos, principalmente nos produtos de referência para os consumidores, constituem os elementos-chave para o sucesso do varejista.

É também interessante destacar como, mesmo para um produto de preço baixo, o apelo visual de sua embalagem pode contribuir para a formação da percepção de qualidade e impulsionar as vendas. No caso, por exemplo, de biscoitos de segunda linha, existe uma infinidade de marcas à disposição dos consumidores de baixa renda, todas muito similares nos atributos preço e sabor. Entretanto, as marcas com embalagens mais atrativas são percebidas como de melhor qualidade e acabam aplacando a frustração do cliente, na medida em que ele não irá expor no carrinho de compras "aquela embalagem feia, que quem vê já sabe que é produto de baixa qualidade, que só compra quem não tem dinheiro para comprar coisa melhor", como observa um cliente de um supermercado de vizinhança localizado na região de Itapevi, em São Paulo.

Outro ponto importante a ressaltar é que apenas alguns poucos produtos exercem um grande impacto sobre a percepção de preços de determinado varejo. Segundo a pesquisa relatada anteriormente, no Brasil são poucos os produtos que constroem uma referência de preços, como podemos observar na Figura 7.2.

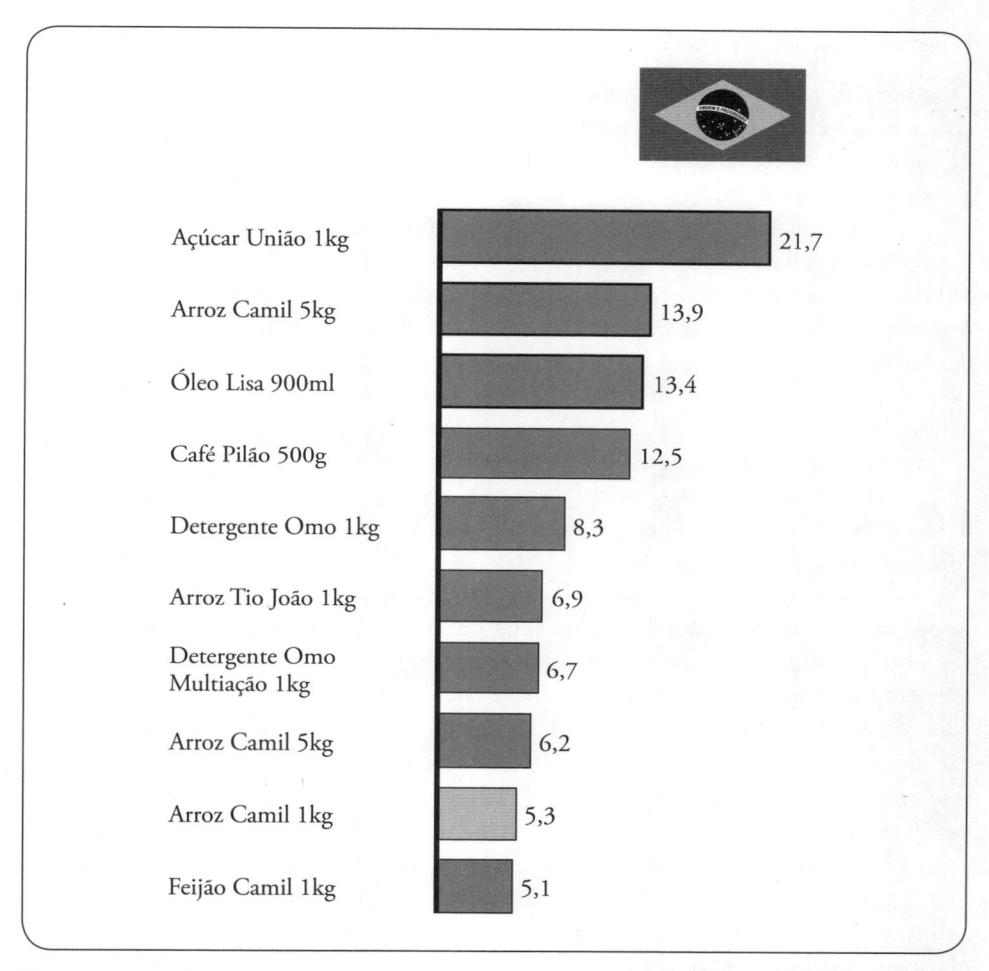

| Produto | Valor |
|---|---|
| Açúcar União 1kg | 21,7 |
| Arroz Camil 5kg | 13,9 |
| Óleo Lisa 900ml | 13,4 |
| Café Pilão 500g | 12,5 |
| Detergente Omo 1kg | 8,3 |
| Arroz Tio João 1kg | 6,9 |
| Detergente Omo Multiação 1kg | 6,7 |
| Arroz Camil 5kg | 6,2 |
| Arroz Camil 1kg | 5,3 |
| Feijão Camil 1kg | 5,1 |

**Figura 7.2**  Produtos mais importantes na percepção de preços do consumidor de São Paulo.

## As diversas táticas de preço

Os preços resultam, ou pelo menos deveriam resultar, das definições estratégicas, dos objetivos e do posicionamento da empresa. A partir daí, o varejista poderá optar entre as táticas de preço disponíveis descritas adiante, sendo que boa parte delas pode ser usada concomitantemente.[7]

---

[7] Ver PARENTE, Juracy. *Varejo no Brasil*. São Paulo: Atlas, 2000, e FERREL, O. C.; HARTLINE, M. D. *Estratégia de Marketing*. Thomson: São Paulo, 2005.

### Preço alto-baixo (ofertas e promoções)

Descontos de preços em certos produtos anunciados, por um curto período de tempo, após o qual os preços voltam ao normal. Essa tática está muitas vezes associada à compra de volumes maiores, provenientes de negociações especiais com os fornecedores visando à obtenção de descontos.

Segundo Parente[8], esse tem sido o procedimento mais adotado pelos varejistas brasileiros. A inflação com a qual o país conviveu por tantos anos ajudou a fortalecer semelhante prática, motivando os varejistas a anunciar ofertas com preços ainda não reajustados pela inflação. Se por um lado os consumidores brasileiros vinculam a imagem de "barateiro" aos varejos que a praticam, por outro se decepcionam quando não encontram os produtos no ponto-de-venda conforme anunciado. Portanto, o maior risco para os varejistas está na falta do produto oferecido, o que pode ser causado por um erro de estimativa do crescimento da demanda ou por atrasos na entrega dos fornecedores.

As ofertas de preços, como uma das ferramentas promocionais, são amplamente usadas pelos varejistas para gerar tráfego, desovar mercadorias encalhadas, servir como "produtos-isca" e criar imagem.

Dentre todas as variáveis do composto de marketing, as alterações nas decisões de preços são as mais rápidas de implementar e as que geram conseqüências mais imediatas sobre os volumes de venda e os resultados das empresas. Conseqüentemente, em um segmento de grande competitividade como o varejista, é freqüente o sobe-desce de preços para combater ações da concorrência. A comunicação com os consumidores acaba sendo canalizada para divulgar preços e ofertas especiais. Os clientes já se acostumaram com essa prática e, em muitos casos, ficam condicionados a comprar apenas nos momentos de demarcações.

No mercado de baixa renda é muito comum a utilização dessa tática (*preço alto-baixo*) por parte dos varejistas, que buscam atrair os consumidores por meio de ofertas anunciadas nos tablóides, principalmente para aqueles produtos de referência de preço, que mencionamos anteriormente.

### Precificação baseada em valor ("preço baixo todo dia")

Mais comum nos Estados Unidos é a chamada política *Every Day Low Price* (EDLP), que consiste em oferecer preços baixos diariamente, mas disponibilizando produtos de qualidade e serviços ao cliente. Essa política é defendida e praticada pela rede Wal-Mart, cujo objetivo é conquistar a confiança do consumidor e fidelizá-lo, fixando uma imagem permanente de preços baixos – sem sobe-desce.

No Brasil, apesar de essa ser uma estratégia que muitos varejistas dizem praticar, na realidade ela é muito pouco utilizada. Mesmo empresas que internacionalmente uti-

---

[8] PARENTE, *op. cit.*, p. 173.

lizam o EDLP no Brasil acabam por adotar uma estratégia muito mais semelhante à do *preço alto-baixo*.

## Alinhamento preço-qualidade

Nessa estratégia, praticam-se diferentes níveis de preço para produtos com diferentes níveis de qualidade. Tais níveis servem de parâmetro para os gestores de compras, que precisam encontrar produtos e negociar de modo a que se enquadrem em determinados níveis. Sendo assim, produtos comprados de diferentes origens e a preços de custo diferentes são vendidos a um mesmo preço. Trata-se de uma prática bastante comum em lojas de roupas.

## Preço único

Uma mesma categoria com preço igual para todos os clientes, sem possibilidades de negociação – eis o que ocorre ao se adquirirem produtos em um supermercado. Nos países mais desenvolvidos, isso é muito comum tanto no auto-serviço alimentar como no varejo de não-alimentos.

Por um lado, o cliente se sente seguro de que não está sendo injustiçado, pois não há "cartas na manga"; por outro lado, essa tática não atrai os interessados em pechinchar descontos especiais.

## Preço flexível

É o oposto do preço único. Nesse caso, o preço pode mudar de cliente para cliente, dependendo dos volumes e/ou da sua habilidade de negociação. Trata-se de uma alternativa aplicada a produtos de maior valor, como veículos, móveis e objetos de decoração, cujas compras não são rotineiras.

## Preço variável

Ocorre quando a variação no custo dos produtos ou na demanda não permite fixar preços por muito tempo. É o caso, por exemplo, da maioria das *commodities*.

## Preço múltiplo

Política que prevê preços com descontos para as embalagens econômicas; ou seja, o preço unitário é menor para as embalagens com mais de um produto ou com maior peso. Essa tática encoraja a compra de volumes maiores por um preço total mais atrativo, servindo também para escoar estoques em excesso. Como na baixa renda as famílias são geralmente maiores, os lançamentos de embalagens econômicas têm propiciado o crescimento da venda de itens de grande freqüência de compra, como, por exemplo, os biscoitos do tipo Maria/Maisena e Água e Sal/*Cream Cracker* em pacotes de 300 a 500 g.

## Preço líder

O produto líder, normalmente presente na lista dos mais desejados pelo consumidor e de preço conhecido, é colocado em oferta para atrair um maior fluxo de clientes para a loja, na expectativa de incrementar a venda dos demais itens geradores de margem. Para tanto, não raro os varejistas praticam margens negativas ou nulas no "produto-isca". Essa é uma prática muito comum nos grandes hipermercados e lojas de materiais de construção. Cabe lembrar, porém, que são poucos os produtos que têm o poder de construir a percepção de preços.

## Precificação de referência

Informa ao consumidor o "de" "por", ou seja, comunica a oferta mostrando qual era o preço original. Espera-se com isso legitimidade, ou seja, o consumidor deve ter a certeza de que o preço-base não foi colocado a maior apenas para ressaltar a diferença.

## Cobrir o preço da concorrência

Muitos varejistas garantem que, uma vez comprovado o preço da concorrência, igualam ou cobrem a oferta. Os lojistas que empregam essa tática, também muito comum nos hipermercados, procuram assegurar ao consumidor de que são líderes em preços baixos e que, por isso, estão dispostos a cobrir as exceções.

Embora a variável preço tenha forte influência na decisão de compra do consumidor de baixa renda, é um equívoco pensar que basta lançar um produto barato para que as vendas estejam garantidas. Na verdade, como o orçamento familiar desse público é bastante limitado, não há espaço para muitas tentativas e experimentações de novos produtos.

---

**Quadro 7.1 – O caso das fraldas descartáveis**

No caso das fraldas descartáveis, por exemplo, apenas os consumidores da classe E decidem sua compra baseados quase que exclusivamente no preço e no número de unidades contidas no pacote. Os consumidores das classes C e D valorizam também o atributo absorção, buscando equilíbrio entre o preço e os benefícios desejados, o que contribui para o crescimento do segmento de fraldas de média *performance*, fazendo deste o maior da categoria. Na área Nielsen IV – Grande São Paulo, a fralda de média *performance* representava, em março de 2006, 63% do volume de vendas da categoria, contra 27% da de baixa *performance*. Na Grande Rio – Área III, os números são 64% e 26%, respectivamente.

## Crédito: acesso e risco

Nos últimos anos vem ocorrendo um forte crescimento do consumo no segmento de baixa renda. Muitas famílias brasileiras, sobretudo nas grandes capitais, passaram a consumir produtos e serviços antes acessíveis apenas às camadas mais favorecidas da população. Foi assim com os celulares – segmento que, segundo a Latin Panel, tem nas classes D e E 18% de seu consumo –, DVDs, TVs de tela plana e muito mais. Um cenário de inflação controlada e barateamento da tecnologia explica parte desse processo, mas não há dúvida de que a expansão do crédito tem sido o principal fator de impulso das vendas junto a esse público.

Em apenas dez anos, o valor do crédito concedido à pessoa física no país passou de R$ 35 a R$ 150 bilhões – um crescimento de 328%.[9] Em média, 70% das compras são feitas no crediário.

A concessão de crédito é o principal meio de viabilizar o aumento do consumo nas classes C, D e E, cuja renda é composta por salários, ganhos provenientes dos famosos "bicos" e crédito. O fato é que os estratos populares estão na mira das estratégias das empresas de bens de consumo e serviços. Eis duas razões básicas para isso:

- historicamente, as grandes empresas desenvolveram estratégias e produtos voltados para as classes de maior poder aquisitivo, nas quais supostamente se encontram as maiores e melhores perspectivas de vendas e margens. O problema é que se chegou a um nível tal de saturação que são necessários grandes esforços e investimentos para alcançar pequenos incrementos nos resultados.

- as empresas despertaram para dois aspectos óbvios: o tamanho da população de baixa renda nos países em desenvolvimento e o conseqüente potencial de consumo que representam. Juntas, as classes C, D e E respondem por 77% da população do Brasil, chegando a representar mais da metade do consumo de bens duráveis em valor.

Prahalad[10] defende o capitalismo inclusivo, direcionado a cerca de 5 bilhões de pessoas cuja renda média disponível é de US$ 2 por dia. Sua idéia básica é propor às empresas que se preocupem em criar capacidade de consumo, para que então possa haver crescimento expressivo das vendas mediante a ampliação do mercado de consumo potencial. Um exemplo brasileiro são as Casas Bahia, que provêem parcelamento das compras compatível com o tamanho do bolso do cliente, oferecendo crédito para criar um padrão de consumo diferenciado, sem o qual as pessoas limitariam suas compras estritamente ao que estivesse ao seu alcance – ou talvez nem conseguissem comprar:

---

[9] GUEDES, Patrícia Mota; OLIVEIRA, Nilson Vieira. A democratização do consumo. *Braudel Papers*, n. 39, 2006.

[10] PRAHALAD, *op. cit.*

No nosso negócio, ser humilde é fundamental. [...] Por isso mantenho uma rotina de visita às lojas, escuto os vendedores e os clientes. A idéia da campanha "Quer pagar quanto?" veio do discurso que os vendedores já usavam nas lojas. Ouvi numa dessas andanças e achei excelente para retratar nossa filosofia de pagamento em prestações.[11]

A expansão do crédito ao consumo entre a população de baixa renda tem sido impulsionada por bancos e financeiras, em parceria com o varejo e com entidades setoriais, essa última permitindo a disseminação dos cartões de crédito no pequeno varejo, no modelo *private label* aberto. Um exemplo é o cartão de crédito Super Varejo, parceria entre a Associação Brasileira de Supermercados (ABRAS) e a financeira Losango (HSBC). Diferentemente de um cartão *private label* fechado, que só pode ser usado em uma única loja ou rede varejista, o cartão aberto é aceito em toda rede credenciada. O papel da Associação é negociar com a financeira condições mais competitivas, às quais um varejista sozinho não teria acesso. Esse formato viabiliza o custo para que pequenos estabelecimentos possam conceder crédito e descontos especiais por meio de um cartão próprio da loja, o que contribui para fortalecer sua imagem e fidelizar os clientes.

Enquanto as grandes bandeiras de cartões de crédito procuram bancos emissores para aumentar sua base de clientes, à cata de consumidores mais abastados, um número crescente de empresas de cartões regionais procura associar-se a varejistas, na busca do consumidor comum das classes C e D. Poder-se-ia chamá-las de "tubaínas dos cartões de crédito", à semelhança do avanço das marcas alternativas no mercado de refrigerantes. Trata-se, aproximadamente, de 65 bandeiras regionais em 2006, movimentando R$ 8 bilhões ao ano, com cerca de 13 milhões de cartões em circulação e 15% do mercado total.[12]

Entre as razões para esse crescimento está a desburocratização na concessão de cartões, bastando apresentar CPF e RG e não ter pendências junto ao SPC. A tradicional anuidade dos cartões foi substituída por uma taxa mensal que varia entre R$ 2,00 e R$ 10,00, cobrada apenas nos meses em que há compras.

A principal dificuldade está no fato de que os mecanismos tradicionais para a aprovação de crédito não funcionam, pois representam barreiras reais e simbólicas de acesso, tais como excesso de burocracia, listas de documentos a serem preenchidas e apresentadas, exigências de garantias concretas, etc. Até mesmo o ambiente pode intimidar, como é o caso dos bancos, que têm enfrentado desafios para conquistar a faixa dos consumidores populares. As resistências à bancarização vão desde situações que geram constrangimento até dificuldades em administrar a conta-corrente e visualizar vantagens em ser um correntista:

---

[11] KLEIN, Michael. Presidente da Casas Bahia. *Exame*, n. 3, p. 23, 15 fev. 2006.

[12] *Exame*, n. 866, 26 abr. 2006, p. 50-52.

- 69% dos brasileiros das classes C e D encaram as portas giratórias como expressão de desconfiança do banco em relação a eles.[13]

- Compreender extratos bancários pode não ser nada fácil para os 77% dos brasileiros que não possuem habilidades matemáticas, problema que se agrava ainda mais pelo fato de apenas 23% serem capazes de ler e interpretar uma tabela.

- Efetuar pagamentos em correspondentes bancários, como as casas lotéricas, é muito mais simples do que se habilitar a lidar com o auto-serviço dos caixas eletrônicos. O crescimento do número de correspondentes bancários contribui em muito para a "desbancarização".

- Alguns anos atrás, ter uma conta em banco significava uma das poucas oportunidades de obter empréstimo. A expansão de opções alternativas, como iniciativas dos próprios varejistas, o crescimento das financeiras e os cartões de crédito de bandeiras regionais, colabora para afastar esse consumidor das agências bancárias.

Manter uma conta-corrente diante dessas barreiras, somadas à incidência de taxas de manutenção e impostos como a CPMF, não parece nada atraente:

> Na verdade, a aspiração da camada popular é ter crédito. O desafio é mostrar de forma simples por que é melhor ter uma conta em banco do que guardar o dinheiro sob o colchão.[14]

Fatos como esses explicam em parte os resultados da pesquisa do Data Popular realizada junto a 728 pequenos empreendedores do Nordeste do país que não possuem conta bancária. Nela, 54% deles declararam que não têm conta em banco por pura opção.[15]

Assim, se quiserem crescer junto ao segmento de baixa renda, os bancos terão de simplificar a burocracia para a aprovação de crédito, bem como encontrar formas alternativas de solicitar comprovante de renda e averiguar a capacidade de pagamento dos clientes potenciais. Paralelamente, terão de melhorar a comunicação com a baixa renda, respeitando suas dificuldades cognitivas; só assim poderão informar clara e objetivamente quais são as vantagens de ser um correntista.

Outro formato que vem crescendo desde meados de 2004 é o crédito consignado, com desconto direto na folha de pagamento ou no sistema de Previdência Pública para aposentados e pensionistas do INSS. O volume médio de operações nesse segmento, que era de R$ 2 bilhões, ultrapassou R$ 11 bilhões ao final de 2005.

---

[13] DATA POPULAR. *Comunicação Popular*: Modo de Usar. Seminário apresentado no GVcev, 17 jun. 2004. Disponível em: www.datapopular.com.br.

[14] Renato Meirelles, diretor do Data Popular.

[15] DATA POPULAR. *Comunicação Popular*: Modo de Usar. Seminário apresentado no GVcev em 17 de Junho de 2004. Disponível em: www.datapopular.com.br

> ### Quadro 7.2 – Caso Sorocred[16]
>
> A Sorocred está entre as maiores bandeiras regionais do Brasil, com 2,6 milhões de cartões em circulação (20% do total). Possui cerca de 2.500 clientes ativos em todo o país, estimando-se que pelo menos 50% estejam na economia informal. Os demais perfis são compostos por trabalhadores registrados (35%), aposentados e pensionistas (8%) e empregados domésticos (5%).
>
> Sabedora do grande número de clientes que não possuem conta bancária ou que não se sentem à vontade indo aos bancos, a Sorocred firmou um acordo com a Caixa Econômica Federal, permitindo o pagamento de faturas em qualquer casa lotérica, sem necessidade de apresentar a primeira via, bastando o CPF do titular. A estratégia visa também a diminuir inadimplências provenientes de problemas de postagem das faturas, o que ocorre com 15% dos clientes.

Trata-se de cartões de benefícios consignados às folhas de pagamento, o que estimula o uso do dinheiro de plástico entre os assalariados. O potencial de crescimento desses cartões está ligado à baixa adesão aos bancos pelas camadas mais pobres. Os cartões múltiplos podem ser usados em diversos estabelecimentos, como drogarias e supermercados, sendo praticamente livres de risco para o comerciante. Funcionam como uma espécie de cartão de crédito pré-pago, por meio do qual o trabalhador pode realizar compras até um limite estipulado pelo empregador, em média restrito a 30% de sua remuneração, caracterizando uma espécie de adiantamento de salário para antecipar o consumo. A Sadia e a Unilever são exemplos de grandes empresas que já aderiram a essa modalidade.

Se por um lado esse cenário promove uma onda de democratização do consumo, por outro leva a ampliação do endividamento das camadas sociais de baixa renda a um nível preocupante, em um país onde as taxas de juros estão entre as mais altas do mundo e onde faltam políticas públicas e investimentos de longo prazo em educação e geração de renda.

A taxa média mensal de juros paga pelo consumidor não fica abaixo de 7,5%. No caso das financeiras, ela chega a ultrapassar 11,5% ao mês. Promoções que postergam o início dos pagamentos, do tipo "compre agora e só comece a pagar depois do carnaval", criam a falsa sensação de oportunidade, pois raramente divulgam com clareza que os juros são calculados desde o momento da compra. Como as pessoas pertencentes à baixa renda, até por falta de habilidades matemáticas, raramente sabem calcular juros, elas apenas avaliam se o tamanho das prestações parece acessível em relação ao seu orçamento mensal, ou, pior ainda, tomam por base o seu grau de otimismo quanto

---

[16] Revista Executivos Financeiros. A Popularização do Dinheiro de Plástico. São Paulo, 2006.

à regularidade ou ao crescimento de seus ganhos nos próximos meses, decidindo em cima disso.

Segundo dados da ACNielsen referentes a 2005, as famílias da classe C chegam a gastar por mês 20% a mais do que recebem, ficando a média desse segmento em 8%, contra a média nacional de 3%. Em 2006, verificou-se que 85% dos brasileiros compram a prazo, enquanto 60% têm algum tipo de dívida.

Pesquisa realizada junto a 1.092 famílias[17] revelou que 45% delas estavam inadimplentes e com um elevado grau de exposição. Famílias com renda muito baixa – de até um salário mínimo – apresentaram dívidas em atraso estimadas em quatro vezes o valor de sua renda, caindo para uma vez e meia entre as famílias com ganhos de 1 a 3 salários mínimos. O valor médio das dívidas – R$ 982 – equivalia a 86% da renda média das famílias (R$ 1.148).

A rede de supermercados CompreBem Sendas, do Rio de Janeiro, controlada pela Companhia Brasileira de Distribuição, posiciona-se como um local de compras em que o consumidor das classes C e D tem a garantia de preços baixos, com muitas facilidades na hora de pagar. No ano de 2004, 33,8% das vendas da rede foram feitas a crédito, sendo que o cartão *private label* respondeu por 10,1% delas e o cartão de crédito de outras bandeiras, por 15,5%. Apenas 3,8% foram efetuadas mediante cheques pré-datados, com mais 4,4% por tíquetes. Nesse mesmo ano, o Cartão Clube CompreBem Sendas concedeu R$ 484 milhões em crédito para compras. Em média, foram captados 20 mil novos clientes por mês, com tíquete médio de R$ 150 para a modalidade – três vezes maior que a média.

O pequeno varejo e o comércio local nas comunidades de baixa renda, valendo-se de uma política mais informal, também contribuem fortemente para a concessão de crédito e, conseqüentemente, para a distribuição de bens e serviços.

Varejistas de menor porte desenvolvem suas próprias "versões" dos instrumentos de crédito, concedendo crédito de maneira informal ou mediante o restabelecimento das antigas "cadernetas", em muitos casos repaginadas pela tecnologia da informação. As "cadernetas" consistem em registros dos débitos dos clientes com os varejistas, que são pagos de forma contínua e não-estruturada.

Em síntese, é inegável o poder que os instrumentos de crédito exercem no desenvolvimento do consumo; no entanto, cabe considerar e buscar identificar quais os limites financeiros, éticos e sociais dessa prática. Ao varejista responsável e consciente cumpre utilizar o crédito como mais uma de suas armas para competir em um mercado cada vez mais disputado, empregando-o de forma integrada aos demais elementos de seu composto promocional.

---

[17] GUEDES, Patrícia Mota; OLIVEIRA, Nilson Vieira, *op. cit.*

# RESUMO

Consumidores cada vez mais exigentes, com demandas cada vez mais complexas e assediados por um número cada vez maior de empresas, produtos e promoções – eis o cenário enfrentado pelas organizações varejistas. Diante de tamanha complexidade, não existem fórmulas mágicas, senão a necessidade de harmonizar todos os elementos das estratégias de marketing para sobreviver e ser bem-sucedido nesse mercado.

Os formatos supermercadistas, desenvolvidos para atender ao consumidor das classes mais baixas, não costumam ter o resultado esperado, sobretudo no Brasil. Um estudo recente realizado por Parente[18] mostrou que seu posicionamento excessivamente voltado para preços baixos não oferece uma proposta de valor suficientemente atrativa para esses consumidores. A idéia de que para o público de baixa renda o preço é fundamental contrastou com a realidade observada. Ficou claro que a variedade dos produtos, o ambiente das lojas, o atendimento e a confiança também são determinantes na escolha do local de compras. Tais variáveis interferem inclusive na criação da percepção de preços, chegando a fazer com que – embora os formatos supramencionados fossem efetivamente os que ofereciam os menores preços – o supermercado de vizinhança que melhor lidava com os demais atributos citados fosse tido como o de preços mais competitivos, quando na verdade era o mais caro.

O crédito representa uma poderosa ferramenta de acesso para os consumidores de baixa renda e, como tal, precisa considerar características específicas desse segmento, como a baixa bancarização, dificuldades em lidar com a complexidade e o "estoque" de dívidas. Na origem das decisões sobre táticas de preço, ofertas, promoções e crédito está a necessidade de compreender o comportamento dos consumidores para muito além da simples análise de variáveis socioeconômicas e demográficas. Além disso, cabe refletir a respeito do senso comum e das idéias preconcebidas acerca dos consumidores de baixa renda, principalmente sobre a forma como eles constroem sua percepção de preço e o papel das ofertas nessa construção: integrar e harmonizar os diversos elementos do composto mercadológico é tão importante quanto construir uma arquitetura de preços que contemple as táticas adequadas de precificação e as decisões de ofertas e promoções.

Os varejistas preocupam-se de tal forma com questões relacionadas a preços que dedicam a maior parte de seu tempo às cotações e negociações com os fornecedores, procurando obter economias na compra, por menores que sejam. Tendem a se tornar exímios compradores, quando, na verdade, necessitariam especializar-se em gerar vendas, conhecer melhor seu público-alvo, zelar pelo ambiente da loja, treinar e motivar funcionários e equilibrar as variáveis do marketing *mix* que afetam a competitividade, tais como sortimento, atendimento, apresentação e promoção.

---

[18] PARENTE, *op. cit.*

As organizações varejistas que desejem obter sucesso junto ao público de baixa renda precisam integrar e harmonizar todos os elementos de seu composto mercadológico. No que concerne às questões associadas ao preço, existem ainda outras ferramentas importantes e cruciais – ofertas, promoções e crédito – que estão diretamente relacionadas ao papel e às táticas de preço já comentadas.

# Capítulo 8
# APRESENTAÇÃO E VISUAL DE LOJA

## Maurício Gerbaudo Morgado
Professor de Marketing da FGV-EAESP
É Doutor em Administração de Empresas pela FGV-EAESP, Mestre em Administração de Empresas pela FEA-USP, pesquisador do GVcev e consultor de varejo

## Susana Zeido Ethur
Mestre em Administração de Empresas pela FGV-EAESP
Pesquisadora do GVcev – Centro de Excelência em Varejo

Cada vez mais cortejados pela mídia e pela internet, os consumidores buscam ambientes de loja inovadores, que transformem sua experiência de compra. Os varejistas, no entanto, muitas vezes esquecem os elementos de que dispõe no próprio ponto-de-venda, local onde a maioria das decisões de compra acontece.

Neste capítulo você estudará as possibilidades do ambiente, desde a fachada e a vitrine até as paredes, os expositores, as cores, a sinalização, a circulação, a iluminação e a apresentação de mercadorias e como tudo isso afeta na decisão de compra dentro do ponto de venda.

## Importância do ambiente de loja

Por apresentação de loja entende-se o conjunto formado por fachadas, vitrines, cores, equipamentos, iluminação, forma de exposição de mercadorias, utilização do espaço cúbico, pisos, teto, conforto térmico, música e som e demais elementos arquitetônicos responsáveis por produzir uma "atmosfera" de loja, que pode ser mais ou menos adequada às necessidades e anseios do consumidor e, conseqüentemente, ter maior ou menor capacidade de gerar vendas.

O ambiente das lojas desempenha papel fundamental na tarefa de captar a atenção do cliente, auxiliando sobremaneira no processo de venda, particularmente quando, como acontece nos dias de hoje, o consumidor é assediado por comunicação e estímulos cada vez mais sofisticados. Comerciais cada vez mais inteligentes, multimídia de alta qualidade pela internet, comunicação *on-line* por toda parte, programas de TV cada vez mais sedutores e até *outdoors* animados – diante desse cenário, não resta à loja outra alternativa senão apresentar um ambiente no mínimo cinematográfico ou teatral.

Na maior parte das categorias de produtos, as decisões de compra acontecem dentro do ponto-de-venda. Dificilmente salgadinhos, balas e iogurtes fazem parte das listas de compra dos (poucos!) clientes que se dão ao trabalho de elaborá-las. Assim, quanto mais prazer, estímulos, descobertas e interação com as mercadorias a apresentação da loja propiciar, maior o tempo de permanência do consumidor no estabelecimento e maiores as chances de venda do varejista. A integração de elementos decorativos, pisos, paredes, tetos e da própria apresentação dos produtos no ponto-de-venda com as estratégias de comunicação, precificação, localização comercial, linha de mercadorias e atendimento é fundamental para porporcionar ao consumidor uma experiência de compra condizente com o posicionamento de marca pretendido pela empresa. Em suma, o varejista não pode esquecer que a apresentação da loja é parte integrante de seu composto de *marketing*.

Para efeitos didáticos, o conjunto de elementos que formam o ambiente da loja pode ser dividido em externo e interno. Quando se trata do **ambiente externo**, a preocupação deve recair basicamente sobre a fachada e a vitrine. No caso do **ambiente interno**, é necessário ter em mente as paredes, os expositores, as cores, a sinalização, a circulação, a iluminação e a apresentação de mercadorias.

Nossa proposta é discutir como esses elementos do *marketing* de varejo, tidos como mais "femininos", devem ser cada vez mais observados e trabalhados no ponto-de-venda.

## Atmosfera de loja

O esforço deliberado de combinar elementos de loja como decoração, cores, texturas, pisos, iluminação, recursos teatrais e a própria mercadoria, buscando produzir efeitos emocionais no comprador, cria a chamada **atmosfera de loja**. Cada vez mais se reconhece a idéia de que a atmosfera da loja exerce maior influência sobre o comportamento de compra do que o próprio produto. Com efeito, é todo o clima criado no ambiente lojista que favorece a venda de mercadorias.

Por ser essa uma linguagem silenciosa, subliminar, ainda que capaz de gerar emoções, o consumidor (1) tem dificuldade de verbalizar os sentimentos que o espaço da loja desperta, (2) tem dificuldade de lembrar esses efeitos ao deixar o ambiente da loja e (3) é muito mais influenciado pela atmosfera da loja uma vez dentro desse ambiente do que, por exemplo, no momento de escolha da loja[1] na qual vai comprar.

Esse é um aspecto muitas vezes negligenciado pelos varejistas, apesar de o investimento na reforma e decoração dos pontos-de-venda ser talvez o mais pesado entre seus investimentos totais. Isso se deve a dois fatores. Primeiro, homens de negócio tendem a ser práticos e funcionais em seu pensamento; se fossem dotados de espírito poético, provavelmente não seriam homens de negócio. Por conta disso, tendem a menosprezar os fatores estéticos ligados ao consumo. Segundo, a atmosfera é uma linguagem silenciosa no processo de comunicação. Só recentemente se passou a reconhecer e estudar linguagens silenciosas como a corporal, a temporal e a espacial[2].

## Princípios básicos do *visual merchandising*

### A mercadoria é o *show*

Alguns ambientes varejistas, mesmo que de auto-serviço, inspiram os clientes a comprar. São lojas que fazem o consumidor pensar: "não posso sair daqui sem levar alguma coisa". Quando isso acontece, o varejista concretizou seu intento, podendo-se dizer que a *mercadoria é o show*. O *visual merchandising* tem por função transformar mercadorias em *show*, valorizá-las, fazê-las saltarem aos olhos do cliente. Não são o prédio, a nobreza dos materiais usados em sua construção, o renome do arquiteto ou a beleza dos equipamentos que, isoladamente, tornarão a loja um ambiente propício às vendas – todos esses são aspectos que devem agir, em conjunto, em favor da mercadoria, pois é ela que o consumidor deseja e é ela que deve aparecer.

### Fachada e vitrine

Devem ser vistos como os elementos que "puxam" o cliente para dentro da loja e, por terem missão tão nobre, devem ser tratados com especial atenção. A fachada e a vitrine são grandes responsáveis por transmitir o posicionamento da loja ao consumidor, apresentando sua proposta, a linha de mercadorias que comercializa e convidando o cliente a visitar seu espaço. Pichações, letreiros apagados ou sujos, mercadorias queimadas pelo sol, poeira e, muito importante, vitrines desatualizadas afastam os consumidores ou, no mínimo, não atraem novos.

---

[1] MASON, J. Barry; MAYER, Morris. L.; WILKINSON, J. B. *Modern Retailing:* Theory and Practice. Irwin: Boston, MA, 1993. p. 641.

[2] KOTLER, Philip. Atmospherics as a Marketing Tool. *Journal of Retailing*, v. 49, n. 4, inverno 1973-1974. 48-65pp.

## Visão

Trata-se do sentido mais utilizado pelo consumidor dentro da loja. É por meio dela que ele absorve, total ou parcialmente, as cores, a profundidade, as texturas, a iluminação, a altura e o calor do ambiente. Além disso, a visão capta os padrões de disposição da mercadoria e os elementos que fogem ao padrão determinado – louças ou toalhas coloridas destacam-se entre as brancas, uma camisa social chama a atenção entre as esportivas. A essa técnica se dá o nome de **padrão interrompido** (ver Figura 8.1), sendo utilizada com freqüência na exposição de mercadorias. É importante observar que uma mercadoria que fuja ao padrão simplesmente por estar desarrumada, torta ou mesmo caída no chão também chamará a atenção do consumidor, só que passando uma impressão de desleixo, descuido e baixa qualidade.

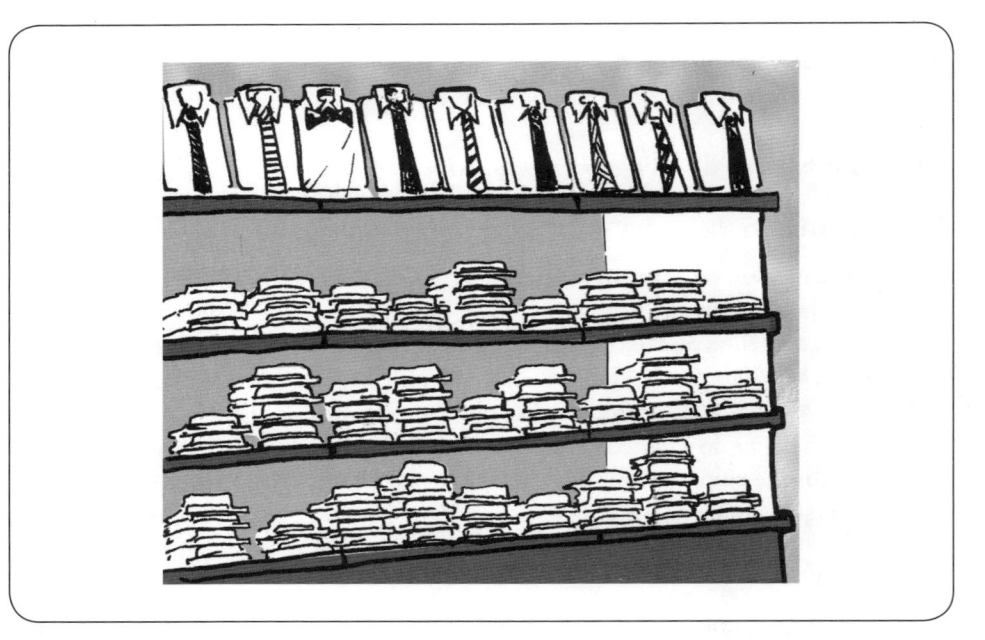

**Figura 8.1**  A gravata borboleta chama a atenção no conjunto da exposição.

## Ponto focal

Os olhos humanos captam, e o cérebro analisa, três dimensões. O foco de nossa visão é formado verticalmente e horizontalmente; além disso, somos capazes de notar a profundidade das imagens que enxergamos. Da perspectiva do *visual merchandising*, a maneira como vemos apresenta uma limitação: somos capazes de focar uma coisa por vez, um ponto por vez. Isso significa que o varejista, ao preparar um *display* ou uma vitrine, deve ter em mente tal limitação e escolher um objeto (normalmente um produto) a ser apresentado por vez. Da mesma forma que nossa visão é dirigida para o fundo da imagem, isto também ocorre dentro das lojas. A Figura 8.2 mostra como o ponto focal se forma dentro de um ambiente de loja.

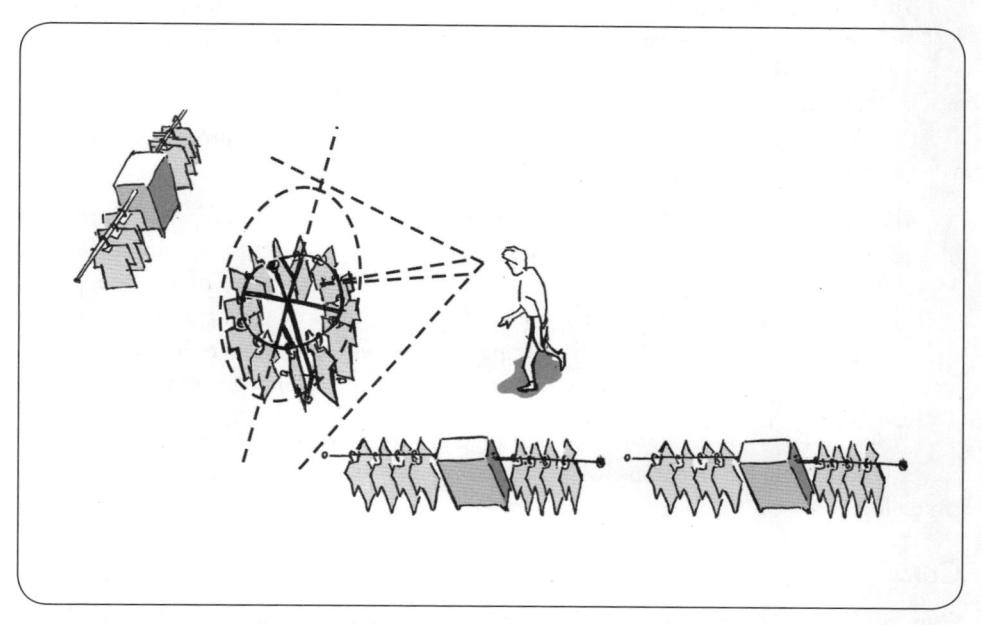

**Figura 8.2**   Nossos olhos são atraídos para certos pontos.

Considerando-se a altura média de um adulto e seu caminhar por uma loja, é possível identificar para onde seu olhar estará se dirigindo, formando quatro níveis distintos para onde o ponto focal pode convergir:

1) O nível mais frontal, que não requer movimentos da cabeça, é o que se pode chamar de **nível 1** do *visual merchandising*. Geralmente, é o nível mais valorizado das lojas, no qual os produtos de maior interesse (para vendas, descontos, imagem, etc.) devem ser expostos. Nos supermercados, normalmente é na altura dos olhos que se dispõem os itens mais caros, os líderes de categoria ou os de maior rentabilidade. Já no caso do Wal-Mart, por exemplo, é nessa altura que são expostos os itens mais baratos ou de marca própria, posição condizente com a imagem de preço baixo cultivada pela empresa.

2) Imediatamente abaixo desse nível, e exigindo um pequeno movimento para baixo da cabeça, localiza-se o **nível 2**. Essa segunda opção é o local normalmente reservado para os produtos não-líderes. Assim, quanto mais abaixo o produ-

to é colocado, maior a probabilidade de que tenha preço baixo ou de que não pertença à categoria de maior rentabilidade. No nível 2 também se costumam depositar produtos pesados (águas, refrigerantes de 2 litros), pois, caso viessem a cair de altura maior, causariam danos à loja e, o que é pior, aos clientes.

3) Enquanto para os níveis 1 e 2 não se esperam grandes movimentos de cabeça, nos níveis 3 e 4 esse esforço é maior. O **nível 3** é típico de sinalização aérea ou de produtos cujo manuseio e visualização completa seriam difíceis caso estivessem no nível do chão (um barco inflável, por exemplo). Como não se pode esperar que o consumidor alcance esses produtos por conta própria, é necessária a assistência do pessoal de vendas.

4) O **nível 4** não é muito explorado, mas, quando utilizado, costuma provocar forte impacto. Corresponde ao piso da loja, utilizado para sinalizar e raras vezes expor produtos. As "pegadas" do coelho de Páscoa ou produtos expostos abaixo de um piso transparente são bons exemplos de utilização desse nível de *visual merchandising*. Um exemplo marcante é a Centauro, loja de material esportivo que desenha uma pista de corrida no piso para orientar o fluxo dos clientes.

Na Figura 8.3, é possível visualizar como esses quatro níveis se manifestam dentro da loja.

## Cores

Com o objetivo de atrair psicologicamente os compradores para o *display* da loja, as cores são fáceis de coordenar, podendo ser utilizadas para transmitir a idéia de estilo e organização. Estão presentes em todos os elementos da loja, inclusive nas embalagens das mercadorias e nos cartazes promocionais. É o conjunto desses elementos que transmite sensações ao cliente – um ambiente pintado com tons pastéis, por exemplo, tenderia a ser mais relaxante que um outro que pendesse para cores mais vibrantes como o vermelho e o amarelo[3].

O sistema nervoso humano sente-se incomodado quando lida o tempo todo com cores como o azul-marinho e o vermelho. Aliás, muitos podem citar essas cores como suas preferidas, mas poucos as escolherão para pintar os ambientes de suas casas. Para lojas, as cores menos arriscadas são o branco, o bege e o azul-claro; contudo, é importante que outras cores também estejam presentes, inclusive para transmitir uma sensação de alegria e variedade ao cliente.

---

[3] Bellizi, Joseph A.; CROWLEY, Ayn E; hasty, Ronald W. The effects of color in Store Design, *Journal of Retailing*, v. 59, p. 21-45, 1983.

Capítulo 8 • Apresentação e Visual de Loja

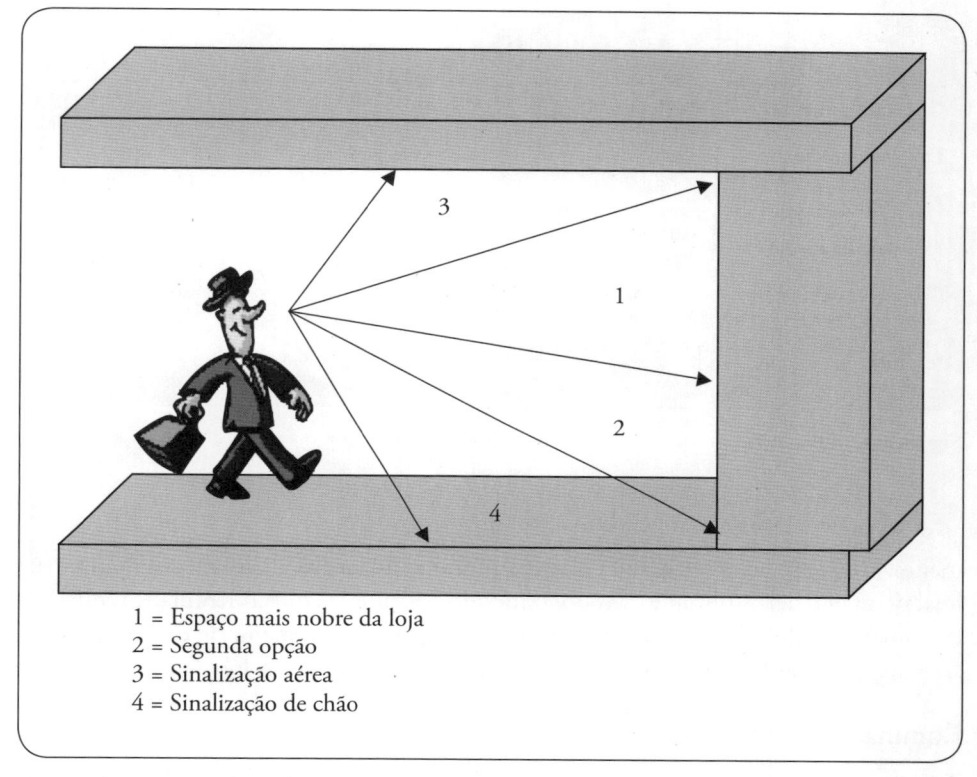

1 = Espaço mais nobre da loja
2 = Segunda opção
3 = Sinalização aérea
4 = Sinalização de chão

**Figura 8.3**   Quatro níveis de foco.

## Outros sentidos

Apesar de a *visão* captar a maioria dos estímulos dentro de uma loja, é sempre necessário lembrar que as pessoas se valem dos cinco sentidos quando estão comprando. A experiência de compra ficará mais excitante se for possível apelar, por exemplo, ao *paladar* do consumidor, fazendo-o degustar os mais variados produtos, desde um bom cafezinho ou uma bala até, dependendo do tipo de loja, sofisticados pratos. O *tato* igualmente poderá ser estimulado fazendo-se com que o consumidor toque nos produtos, aperte botões, enfim, movimente as mãos e o corpo dentro da loja, preferencialmente experimentando produtos. Sua *audição* também poderá ser incitada com som ambiente ou mesmo com música ao vivo, ambos devendo sempre ser adequados ao público-alvo da loja e preferencialmente de batida suave, para não acelerar o consumidor em suas compras[4]. Final-

---

[4]   BRUNER, Gordon C. Music Mood and Marketing, *Journal of Marketing*, p. 94-104, out. 1990.

| Influência das cores* ||
|---|---|
| **Cores quentes:** *Vermelho/Amarelo* | **Cores frias:** *Verde/Azul* |
| Decisões rápidas | Compras pensadas |
| Aceleram | Acalmam |
| Associadas a comida | Azul - pouca chance de errar |
| Compras com baixo envolvimento | Compras com alto envolvimento |
| *Considerar: paredes, produtos, cartazes ||

**Figura 8.4** Influência das cores no comportamento do consumidor.

mente, o *olfato* poderá ser usado de forma muito marcante se o varejista aromatizar sua loja, de preferência utilizando sempre o mesmo perfume, já que as lembranças olfativas costumam ser duradouras, podendo fixar-se para sempre na memória do consumidor. Um varejista brasileiro que trabalha muito bem com os aromas na loja é a Le Lis Blanc.

## Iluminação

A intensidade e o brilho da iluminação também são elementos importantes. Lojas de produtos eletroeletrônicos iluminadas pelas tradicionais lâmpadas fluorescentes trazem à mente do consumidor a idéia de preços baixos e, portanto, de uma relação custo-benefício provavelmente boa. Já uma loja de roupas iluminada pelo mesmo sistema talvez transmita a sensação de ser demasiadamente popular, uma vez que esse tipo de lâmpada não valoriza as cores e texturas dos tecidos, além de proporcionar um clima menos relaxante e agradável do que uma iluminação menos intensa[5].

Um exemplo de uso da iluminação para prestigiar a mercadoria pode ser observado nas lojas Extra, do grupo Pão de Açúcar. Nesses estabelecimentos, ao contrário da prática verificada no setor de alimentos, a iluminação da área de confecções é feita com lâmpadas de tons mais quentes e direcionadas à mercadoria. Esse detalhe, aliado a pisos e equipamentos diferenciados, cria destaque e valoriza os produtos.

Ao cuidar da iluminação da loja, o varejista deve ter em mente que as luzes compõem com as cores os materiais do ambiente (equipamentos, mercadorias, paredes, etc.). Há uma imensa variedade de tipos de lâmpadas no mercado, sendo que uma delas,

---

[5] MEER, Jeff. The Light Touch, *Psycology Today*, p. 60-67, set 1985.

ou mesmo a combinação de diversos modelos, melhor se adequará ao produto vendido. Até mesmo o direcionamento dos fachos de luz tem de ser estudado, salientando-se que jamais devem ser dirigidos aos olhos do cliente ou diretamente ao chão.

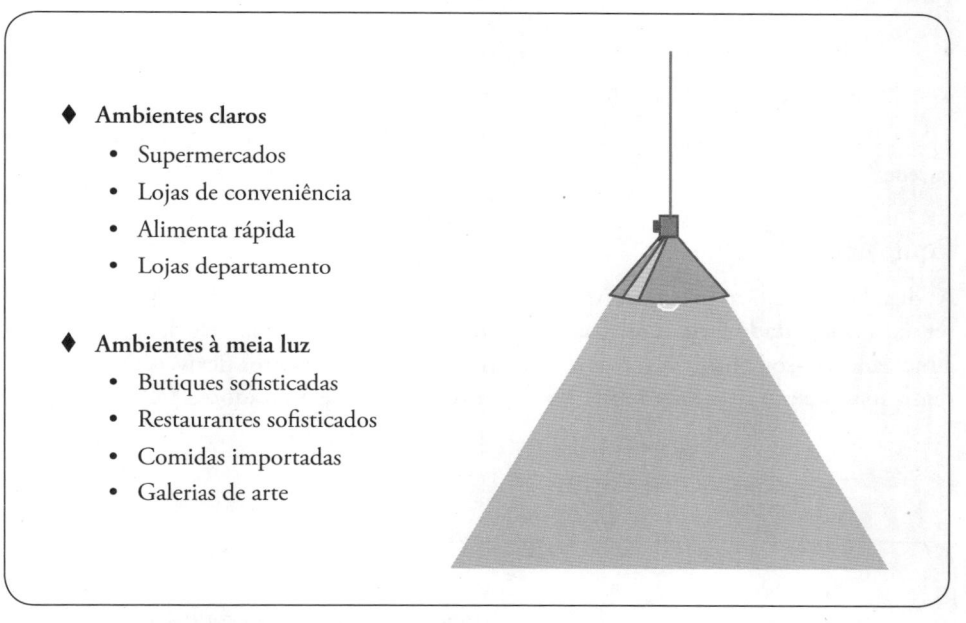

- ◆ **Ambientes claros**
  - Supermercados
  - Lojas de conveniência
  - Alimenta rápida
  - Lojas departamento

- ◆ **Ambientes à meia luz**
  - Butiques sofisticadas
  - Restaurantes sofisticados
  - Comidas importadas
  - Galerias de arte

**Figura 8.5**   Tipo de iluminação em diferentes ambientes.

## Espaço cúbico

Quando os consumidores chegam a uma loja espaçosa, com poucos itens expostos, automaticamente pensam que ali estão sendo vendidas mercadorias exclusivas, de alto preço e que o serviço prestado é acima da média. Contudo, se essa não for a estratégia da loja, seus espaços deverão ser reduzidos e o volume de mercadorias, aumentado. Tal medida, ao contrário da situação anterior, criará no consumidor uma sensação de preços baixos e, conseqüentemente, de menor exclusividade.

    O efeito da largura dos corredores também pode ser sentido. Corredores mais largos transmitem a sensação de que a loja oferece mercadorias mais caras, ao passo que corredores mais estreitos dão a impressão inversa.

    O uso do espaço cúbico pode ser observado comparando-se lojas como a C&A e a Zara. Enquanto a primeira utiliza o espaço intensivamente, transmitindo a idéia de preços baixos, a segunda reforça a exclusividade por meio da largura dos corredores e da pouca quantidade de mercadorias expostas.

Convém ressaltar que o uso do espaço cúbico não pode bloquear a visão do cliente. O ideal é que ele tenha uma visão total da loja de qualquer ponto em que esteja. O esquema da "escada" visual apresentado na Figura 8.6 mostra como isso pode ser feito, criando a sensação de uma loja bem abastecida, porém, sem obstruir a visão do cliente. Para cada um dos níveis é possível identificar equipamentos mais adequados:

- No nível A caberia uma vasca, típica das lojas populares.
- No nível B uma arara de quatro braços, por exemplo.
- No nível C, já colado à parede, poderia se instalar os próprios equipamentos de parede.

## Equipamentos

As duas características principais que um equipamento de exposição de mercadorias deve ter são a **capacidade de demonstrar o produto** e a **discrição**. Jamais ele deve se sobrepor à mercadoria –somente valorizá-la. Convém utilizar equipamentos flexíveis que se adaptem a mais de um tipo de produto e estilo de exposição de mercadorias. A facilidade de

"Escada" visual

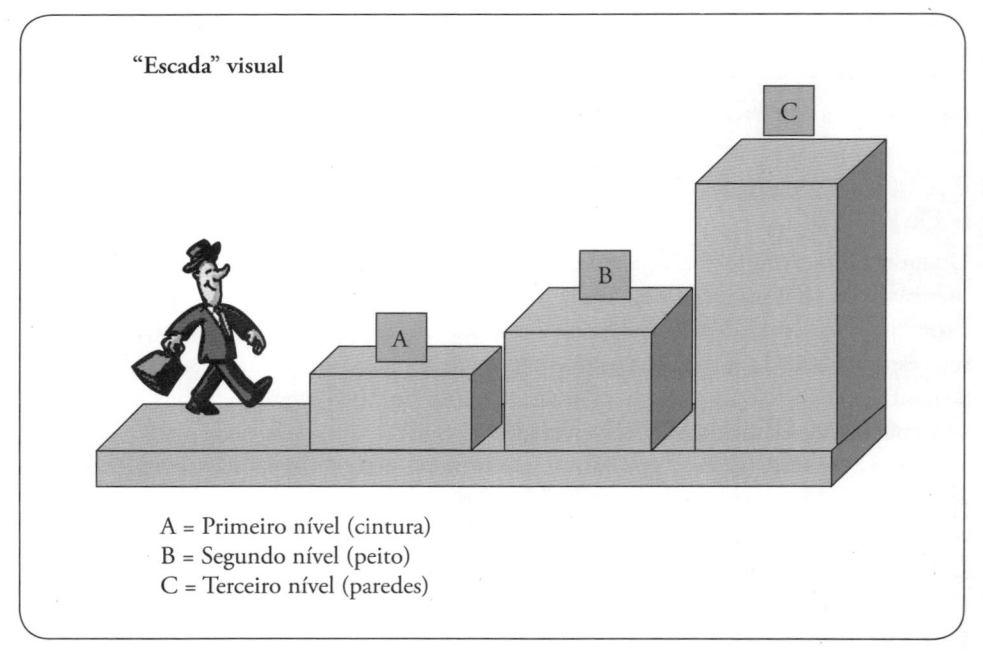

A = Primeiro nível (cintura)
B = Segundo nível (peito)
C = Terceiro nível (paredes)

**Figura 8.6** Níveis de disposição de produtos em uma loja.

limpá-los também é um ponto a ser considerado. Dessa forma, o lojista estará economizando e agregando versatilidade a seu negócio.

Os equipamentos de exposição também devem facilitar a vida do cliente, devendo ser simples de manipular e entender. Informações sobre tamanhos, cores, estampas e mesmo sobre preço e promoções podem vir nos próprios expositores.

## Provadores

Nas lojas de vestuário, as características dos provadores podem transmitir diversas impressões aos compradores. Espaço disponível, nível de privacidade, tipo de iluminação, cabides, espelhos e temperatura do ambiente são aspectos fundamentais para transmitir qualidade e valorizar a mercadoria que está sendo provada.

## Pisos e tetos

A escolha do piso da loja é sempre uma tarefa difícil. Trata-se de um investimento alto, e um erro de opção pode comprometer o resultado geral do *visual merchandising*. Os pisos devem ser fáceis de limpar e apresentar uma durabilidade condizente com o tráfego da loja. Carpetes tendem a reduzir a velocidade do passo do cliente e a valorizar mercadorias apresentadas na região em que o carpete esteja instalado. Pisos vinílicos e cerâmicos são fáceis de limpar, mas podem conferir um aspecto popular à loja. Muitos varejistas optam por uma combinação de dois ou mais tipos de piso. Pisos metálicos ou cerâmicos para as áreas com maior fluxo e carpetes em locais onde é necessário dar um toque mais aconchegante, por exemplo.

De maneira geral, as lojas com um acabamento de forro mais elaborado no teto dão a sensação de oferecer produtos de maior qualidade e preço, enquanto os varejistas que optam por não usá-lo tendem a ser vistos como mais populares. Entretanto, recursos de iluminação e telhados com visual agradável na face interna reduzem a necessidade de despesas com forro. Esse é o caso de hipermercados como o Extra e o Wal-Mart.

## Conforto térmico

Considerando-se o objetivo de prolongar ao máximo a permanência do cliente na loja a fim de aumentar as chances de que ele realize mais compras, o papel do ar-condicionado é fundamental. Mesmo lojas tidas como populares, como o Lojão do Brás e a Têxtil Abril, oferecem esse tipo de conforto. Não obstante, deve-se atentar para a manutenção da temperatura ideal – sempre em torno de 22° C[6].

---

[6] Griffit, William. Environmental Effects on Interpersonal Affective Behavior: Ambient Effective Temperature and Atraction, *Journal of Personality and Social Psychology*, v. 15, n. 3, p. 240-244, 1970.

## Apresentação das mercadorias

As mercadorias devem ser apresentadas por uso, tendo em vista a compatibilidade entre os diversos itens e, preferencialmente, lembrando o momento em que serão utilizadas pelo consumidor. Em se tratando de panelas, por exemplo, é muito mais interessante expô-las sobre fogões e perto de talheres e geladeiras, pois assim se estará criando um ambiente condizente com a situação de uso de tais produtos. Esse tipo de apresentação excita a imaginação do cliente, fazendo-o visualizar como o produto ficaria em sua casa.

Apesar de tal apresentação consumir mais espaço na loja, quanto mais o consumidor puder circular em torno da mercadoria, vendo-a de três dimensões, melhor será. É claro que para alguns produtos que tenham um dos lados pouco atraente (como os televisores, por exemplo), essa regra não funciona. De qualquer forma, com um pouco de imaginação até mesmo as caixas dos fornecedores podem ser usadas na apresentação das mercadorias, particularmente no caso de hortifrutigranjeiros.

Deve-se tomar cuidado com o exagero de cartazes de ofertas e descontos, pois podem produzir o efeito inverso do pretendido, provocando a desconfiança do cliente. Outro ponto importante a lembrar é o destaque que deve ser dado aos itens que geram vendas complementares: brinquedos chamam a venda de pilhas, abajures de lâmpadas, macarrão de molho de tomate, e assim por diante.

Uma loja com seções bem marcadas, nas quais o consumidor se localize com facilidade e obtenha as informações do produto que deseja, estará prestando um melhor serviço pois poupa tempo e transmite a sensação de conforto e auto-suficiência.

## Caixas e setor de presentes

Os dois últimos espaços da loja que necessitam de cuidados especiais e de um toque teatral são a área dos caixas e o setor de presentes. O consumidor não pode se desapontar. Quando a mercadoria, especialmente em se tratando de alimentos e roupas, é levada até o caixa, a iluminação não pode ser descuidada, devendo manter minimamente as cores que o cliente viu na área de vendas[7].

Também fazem parte das preocupações de *visual merchandising* a área de embalagens para presente e o cuidado com a qualidade dos papéis e embalagens utilizados. Nesse último momento de contato com a loja, o cliente não pode ser decepcionado, razão pela qual essa derradeira experiência tem de ser condizente com a imagem e o posicionamento da empresa.

## Padrões de tráfego

O desenho do piso e dos corredores da loja pode ser utilizado para direcionar o tráfego de clientes. Uma vez que o consumidor siga os caminhos determinados pelo lojista, este deverá se aproveitar dos chamados "pontos quentes" da loja, aqueles em que há maior

---

[7] Weishar, Joseph. *Design for Effective Selling*. McGraw-Hill: New York, 1992. p. 24.

fluxo de pessoas, ali destacando os itens de compra por impulso[8]. A Figura 8.7 ilustra os padrões de tráfego de um piso de uma loja de departamentos.

Ao estudarmos os padrões de tráfego, devemos lembrar que a maioria das pessoas residentes em países cuja mão de direção é a da direita tenderá a iniciar seu giro pela loja pelo lado direito, desde que não tenha destino determinado.

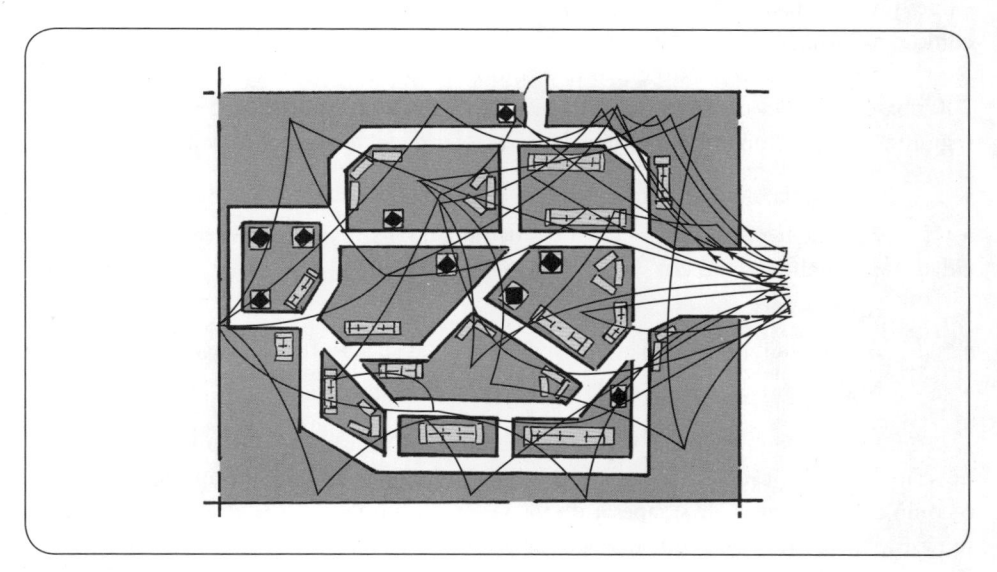

**Figura 8.7** Padrão de tráfego de uma loja.

## Estratégias de comunicação dentro do PDV voltadas para o segmento de baixa renda

Os exemplos precedentes apresentados neste capítulo tentaram explicar o papel que o ambiente da loja exerce sobre o processo de compra. Compradores podem escolher vendedores tanto pelo seu ambiente de loja como por seus produtos. Com efeito, as pessoas estão ficando mais preocupadas com a aparência do ponto de venda e com a experiência que vivem dentro das lojas do que com os produtos que estas oferecem.

Nesse sentido, o sucesso de uma estratégia de comunicação de *marketing* dentro do ponto-de-venda está diretamente ligado ao pleno conhecimento do comportamento cultural do segmento ou *target* em que uma empresa atua. Perguntas como o tamanho do

---

[8] Sorensen, Herb. Location is Important but It's not Everything. *Marketing Research*, p. 31-35, out. 2003.

segmento, que tipo de experiências esse público procura, como intensificar as crenças e reações emocionais desses compradores precisam estar claras para o varejista, a fim de que um bom plano estratégico possa ser implantado.

Todos esses preceitos são também válidos para o mercado de baixa renda, e desde que o economista indiano C. K. Prahalad lançou o livro *A riqueza na base da pirâmide*, os empresários têm olhado com mais atenção para os consumidores de baixa renda.

Com o intuito de melhor conhecer esse segmento, empresas vêm lançando mão de pesquisas de mercado, a fim de melhor desenharem tanto suas estratégias de negócios como suas estratégias de comunicação.

Foi sob esse contexto que o Instituto Data Popular, por meio de sua pesquisa de 2005 baseada no levantamento do PNAD/IBGE de 2001, pôde fornecer ao mercado os seguintes dados demográficos sobre a baixa escolaridade do segmento de baixa renda:

- Em média, o adulto brasileiro tem apenas 6,7 anos de escolaridade.
- 77% dos brasileiros não possuem habilidades matemáticas básicas, como a capacidade de ler gráficos e tabelas.
- Apenas 29% lêem preços.
- Apresentam dificuldades com argumentos abstratos, textos longos e complexos.
- Necessitam de repetição, de reforço com elementos visuais.

Diante de tal cenário, o grande desafio de comunicação das empresas atuantes nesse nicho de mercado é transmitir mensagens sem infantilizar o consumidor, tratando-o como adulto, senhor de si, apesar de todas as suas limitações. Cabe aos varejistas criar um estilo de comunicação que dialogue com a baixa escolaridade desse público.

## *Visual merchandising* para a baixa renda – o que fazer?

A preocupação com o ambiente lojista tendo em vista esse segmento extremamente sensível ao preço não é recente, já que a "organização" da loja interfere diretamente em sua percepção de preço.

A seguir são apresentadas algumas sugestões de estratégias de comunicação e de visual merchandising para o público baixa renda. Tais sugestões levam em conta as referências estéticas e culturais desse público.

## Recursos orais para facilitar e reforçar a comunicação

A comunicação oral dentro da loja, apesar de não ser a primordial, nos remete à necessidade de estimular também os demais sentidos do consumidor de baixa renda. Não é de hoje que encontramos locutores às portas de estabelecimentos voltados para a baixa renda, cantando *jingles* institucionais e promocionais, bem como apresentando ofertas ou atraindo e brincando com o publico. Inúmeras lojas dos centros das cidades ou de bairros periféricos – sejam elas grandes ou não, pertencentes ou não a redes – vêm utilizando esse tipo de recurso há muito tempo.

Para que o varejista obtenha um melhor retorno com essa estratégia, os seguintes aspectos precisam ser levados em conta:

- **Uso da repetição**

Por meio de rimas, o interlocutor necessita repetir constantemente o nome da loja durante suas locuções, bem como pronunciar repetidamente a mensagem que deseja passar, para que o público de baixa renda consiga reter na memória o nome da empresa e sua mensagem.

- **Recursos musicais**

Em vez de utilizar músicas populares no ambiente da loja, os varejistas precisam lançar mão de *jingles* temáticos com o mesmo refrão para todas as grandes campanhas comerciais. Para conseguir uma maior atenção desse público, as mensagens dos *jingles* devem ser chamativas, alegres e alto-astral.

O lojão do Brás utiliza esse recurso em suas promoções minuto.

**Figura 8.8**   Promoção minuto do Lojão do Brás.

**Figura 8.9** Fachada e organização de loja simples, utilizando símbolos e linguagem familiar ao consumidor de baixa renda.

## Mensagens alegres, muita cor

No intuito de atrair a atenção do consumidor de baixa renda, a comunicação visual no interior da loja precisa transmitir mensagens alegres e com muita cor. A exposição de *banners* e cartazes coloridos, bem como de produtos separados por cores, ou ainda a utilização de balões de festa auxiliam os varejistas nesse sentido. O ambiente lojista do CompreBem, do grupo Pão de Açúcar, é um bom exemplo.

## Recursos visuais para facilitar e reforçar a comunicação

Além dos elementos decorativos mencionados anteriormente, apresentamos, a seguir, outros aspectos visuais que também devem ser desenvolvidos no ambiente da loja:

- **Ilustrações**

O uso de ilustrações pode ser uma ferramenta útil para o varejista quando ele deseja facilitar o entendimento de suas mecânicas promocionais. Em vez de lançar mão de *folders* internos com uma linguagem escrita muito pesada, desenhos e esquemas substituindo frases ou palavras auxiliam no entendimento desse consumidor.

- **Vocabulário simples**

Para que o varejista possa obter uma maior atenção de seus clientes, toda e qualquer comunicação escrita dentro de um ponto–de-venda necessita apresentar um vocabulário simples e condizente com o universo de seu consumidor. Palavras como diversão, em lugar de lazer, e mistura, em lugar de refeição, deveriam ser empregadas.

## Sinalização como necessidade de reforço

Os consumidores de baixa renda precisam de informações corretas e imediatas sobre os produtos e preços tanto dentro como fora das lojas. Uma comunicação clara e concisa facilita sua decisão de compra. É por causa dessa necessidade que uma loja precisa apresentar um visual limpo, objetivo e padronizado.

Nesse sentido, os varejistas necessitam ter a consciência de que os produtos expostos devem estar sempre alinhados e as indicações dos respectivos preços precisam ser claras, objetivas e estar dispostas de forma adequada. A Figura 8.10 exemplifica esse tipo de sinalização.

**Figura 8.10**   Uso de cor no ponto de venda.

## Fartura, preço baixo e promoção

Segundo a mesma pesquisa de 2005 do Instituto Data Popular, comentada anteriormente, a fartura foi apresentada como um valor importantíssimo para os consumidores de baixa renda, pois faz com que se sintam distantes do mundo das necessidades e, por conseguinte, não pareçam pobres. Como meio de reafirmação da dignidade da família, a fartura é considerada muito importante, sobretudo na interação com amigos, vizinhos e a sociedade.

Cientes da importância da fartura no cotidiano desse consumidor, podemos observar vários varejistas atuantes no segmento de baixa renda trabalhando bem esse conceito. As Figuras 8.11 e 8.12 exemplificam o uso da fartura na exposição.

A exploração do exagero visual, com um grande número de produtos em exposição e em todas as comunicações, é uma prática muito comum e conhecida. Logo, não se pode deixar de lado um aspecto estratégico tão bem trabalhado. Um exemplo de uso do exagero visual é o da Figura 8.13

**Figura 8.11** Sem dúvidas quanto ao preço.

Capítulo 8 • Apresentação e Visual de Loja

**Figura 8.12** Fartura ao expor produtos.

**Figura 8.13** Exagero visual.

Para que o sentido de fartura seja despertado nos consumidores de baixa renda, a apresentação de uma grande quantidade de produtos em oferta, bem como exposições com forte apelo promocional, devem ser utilizadas.

Cultivar um clima de festa na loja também ajuda a atrair o consumidor popular, conforme visto na Figura 8.14.

**Figura 8.14**  Ambiente de festa nas Casas Bahia.

# RESUMO

O espaço da loja é um poderoso instrumento de comunicação e pode ser utilizado para estimular e entreter o consumidor, aumentando o consumo e seu nível de satisfação com a empresa. O varejista deve estar atento para as ferramentas e técnicas de *visual merchandising*, que, no ambiente cada vez mais competitivo que o varejo enfrenta, podem possibilitar a obtenção de ganhos significativos de mercado.

Em suma, a loja deve ser vista como um palco em que as mercadorias dão o *show*. E, já que estamos falando em termos teatrais, o varejista deve se valer de técnicas de iluminação, cenografia, acústica para criar ambientes sedutores e adequados a um consumidor cada vez mais exigente, independentemente de sua classe social ou poder aquisitivo.

      Seja qual for o segmento em que o varejista atue, o planejamento estratégico da ambientação de sua loja, bem como a comunicação a ser utilizada, partem dos mesmos princípios expostos no início deste capítulo. A chave para o sucesso de uma boa ambientação e comunicação lojista está no pleno conhecimento das expectativas, comportamentos, cultura e experiências dos consumidores que se deseja atingir.

# Capítulo 9
# LOCALIZAÇÃO VAREJISTA

## Juracy Parente
Ph.D. em Administração de Empresas pela University of London
Professor de Marketing da FGV-EAESP e coordenador do GVcev – Centro de Excelência em Varejo – da FGV-EAESP

## Heitor Kato
Doutor em Administração de Empresas pela FGV-EAESP
Professor adjunto do PPAD / Escola de Negócios da PUC-PR

> A localização adequada da loja é uma das decisões mais importantes do varejista. É pré-requisito para uma operação bem-sucedida e rentável, contribuindo para assegurar um retorno satisfatório sobre o investimento realizado. Conheça aqui os conceitos e as técnicas que ajudam o varejista a tomar decisões acertadas quanto às suas estratégias e táticas de localização, atentando especialmente para os cenários de baixa renda.

Este capítulo apresentará conceitos e técnicas que ajudam o varejista a tomar decisões corretas quanto às suas estratégias e táticas de localização, dando especial atenção aos cenários de baixa renda. O capítulo está ordenado em seis partes: iniciamos com uma breve introdução ao tema da localização varejista na baixa renda, ressaltando as oportunidades contidas nesse mercado promissor. Na segunda parte, mostramos o inter-relacionamento entre o comportamento do consumidor, os formatos varejistas e a localização da loja. As duas partes seguintes apresentam as decisões estratégicas concernentes à localização varejista, e as duas partes finais tratam dos aspectos da análise e seleção dos mercados varejistas e da avaliação do ponto.

Seja qual for o segmento de renda, a localização da loja constitui uma das decisões mais cruciais atinentes a um varejista. Diferentemente de outras variáveis do composto de varejo (como preço, *mix* de produtos, promoção, apresentação, atendimento e serviços), que podem ser alteradas ao longo do tempo, a localização de uma loja não pode ser modificada. Um erro na seleção do ponto significa uma enorme desvantagem competitiva para a loja, exigindo esforços mercadológicos e muitas vezes sacrifícios de margem que levam a prejuízos operacionais. Por outro lado, a escolha acertada do local torna-se o pré-requisito para uma operação exitosa e rentável, garantindo um retorno satisfatório sobre o investimento realizado.[1] A exemplo das demais decisões do composto varejista, a seleção da localização da loja deverá estar de acordo com o posicionamento mercadológico adotado pela empresa, levando em conta os segmentos que constituem seu mercado-alvo.

## Mercado promissor, mas ainda pouco visível

Ao longo da segunda metade do século XX, o Brasil transformou-se em um país predominantemente urbano.[2] Nessas últimas décadas, a forte migração de grandes contingentes populacionais oriundos da área rural, com pouca educação e qualificação profissional, foi o fator propulsor da rápida expansão demográfica das metrópoles brasileiras. As regiões que acolheram essa população, geralmente áreas periféricas das cidades, foram se convertendo em bairros populosos que, apesar da baixa renda, representam expressivos mercados de consumo. Muitos desses bairros ainda se encontram em processo de consolidação, registrando intenso ritmo de crescimento populacional. A Figura 9.1 ilustra esse fenômeno, ao mostrar o mapa da capital paulista dividido em distritos (as três primeiras letras ajudam a identificar seus nomes) e indicando o nível de renda de cada um deles.[3] Ao observar esse mapa, fica evidente a concentração geográfica das populações de baixa renda[4] nas regiões periféricas da cidade.

---

[1] SALVANESCHI, Luigi. *Location, Location, Location:* how to select the best site for your business. New York: Oasis Press, 1996.

[2] Em 1980, com 68% da população morando em cidades, o Brasil já era um país predominantemente urbano. Em 2000, esse porcentual já havia subido para 81%, restando na zona rural apenas 19% dos brasileiros. Fonte: IBGE – www.ibge.gov.br/home/estatistica/populacao/censohistorico.

[3] Com base nos dados do Censo IBGE 2000 e da Prefeitura de São Paulo. Disponível em: http://www9.prefeitura.sp.gov.br/sempla/md.

[4] Considerando-se domicílios com renda familiar mensal inferior a R$ 2.000. Essa é um das faixas em que o IBGE classifica níveis de renda.

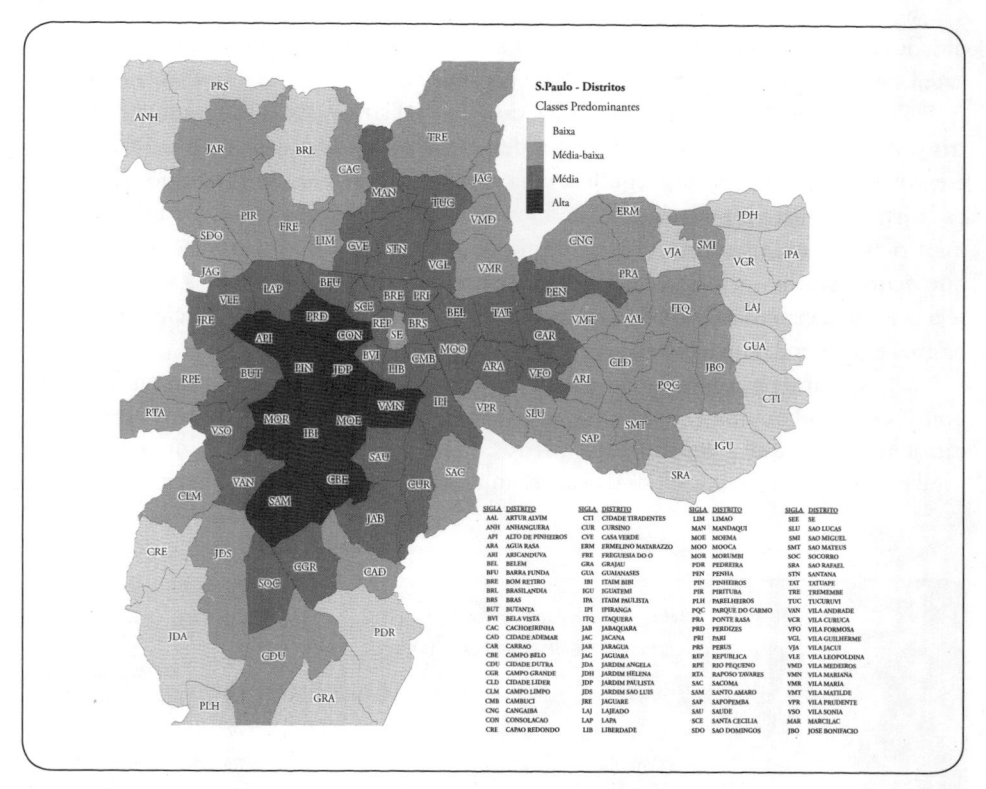

**Figura 9.1** São Paulo em distritos e nível de renda.

Fonte: Mapa cedido por cortesia de Parente Varejo & Pesquisa.

A exemplo do que ocorre nos demais mercados brasileiros, na maior cidade do país a importância do mercado de baixa renda assume dimensões muito expressivas. Como indicado no mapa da Figura 9.1, dos 96 distritos em que está subdividida a cidade de São Paulo 52 são predominantemente regiões de baixa renda. A população desses 52 distritos representa quase 70% dos 11 milhões de habitantes da cidade e constitui um auspicioso e crescente mercado consumidor, principalmente de produtos essenciais, como alimentos, remédios e materiais de construção. Estima-se, por exemplo, que esse segmento seja responsável por mais da metade dos gastos com compras de alimentos da cidade, segundo dados do IBGE-POF.[5] O grande potencial de mercado e o rápido crescimento demográfico verificados nos bairros de baixa renda indicam enormes oportu-

---

[5] Fonte: IBGE – POF.

nidades comerciais nesses segmentos. Para explorar esse mercado promissor, as empresas varejistas deverão localizar-se perto desses consumidores.

O Quadro 9.1 apresenta dados dos cinco distritos mais ricos e dos cinco distritos mais pobres da cidade. A análise desses dados ajuda a descrever a dinâmica do crescimento, da ocupação geográfica e da distribuição social de São Paulo. Enquanto os bairros de baixa renda acusam um crescimento extremamente acelerado, os bairros mais ricos mostram um pequeno declínio populacional. De certa forma, o fenômeno que ocorre em São Paulo também é registrado nas demais metrópoles brasileiras; ou seja, a grande expansão das novas oportunidades de mercado ocorre principalmente nos bairros e segmentos de baixa renda.

Apesar de promissor, o mercado de consumo das regiões de baixa renda ainda é pouco conhecido e quase invisível para boa parte dos empresários varejistas. Essa situação acontece porque a expansão dos bairros de baixa renda é relativamente recente, em geral ocorrendo longe dos olhos da classe empresarial brasileira, habituada a conviver nas

### Quadro 9-1 – São Paulo – Comparativo em amostra de distritos: os mais ricos e os mais pobres

| | Distrito | População × mil hab. | % da população de baixa renda | Renda média familiar em R$ ao mês | Hab./ domic. | Taxa de crescimento anual 1991-2000 |
|---|---|---|---|---|---|---|
| Mais pobres | LAJ – Lajeado | 157,7 | 81% | 716 | 3,88 | 3,80 |
| | JDA – Jardim Ângela | 246,2 | 80% | 747 | 3,78 | 3,63 |
| | PLH – Parelheiros | 102,9 | 79% | 789 | 3,94 | 7,07 |
| | JDH – Jardim Helena | 139,1 | 78% | 767 | 3,80 | 1,81 |
| | GRA – Grajaú | 334,0 | 77% | 784 | 3,85 | 6,22 |
| Mais ricos | MOR – Morumbi | 34,6 | 18% | 8.483 | 3,60 | −1,61 |
| | VMN – Vila Mariana | 124,2 | 14% | 4.677 | 2,85 | −0,79 |
| | IBI – Itaim Bibi | 81,7 | 13% | 5.587 | 2,76 | −3,04 |
| | JDP – Jardim Paulista | 83,8 | 8% | 6.801 | 2,56 | −2,30 |
| | MOE – Moema | 72,0 | 7% | 7.402 | 2,73 | −0,90 |

Fonte: Censo IBGE 2000/Prefeitura de São Paulo. Disponível em: http://www9.prefeitura.sp.gov.br/sempla/md.

regiões centrais da cidade ou em pólos varejistas de maior poder aquisitivo. Os empresários do varejo não costumam freqüentar ou trafegar nos bairros de baixa renda, ficando circunscritos aos bairros mais ricos e aos centros comerciais de maior prestígio. Muitos deles jamais circularam por bairros populares, sendo que tal distanciamento os separa da possível identificação de novos locais com potencial para empreendimentos futuros.

A esse isolamento geográfico acrescente-se o forte preconceito social da sociedade brasileira. É como se um sentimento, talvez inconsciente, de decadência ou perda de prestígio e *status* fosse aflorar caso determinada empresa resolvesse direcionar seus esforços no sentido de atender às necessidades das classes mais baixas. O sucesso e o prestígio conquistados pelas Casas Bahia têm ajudado a quebrar esse paradigma.

## Comportamento de compra e formatos varejistas

Um dos pontos que devem ser considerados no estudo da localização da loja é o comportamento de compra dos consumidores, que nos segmentos de baixa renda é fortemente influenciado por sua menor mobilidade, visto que a posse de automóvel ainda é restrita. Segundo dados da Latin Panel[6], o porcentual de famílias providas de carro é de 44% na classe C e de apenas 4% nas classes D e E.

Vários estudos mostram que, para pequenos volumes de compras, os consumidores optam por lojas menores mais próximas de sua residência (LatinPanel).[7] Isso ocorre porque, para o consumidor de baixa renda, a locomoção representa um gasto relativamente alto considerando-se seus rendimentos, de modo que, se o volume de compras não for muito alto, o custo do deslocamento poderá não compensar as economias que ele poderia encontrar em lojas maiores.

Outro fator que explica o favorecimento das pequenas lojas vizinhas por parte dos consumidores de baixa renda é o crédito informal que lhes é concedido, o que lhes permite adquirir produtos mesmo quando não têm o dinheiro no momento da compra ou condições de dispor de um crédito formal. No varejo de alimentos, esses dois aspectos – altos custos de locomoção e crédito informal – são os fatores fundamentais que explicam a preferência dos consumidores de baixa renda pelas lojas localizadas na vizinhança de seus lares.

Há uma grande quantidade de pequenas lojas de produtos alimentícios ou de consumo não-durável (como mercadinhos e farmácias) espalhadas nas regiões de baixa renda. Devido à baixa mobilidade dos clientes, as vendas desses pequenos estabelecimentos dependem do limitado potencial de mercado verificado em sua restrita área de influência. Tais características inibem o crescimento em tamanho dessas lojas. O mapa da Figura 9.2 ilustra essa característica de localização relativamente a um grande número

---

[6] FIORATTI, Ana. Varejo na baixa renda: oportunidades e desafios, In: seminário do GVcev a 20 de agosto de 2005, em São Paulo, com base em pesquisas realizadas pela Latin Panel.

[7] FIORATTI, *op. cit.*

de pequenas lojas de produtos não-duráveis. Na região de baixa renda representada no mapa, situada na cidade de São Paulo, além da presença de quatro supermercados de porte médio verificam-se 46 outras pequenas unidades varejistas: 4 minimercados, 19 mercearias, 5 padarias, 8 açougues, avícolas e peixarias, 6 lojas de *bomboniére*, doces e sorvetes e 4 *pet shops*.

O tipo de localização varejista adequado dependerá do comportamento de compra dos clientes, que, por sua vez, varia de acordo com seu nível de renda, o setor varejista e também o porte da loja. No varejo de não-alimentos, os *shopping centers* tornaram-se a localização preferida dos lojistas que atendem aos segmentos de maior poder aquisitivo. Já para os segmentos de baixa renda, os pólos varejistas de rua constituem a localização mais adequada para lojistas de não-alimentos que vendem produtos de consumo durável (como eletrodomésticos) e de compra comparada (como confecções), bem como para os supermercados de porte médio. Devido ao baixo índice de consumidores com carro, esses pólos têm se desenvolvido ao longo de corredores de transporte coletivo ou em torno de terminais de ônibus.

## Estratégias geográficas de expansão e localização

Uma das principais decisões estratégicas de localização refere-se ao grau de concentração geográfica das unidades da rede varejista. Nesse sentido, podemos identificar as seguintes estratégias: *dispersão geográfica* e *concentração geográfica*.

### Dispersão geográfica

Essa estratégia, como o próprio nome indica, consiste na localização das unidades varejistas em várias cidades e regiões, minimizando o número de unidades por região. Procura diminuir os riscos associados à concentração de todas as atividades de uma empresa em uma única cidade ou região. Eis exemplos de riscos que procuram ser minimizados pela "Estratégia de Dispersão":

- Catástrofe climática em uma região – como, por exemplo, a ocorrência de enchentes – e suas respectivas conseqüências econômicas
- Declínio ou crise econômica em uma região
- Chegada de novos e fortes concorrentes

Um exemplo de empresa que adota a Estratégia de Dispersão são as Lojas Americanas, rede varejista que opera cerca de 200 lojas no formato de "variedade" (ou miniloja de departamentos), espalhadas pelas principais cidades do país, em 19 Estados e no Distrito Federal. Possui três centros de distribuição, em São Paulo, Rio de Janeiro e Recife, atuando também no comércio eletrônico, por intermédio do *site* Americanas.com. A rede comercializa mais de 50 mil itens de 4 mil fornecedores diferentes.

Capítulo 9 • Localização Varejista

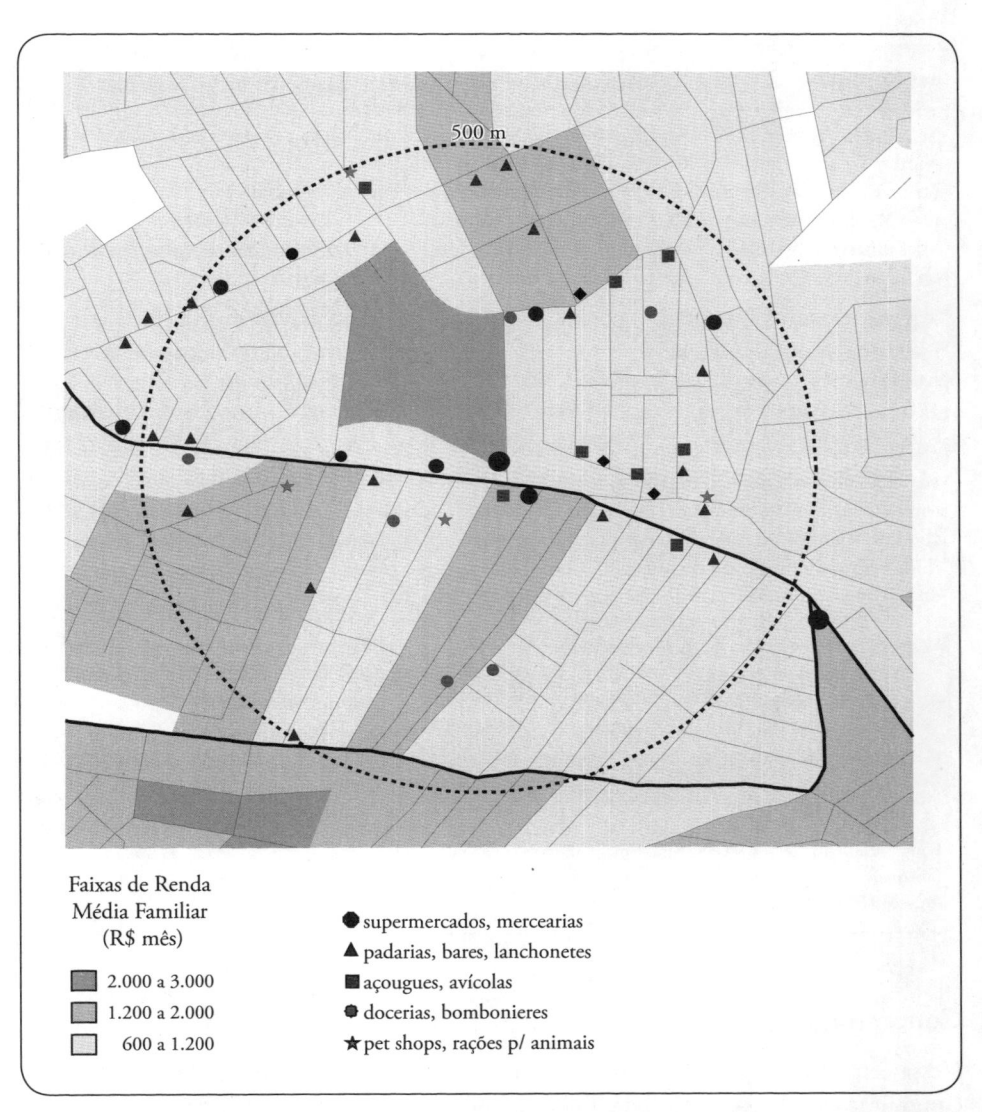

Faixas de Renda
Média Familiar
(R$ mês)

▪ 2.000 a 3.000
▪ 1.200 a 2.000
▫ 600 a 1.200

● supermercados, mercearias
▲ padarias, bares, lanchonetes
■ açougues, avícolas
⬣ docerias, bombonieres
★ pet shops, rações p/ animais

**Figura 9.2** Grande número de lojas de pequeno porte espalhadas em bairro de baixa renda de São Paulo

Fonte: Mapa cedido por cortesia de Parente Varejo & Pesquisa..

Varejo para a Baixa Renda

> **Quadro 9.2 – Emergentes do varejo popular disputam as classes C e D**
>
> Sem grifes para exibir nas vitrines nem grandes campanhas publicitárias, nomes como Galinha Morta, Torra Torra, Têxtil Abril ou Lojão do Brás, estranhos para quem está acostumado a freqüentar o circuito dos *shoppings*, avançam cada vez mais no cobiçado mercado da baixa renda. Camisetas a R$ 4,50, camisas por R$ 13 e promoções-relâmpago de edredons a R$ 12 lotam essas e outras lojas emergentes voltadas para o público das classes C e D, localizadas em pólos comerciais de rua, na Grande S. Paulo, como nos pólos do Pari, Brás e no centro de Osasco.
>
> A Galinha Morta incorpora no próprio nome o espírito da empresa: vender calçados e acessórios a preço de pechincha. "Galinha morta é sinônimo de oportunidade imperdível, um negócio da China", explica um dos diretores da empresa, Marcel Ulrych. "Não dá para vender uma sandália de R$ 100 ou mais porque entro na faixa dos *shoppings*", diz Ulrych. A marca hoje está no Brás, Tatuapé, Osasco, Bom Retiro, Lapa e Vila Mariana.
>
> No meio da moderna loja de 10 mil metros quadrados localizada no bairro do Pari, onde vende roupas e produtos domésticos, Francisco de Freitas, fundador da Têxtil Abril, se mistura com os clientes. Além de estar de olho nos preços dos concorrentes, Freitas investe na conquista do consumidor para se diferenciar no mercado. Oito microônibus, com ar-condicionado e circuito interno de tevê, passam o dia trazendo passageiros de estações de metrô para a loja.
>
> Com foco nos públicos C, D e E, cerca de 85% dos funcionários das oito lojas do Lojão do Brás são nordestinos. E isso não só pelo perfil do bairro, povoado por migrantes do Nordeste. As raízes do proprietário da rede, o cearense Valdemar Bessa Filho, que chegou a São Paulo em 1976, também influenciam na contratação de mão-de-obra. Os clientes que entram na loja são atraídos por imensas bancas de peças de roupa em oferta. Dependendo do produto, elas concorrem até com os preços dos camelôs que tomam conta das ruas da região.
>
> Fonte: Adaptado de DANTAS, Vera. Emergentes do varejo popular disputam as classes C e D. *O Estado de S.Paulo* (*on-line*), 26 set. 2004. Disponível em http://clipping.planejamento.gov.br/Noticias.asp?NOTCod=153869. Acesso: 16 set. 2006.

## Concentração geográfica

Nessa estratégia, a empresa concentra suas unidades em uma única região geográfica, como uma cidade ou um Estado. Os varejistas que a adotam obtêm algumas vantagens: concentrando suas atividades em uma região, eles estabelecem uma maior sintonia com as preferências do mercado dessa área e, assim, conseguem atender mais plenamente às necessidades desses segmentos de consumidores. Ao ampliar sua fatia de mercado em uma dada localidade mediante a "Estratégia de Concentração", uma empresa obtém duas grandes vantagens competitivas:

• maior produtividade em relação aos custos fixos, como os custos de propaganda, treinamento e supervisão, e

- melhor ajuste de seu esforço mercadológico às necessidades dos consumidores da região, fortalecendo sua imagem, posicionamento estratégico e grau de lealdade entre eles.

Aqueles varejistas que adotarem essa estratégia e demonstrarem um alto grau de competência gerencial e competitividade mercadológica conseguirão também desencorajar a instalação de novos concorrentes na região.

Muita empresas bem-sucedidas, com o foco na baixa renda, adotam essa estratégia de concentração. A rede Leader Magazine, por exemplo, que atua com lojas de departamento, com produtos de vestuário, cama/mesa/banho e utilidades domésticas, concetra 28 de suas 30 lojas no Estado do Rio de Janeiro. Com essa estratégia, a empresa conseguiu forte presença, especialmente no mercado da Grande Rio, e, ao chegar próximo da saturação nesse mercado, estendeu sua atuação ao estado do Espírito Santo, onde mais recentemente instalou duas novas lojas.

## *Casas Bahia – uma vencedora estratégia de concentração geográfica*

Com vendas de 2006 estimadas em R$ 11.5 bilhões e contando com mais de 500 lojas, as Casas Bahia são o quarto maior varejista do Brasil, vindo logo após o grupo Pão de Açúcar, Wal-Mart e Carrefour. Trata-se da maior empresa brasileira deliberadamente posicionada no segmento de baixa renda, com toda a sua estratégia empresarial orientada para atender às necessidades de compra desse segmento. Uma avançada e inovadora política de concessão de crédito, prestações que "cabem no bolso do cliente", uma linha de móveis de marca própria desenhada de acordo com as preferências de seu público-alvo, um atendimento respeitoso que recupera a dignidade do consumidor, uma propaganda maciça que dialoga com as expectativas do seu mercado – todos esses ingredientes de uma inteligente estratégia mercadológica são apoiados por uma ousada e vencedora estratégia de localização, responsável pela posição de dominância que a empresa conquistou em seu segmento.

Desde o início de sua expansão, a rede emprega uma estratégia de concentração geográfica. Suas primeiras lojas foram concentradas na região da Grande São Paulo. A expansão para outros Estados só se iniciou após a empresa atingir um forte estágio de dominância de mercado no Estado paulista. Apesar de estar presente em nove Estados brasileiros, mais da metade de suas lojas – 525 unidades até junho de 2006 – encontra-se no Estado de São Paulo, com 150 só na região da Grande São Paulo e 94 concentradas na capital paulista.

O mapa (temático por renda) da Figura 9.3 mostra a localização da maior parte das 94 lojas localizadas na cidade de São Paulo. Observando esse mapa, fica patente a preferência das Casas Bahia por localizações em pólos comerciais de rua situados em regiões de baixa renda, razão pela qual a empresa consegue ser mais acessível e atingir mais plenamente seu público-alvo.

Varejo para a Baixa Renda

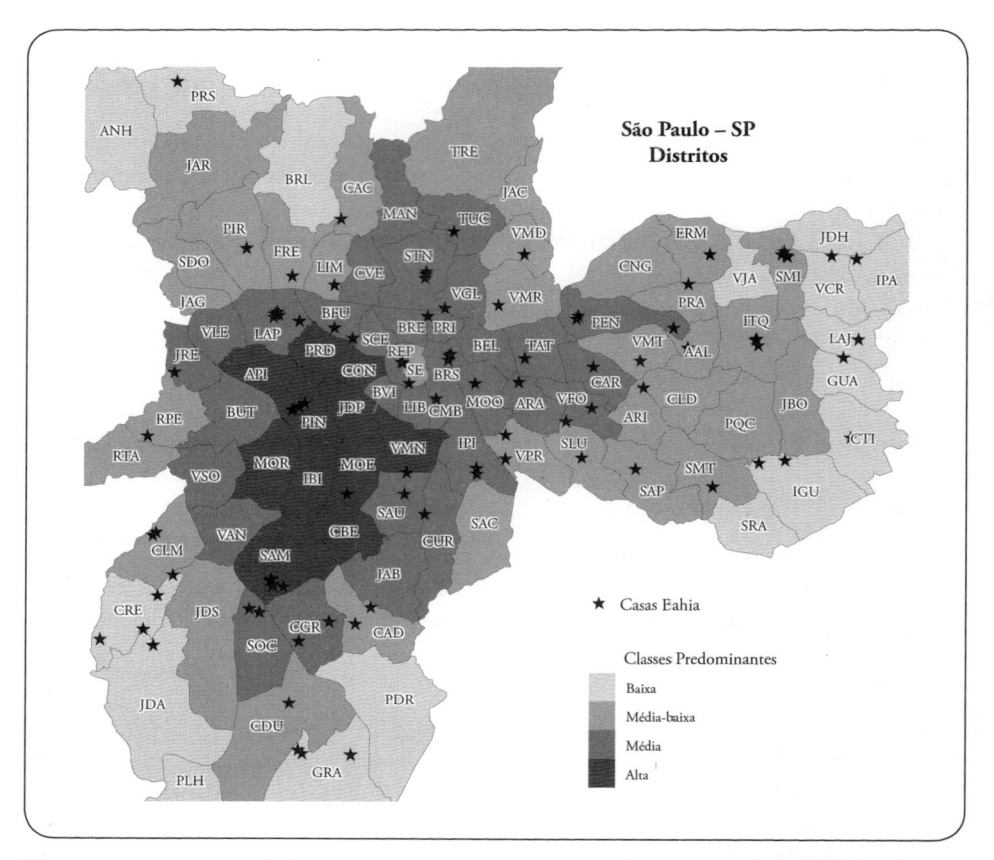

**Figura 9.3** Localização das lojas das Casas Bahia em São Paulo (mapa temático por renda).
Fonte: Mapa cedido por cortesia de Parente Varejo & Pesquisa.

A estratégia de concentração e dominância de mercado das Casas Bahia fica ainda mais evidente quando constatamos que ela opera várias lojas em um mesmo pólo varejista, especialmente quando se trata de um pólo com grande potencial de mercado. Os mapas da Figura 9.4 mostram a localização das unidades da empresa nos pólos comerciais do Largo Treze e de S. Miguel Paulista, em cada um dos quais a empresa chega a manter de 5 a 6 lojas. Apesar de certa canibalização existente entre as vendas das lojas de um mesmo pólo, a empresa acredita que, ao cercar os concorrentes com lojas de sua bandeira, consegue inibir o crescimento deles e, assim, captar uma maior fatia das vendas do pólo varejista. O resultado positivo que a rede alcança com essa estratégia de localização demonstra não só o acerto desta, mas também o grande potencial de mercado existente nos pólos comerciais de rua, sobretudo para os varejistas direcionados à baixa renda.

Capítulo 9 • Localização Varejista

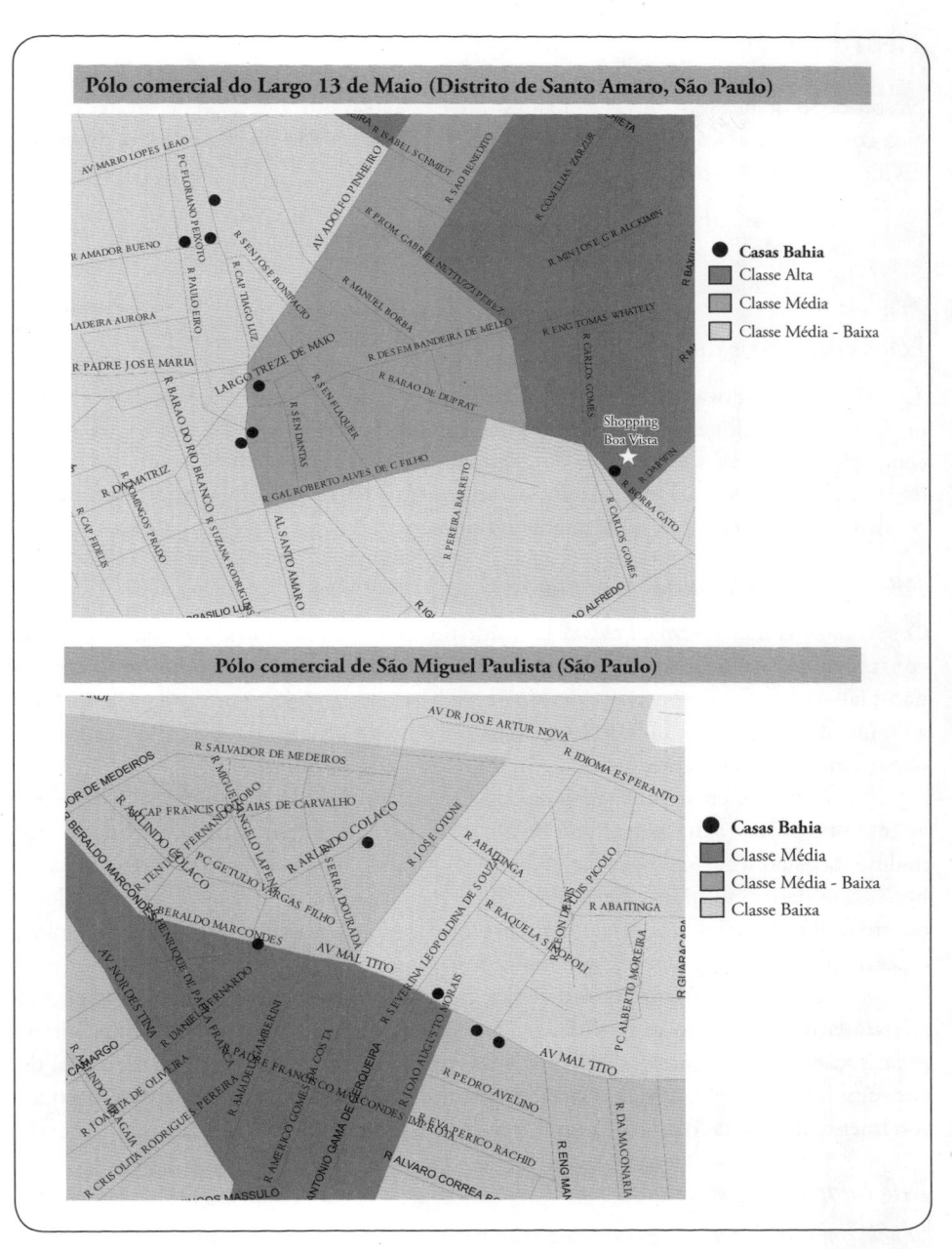

**Figura 9.4** Concentração geográfica das lojas das Casas Bahia em bairros de São Paulo (mapa temático por renda).

Fonte: Mapa cedido por cortesia de Parente Varejo & Pesquisa.

## Tipos de localização

No processo de localizar novas unidades varejistas, uma outra decisão de caráter estratégico consiste na seleção do tipo de localização mais adequado que a nova loja deverá ter. Eis algumas das alternativas:

- Pólos comerciais de rua
- Shopping centers
- Lojas isoladas

## Pólos comerciais de rua

Também conhecidos como *centros comerciais não-planejados*, são conglomerados varejistas que tiveram uma evolução espontânea, geralmente desenvolvidos em locais de concentração demográfica e em torno das interseções da malha viária urbana ou de terminais de transporte coletivo. Dependendo de seu porte e localização, podemos classificar os centros comerciais não-planejados em três tipos:

### *Pólo comercial do centro da cidade*

O *pólo comercial do centro da cidade* tem sido desenvolvido em torno da região para onde convergem os sistemas de transporte público. Em geral, trata-se do complexo comercial não-planejado mais importante de uma cidade. É nessa região que ainda se concentra a maior oferta varejista, incluindo os mais diferentes formatos de varejo, desde lojas de departamentos e magazines até estabelecimentos especializados.

Enquanto em algumas grandes cidades o centro ainda está muito vivo e dinâmico, em outras já se acha desgastado. É nessa região central que muitas instituições normalmente estão localizadas, como prefeituras, fóruns, bancos, escritórios de advocacia, hotéis, entidades culturais e de entretenimento e o comércio. As atividades nesses locais ocorrem normalmente durante o dia, visto que muitas vezes eles ficam desertos à noite, aspecto que tem de ser considerado em função da segurança.

Apesar da crescente concorrência dos *shopping centers*, os pólos comerciais de rua ainda mantêm grande vitalidade. Nas cidades brasileiras, observa-se uma intensa polarização social do varejo: enquanto os *shopping centers* conquistam a preferência dos consumidores motorizados das classes média e alta, os pólos varejistas centrais são quase totalmente direcionado aos consumidores de baixa renda.

### *Pólo comercial de bairro*

O *pólo comercial de bairro* é o aglomerado comercial localizado em outras regiões além do centro da cidade. À medida que as cidades foram crescendo e se espalhando geograficamente, varejistas começaram a se instalar em alguns bairros residenciais, interseções e vias de intensa circulação de transporte coletivo, replicando-se gradualmente, mas em escala menor, o composto varejista localizado no centro da cidade. Esses centros são caracterizados por uma grande variedade de tipos e ramos varejistas, com lojas de compra comparada (lojas de departamentos, lojas de confecções, calçados, móveis, eletrodomésticos), lojas especializadas (óticas, etc.) e também unidades varejistas de produtos de consumo não-duráveis (farmácias, unidades de *fast-food* e supermercados) e um razoável número de agências bancárias.

Nas grandes cidades brasileiras, a maior parte dos pólos comerciais de bairro está localizada em regiões de baixa renda. Mesmo quando instalada em áreas de classe média, a maioria deles atende principalmente às necessidades dos consumidores de baixa renda, atraídos para esses pólos devido à disponibilidade de transporte coletivo. Na cidade de São Paulo, por exemplo, o pólo comercial do Largo Treze de Santo Amaro e o da Rua Teodoro Sampaio (Largo da Batata, Pinheiros) ilustram bem esse fenômeno, apesar de estarem localizados em bairros de classe média e alta. Logo, quanto maior a presença de grandes terminais de transporte coletivo, tanto mais intensa é a concentração dos consumidores de baixa renda.

O mapa da Figura 9.5 indica as localizações dos principais pólos comerciais de rua em São Paulo e dos *shopping centers* regionais. Na capital paulista, há cerca de uma centena de pólos comerciais de bairro (de grande e médio portes) e aproximadamente 30 *shopping centers* regionais. Utilizando-se das técnicas do GIS (*Geographical Information System*), esse mapa mostra os diferentes níveis de renda da cidade de São Paulo. Os tons mais claros indicam as regiões de renda mais alta, e os mais escuros, as regiões de renda mais baixa. Observa-se que os *shopping centers* estão mais concentrados nos bairros de maior poder aquisitivo (tom mais escuro) e que a maioria dos pólos comerciais de rua situa-se nas regiões de menor poder aquisitivo (tom mais claro).

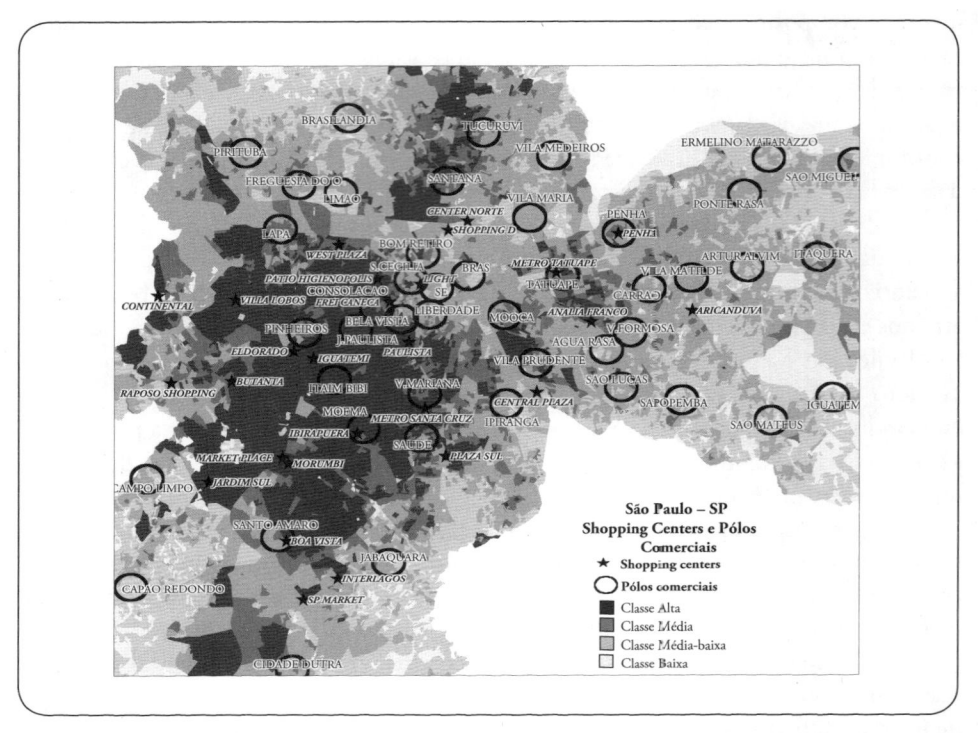

**Figura 9.5** Pólos comerciais de rua e *shopping centers* da cidade de São Paulo (mapa temático por renda).
Fonte: Mapa cedido por cortesia de Parente Varejo & Pesquisa.

A análise dos dados apresentados na Figura 9.5 revela também o grande potencial dos pólos varejistas de rua e, portanto, do varejo voltado para a baixa renda. Com base em pesquisas realizadas pelos autores, estima-se que pólos comerciais de grande porte, como o do bairro de S. Miguel Paulista, na cidade de São Paulo, apresentam um conjunto de lojas cuja área de vendas totaliza cerca de cem mil metros quadrados, superior, portanto, à dos grandes *shopping centers* planejados. Com base em pesquisas preliminares que vimos realizando em São Paulo, estimamos que a área de vendas dos pólos comerciais de rua seja duas ou mais vezes superior à área de vendas do varejo localizado nos *shopping centers*.[8]

---

[8] Estimamos que a área de vendas dos cerca de cem pólos comerciais de rua da cidade de São Paulo totalize aproximadamente 3 milhões de m². Considerando uma área de vendas média de 40 mil m² para cada *shopping center*, a área total dos cerca de 30 *shopping centers* da capital paulista somaria mais de 1 milhão de m².

## Minipólos comerciais de vizinhança

Situados em regiões de alta ou baixa renda, trata-se de aglomerados varejistas menores. Os *minipólos comerciais de vizinhança*, como convencionamos denominá-los, localizam-se em torno de praças ou em interseções viárias de regiões predominantemente residenciais. São formados por um pequeno complexo de lojas, orientadas para a comercialização tanto de serviços e produtos de conveniência como de bens de consumo não-duráveis e compostas de farmácias, padarias, quitandas, açougues, supermercados, postos de gasolina e prestadores de serviço como agências bancárias, lotéricas, salões de beleza, correios, videolocadoras, copiadoras, etc.

## Shopping centers

Também denominados de *centro comercial planejado*, os *shopping centers* são empreendimentos desenvolvidos especificamente para formar um complexo comercial integrado, composto de várias unidades varejistas que oferecem uma linha de produtos variada e complementar. Como são planejados, a instalação de lojas em um desses empreendimentos não depende apenas da empresa varejista, mas também da administração dos *shopping centers*. Os dias e horários de funcionamento das lojas dos *shoppings* igualmente não dependem do lojista.

Os *shopping centers* vêm assumindo uma crescente importância no varejo[9] e exercendo expressiva influência sobre a vida de boa parte da população brasileira. Trata-se de um local não só de compras, mas também de lazer, alimentação e socialização. Inicialmente desenvolvidos para atender às classes de maior poder aquisitivo, esses centros comerciais vêm atraindo um número cada vez maior de consumidores de baixa renda. A menor presença de *shoppings* nos bairros populares pode indicar a existência de oportunidades para esse tipo de empreendimento em tais áreas. Atualmente já existem muitos *shoppings* orientados para a baixa renda, cujo *mix* de lojas oferece produtos mais ajustados a esse numeroso segmento de mercado.[10] São empreendimentos localizados nas regiões centrais da cidade ou em bairros de baixo poder aquisitivo, em geral com boa disponibilidade de transporte coletivo. O Quadro 9.3 apresenta alguns desses *shoppings*.

## Lojas isoladas (*free standing*)

Lojas isoladas (ou *free standing*) são aquelas que não contam com outras lojas próximas para alavancar sua atratividade, estando localizadas ao longo de importantes avenidas ou vias expressas. Em geral, são unidades capazes por si só de exercer forte poder de atração,

---

[9] De acordo com os dados da ABRASCE (Associação Brasileira de Shopping Centers), as vendas dos *shoppings* em 2005 representaram 18% do faturamento de todo o varejo nacional, excluído o setor automotivo.

[10] GONZÁLEZ-BENITO, Oscar; GONZÁLEZ-BENITO, Javier. The role of geodemographic segmentation in retail location strategy. *International Journal of Market Research*, v. 47, n. 3, p. 295-316, 2005.

### Quadro 9.3 – Alguns *shopping centers* direcionados à baixa renda

| Shopping | Cidade | ABL m² | Nº de lojas | Algumas das principais lojas |
|---|---|---|---|---|
| Shopping Aricanduva | São Paulo – SP | 242.000 | 510 | C&A, Renner, Pernambucanas, Marisa, Casas Bahia, Hipermercado Extra |
| Shopping Grande Rio | São João de Meriti – RJ | 52.000 | 230 | C&A, Americanas, Casas Bahia, Leader Magazine, Hipermercado Extra |
| Shopping Center Piedade | Salvador – BA | 20.000 | 130 | C&A, Americanas, Supermercado Bompreço |
| North Shopping | Fortaleza – CE | 38.000 | 250 | C&A, Americanas, Riachuelo |
| Taguatinga Shopping | Taguatinga – DF | 30.000 | 160 | C&A, Americanas, Riachuelo, Renner |
| Buriti Shopping | Aparecida de Goiânia – GO | 25.000 | 230 | C&A, Americanas, Casas Bahia, Novo Mundo |

Fonte: ABRASCE (Associação Brasileira de Shopping Centers).

a exemplo de grandes hipermercados como o Carrefour e o Extra. Esse tipo de localização é menos adequado para os segmentos de baixa renda, já que a maior parte deles não possui automóveis. Logo, a disponibilidade de transporte coletivo é um fator fundamental para o sucesso de um varejista direcionado a esse público.

**Análise e seleção dos mercados varejistas**

Nesta seção serão comentados alguns dos métodos disponíveis para ajudar o varejista no processo de análise e seleção dos mercados em que deverá localizar suas unidades.

### Demanda de mercado

A *demanda de mercado* consiste em um dos mais importantes indicadores das oportunidades e da atratividade de diferentes mercados para qualquer tipo de produto ou serviço. A *demanda de mercado varejista* sinaliza o tamanho do mercado de uma região para um certo setor varejista, indicando, portanto, o volume total dos gastos que a população de uma certa região efetivamente realiza naquele setor[12] (por exemplo: confecções, farmácias, supermercados, lojas de eletrodomésticos, etc.). A *demanda de mercado* pode ser estimada mediante a seguinte fórmula:

$$DM = P \times G$$

onde

**DM**:    *demanda de mercado* do segmento de mercado pesquisado em uma determinada região para certo tipo de varejo ou produto

**P**:    População do segmento de mercado pesquisado em uma determinada região

**G**:    Gastos médios do segmento de mercado pesquisado em certo tipo de varejo ou produto

A população de uma região, detalhada por nível de renda, pode ser obtida consultando-se o *site* do IBGE (www.ibge.gov.br). Os gastos domiciliares em certo tipo de produto ou serviço (confecções, eletrodomésticos) para diferentes níveis de renda podem também ser obtidos com base nos dados do IBGE e da POF (Pesquisa de Orçamento Familiar).[13]

No Quadro 9.4, apresentamos um exemplo dos procedimentos para estimar a demanda de mercado e a atratividade de diferentes mercados alternativos. Para ilustrar esse exercício, escolhemos o varejo de confecções de duas regiões do mercado brasileiro: Pernambuco e Santa Catarina. Esse procedimento poderá ser repetido para outros setores e para outras regiões ou cidades específicas.

A *demanda de mercado* para cada um dos cinco segmentos de renda é estimada multiplicando-se a população pelos seus respectivos gastos em confecção. Assim, no caso do segmento "classe C" de Pernambuco, a *demanda de mercado* para o varejo de confecções é de R$ 29 milhões por mês.

A análise do Quadro 9.3 revela muitos elementos valiosos para orientar as decisões de localização varejista. Suponhamos, por exemplo, que um varejista posicionado no segmento de baixa renda esteja avaliando qual desses dois mercados é mais promissor para instalar uma grande loja de varejo de confecções. Apesar de a *demanda de mercado* de ambos os Estados ser semelhante (cerca de R$ 145 milhões por mês), existem algumas diferenças marcantes nas características socioeconômicas e demográficas dessas duas regiões.

Considerando-se a demanda de mercado do varejo de confecções por segmento, o mercado mensal dos segmentos "C", "D" e "E" de Santa Catarina totaliza cerca de R$ 72 milhões, ou seja, cerca de 50% do mercado do Estado. A outra metade fica por

---

[12] Adaptado de: KOTLER, Philip. *Administração de Marketing*. 5. ed. São Paulo: Atlas, 1998. p. 132.

[13] Pesquisa de Orçamento Familiar – POF 2003. Disponível em: www.ibge.gov.br.

## Quadro 9.4 – Estimando a demanda de vestuário em diferentes mercados[14]

### Demanda de vestuário no Estado de Santa Catarina

| Faixas de renda familiar (R$/mês) | Total | até 600 | 600 a 1.200 | 1.200 a 2.000 | 2.000 a 4.000 | mais de 4.000 |
|---|---|---|---|---|---|---|
| Classes econômicas (aproximadamente) | – | E | D | C | B | A |
| 1) Domicílios – ano 2005 (mil) | 1.670,0 | 244,4 | 546,2 | 444,0 | 284,8 | 150,5 |
| 2) % de domicílios | 100% | 15% | 33% | 27% | 17% | 9% |
| 3) Renda média familiar – R$/mês (POF 2003) | 1.893 | 400 | 869 | 1.546 | 2.691 | 7.551 |
| 4) Gasto em vestuário (% sobre renda) | 4,6% | 9,4% | 5,7% | 5,4% | 5,2% | 2,7% |
| 5) Gasto em vestuário (R$/mês por domicílio) | 86,2 | 37,5 | 49,1 | 82,8 | 140,8 | 206,7 |
| 6) Demanda de mercado para vestuário – Brasil (1)×(5) (R$ milhão/mês) | 144,0 | 9,2 | 26,8 | 36,8 | 40,1 | 31,1 |
| 7) % de demanda de mercado por classes | 100% | 6% | 19% | 26% | 28% | 22% |

### Demanda de vestuário no Estado de Pernambuco

| Faixas renda familiar (R$/mês) | Total | até 600 | 600 a 1.200 | 1.200 a 2.000 | 2.000 a 4.000 | mais de 4.000 |
|---|---|---|---|---|---|---|
| Classes econômicas (aproximadamente) | – | E | D | C | B | A |
| 1) Domicílios – ano 2005 (mil) | 2.115,0 | 996,7 | 602,9 | 254,6 | 185,6 | 75,1 |
| 2) % de domicílios | 100% | 47% | 29% | 12% | 9% | 4% |
| 3) Renda média familiar – R$/mês (POF 2003) | 1.087 | 358 | 838 | 1.508 | 2.704 | 7.327 |
| 4) Gasto em vestuário (% sobre renda) | 6,4% | 8,7% | 7,8% | 7,6% | 5,5% | 3,5% |
| 5) Gasto em vestuário (R$/mês por domicílio) | 69,1 | 31,1 | 65,1 | 114,3 | 149,3 | 253,2 |
| 6) Demanda de mercado para vestuário – (1)×(5) (R$ milhão/mês) | 146,1 | 31,0 | 39,3 | 29,1 | 27,7 | 19,0 |
| 7) % de demanda de mercado por classes | 100% | 21% | 27% | 20% | 19% | 13% |

---

[14] *Idem.*

conta dos segmentos "A" e "B". Já em Pernambuco, apesar de seu mercado de varejo de confecções ser de tamanho semelhante ao catarinense, os segmentos "C", "D" e "E" representam um mercado mais promissor (cerca de R$ 100 milhões), correspondendo a mais de dois terços do mercado do Estado. Esses dados sinalizam, portanto, que para o varejista voltado para a baixa renda o mercado pernambucano parece ser mais atraente que o de Santa Catarina.

Embora a análise da *demanda de mercado* indique uma valiosa comparação do potencial de mercado de diferentes cidades, a avaliação da atratividade estará incompleta se não considerarmos outros fatores, tais como o tamanho dos pólos varejistas da região e a intensidade e competência operacional da concorrência instalada em cada mercado. A partir da comparação entre a oferta e a demanda, identificam-se regiões que estão mais ou menos saturadas de oferta varejista.

Dividindo a *demanda de mercado* pela oferta em metros quadrados obtém-se o clássico "Índice de Saturação Varejista", desenvolvido por Bernard LaLonde[15] ainda em 1961. Esse índice indica as vendas por metro quadrado e, consequentemente, o potencial de lucratividade que certo setor varejista está alcançando na região analisada. Em geral, regiões com maiores índices de vendas/$m^2$ oferecem condições mais lucrativas aos varejistas, ao passo que as lojas localizadas em regiões com baixos níveis de vendas/$m^2$ não apresentam resultados satisfatórios. Nos estudos do varejo para segmentos de baixa renda, o Índice de Saturação Varejista deve ser ajustado para considerar apenas a *demanda de mercado* do segmento analisado e a oferta varejista a ele direcionada.

Um dos ingredientes do sucesso da rede Wal-Mart é sua ousada e inovadora política de localização, conforme explicado no Quadro 9.5. Verifica-se que a empresa adotava a estratégia de escolher locais não-saturados e pouco atraentes para a concorrência. Ao optar por cidades de pequeno porte, ela enfrentava uma concorrência frágil e, assim, logo assumia uma posição de dominância. Por meio da estratégia da concentração geográfica, a rede ia gradualmente avançando na dominância desses pequenos mas numerosos mercados, que não despertavam o interesse dos grandes varejistas da época.

## Análise e avaliação de pontos

Uma vez definidas as grandes linhas estratégicas no tocante a regiões prioritárias e tipos de localização mais desejáveis, a empresa varejista depara-se com as decisões táticas do processo de seleção de pontos específicos para novas localizações.

Nesse processo, procura-se estimar a capacidade que cada alternativa tem de atrair clientes e, conseqüentemente, de realizar vendas. Os métodos para a avaliação de pontos e previsões de vendas para novas unidades podem ser classificados em dois tipos:

---

[15] LALONDE, Bernard. The logistics of retail location. In: STEVENS, William D. (Ed.). *American Marketing Proceedings*, 1961. p. 572.

> ### Quadro 9.5 – Estratégia de localização e o sucesso da Wal-Mart
>
> "Agora que estávamos livres de dívidas, podíamos fazer realmente alguma coisa com nossa estratégia-chave, que era simplesmente abrir boas lojas de ofertas em cidades pequenas com as quais os outros não se importavam. Naquela época, a Kmart não pensava em cidades com menos de 50 mil habitantes; nem mesmo a Gibson's se interessava por cidades com menos de 10 ou 12 mil habitantes. Sabíamos que nossa fórmula estava funcionando até em cidades com menos de 5 mil moradores, e havia muitas delas para nossa expansão. Quando as pessoas querem simplificar a história da Wal-Mart, é geralmente assim que resumem o segredo do nosso sucesso: 'Ah, eles foram para as cidades pequenas quando ninguém queria ir'." (p. 96)
>
> "Mas enquanto os grandes saltavam de uma cidade grande para outra, espalharam-se de tal maneira, e se envolveram com problemas imobiliários, com problemas de zonas comerciais urbanas e de política municipal, que deixaram enormes bolsões de negócios para nós. Nossa estratégia de crescimento nasceu da necessidade, mas pelo menos a reconhecemos como estratégia desde cedo. Achamos que devíamos abrir nossas lojas de modo que nossos centros de distribuição, ou armazéns, pudessem cuidar delas, mas também de modo que pudéssemos controlá-las. Queríamos que ficassem ao alcance dos nossos diretores distritais, e de nós mesmos aqui em Bentonville, de modo que pudéssemos ir até lá cuidar delas. Cada loja tinha que ficar a um dia de viagem de um centro de distribuição. Assim, íamos o mais longe que podíamos de um armazém e abríamos uma loja. E aí então enchíamos o mapa daquele território, estado a estado, condado a condado, até que tivéssemos saturado aquela área do mercado." (p. 97)
>
> Fonte: Sam Walton e John Huey. *Sam Walton Made in America*. Rio de Janeiro: Elsevier Editora Campus/Elsevier, 2006.

*métodos apoiados em modelagem quantitativa*, como os modelos de regressão múltipla e os modelos gravitacionais, e *métodos apoiados em modelagem qualitativa*, ou método dos Análogos.

O uso dos métodos quantitativos exige procedimentos mais complexos e uma explicação mais detalhada, o que foge ao escopo deste capítulo[16]. Além disso, os métodos quantitativos com modelos de regressão múltipla não são muito adequados para empresas pequenas, pois necessitam de pelo menos 20 a 30 lojas para poder ser utilizados de

---

[16] Para algumas referências sobre os métodos gravitacionais e econométricos, sugerimos a análise de algumas das seguintes fontes: ROGERS, David. Retail Location Analysis in the United States. *European Retail Digest*, n. 37, p. 24-25, 2003. REILLY, William J. *Method for the Study of Retail Relationships* (Reserch Monogragh n. 4). Austin: University of Texas Press, 1929. University of Texas Bulletin n. 2944. CONVERSE, Paul D. New Laws of Retail Gravitation. *Journal of Marketing*, jan. 1949, pp. 379-384. DRAMOWICZ, Ela. Retail Trade Analysis Using the Huff Model. *Location Intelligence* (on-line). Disponível em: http://www.locationintelligence.net/articles/896.html. Acesso em: 22 fev. 2006. DREZNER, Zvi; WESOLOWSKY, George O.; DREZNER, Tammy. On the Logit Approach to Competitive Facility Location. *Journal of Regional Science*, v. 38, n. 2, p. 313-327, 1998. PARENTE, Juracy. *Varejo no Brasil*. São Paulo: Editora Atlas, 2000, p. 348. HUFF, David L. A Note on the Misuse of the Huff Models in GIS (*on-line*). Disponível em: http://www.mpsisys.com/website/articles/HuffMisUse.html. Acesso em: 2 fev. 2006.

maneira mais apropriada.[17] Já os métodos qualitativos, por ser mais fáceis de adotar, serão explicados a seguir.

## O método dos análogos

À semelhança dos métodos quantitativos, o Método dos Análogos também se vale da experiência de lojas já existentes para projetar as vendas de lojas novas.[19] Como seu nome indica, o Método dos Análogos está apoiado na identificação de situações já existentes que sejam semelhantes à da nova oportunidade sendo analisada. A aplicação desse método engloba as quatro etapas seguintes, conforme ilustra o Quadro 9.6

1) **Identificar fatores que influenciam as vendas das lojas atuais** – A gama de fatores que influenciam o desempenho das vendas dependerá não só do formato varejista, mas também dos segmentos de mercado. Enquanto, por exemplo, a disponibilidade de transporte coletivo assume grande importância para os mercados de baixa renda, a facilidade de estacionamento poderá ser um fator determinante para os segmentos mais abastados. Em geral, os fatores que influenciam as vendas podem ser classificados nos quatro seguintes tipos: características do mercado, características da concorrência, características do ponto e características específicas da nova loja. A primeira coluna do Quadro 9.6 apresenta uma relação de fatores que podem influenciar determinado formato varejista.

2) **Avaliar fatores para lojas existentes** – No exemplo utilizado, os fatores foram avaliados em três lojas já existentes, localizadas no mercado que está sendo analisado. Alguns fatores são avaliados de forma quantitativa (como o número de metros quadrados), mas a maioria é estimada com base em critérios qualitativos, utilizando-se uma escala de avaliação da favorabilidade de cada fator no desempenho da loja, como indicado a seguir.

3) **Avaliar fatores para nova loja** – Nesse exemplo ilustrativo, supomos que dois novos pontos (Ponto 1 e Ponto 2) estão sendo analisados para a expansão de novas lojas. Essas duas novas alternativas foram analisadas utilizando-se os mesmos fatores e critérios adotados para avaliar o desempenho das lojas existentes.

---

[17] CRAIG, C. Samuel; GHOSH, Avijit; McLAFFERTY, Sara. Models of the retail location process: a review. *Journal of Retailing*, v. 60, n. 1, p. 5-36, 1984.

[18] TREWATHA, Robert L.; HAMPTON, Ronald; VAUGHT, Bobby C.; PARKER, Stephen. A Multiple Branch Location Model: A Method to Analyze Site Selection Factors. *Akron Business and Economic Review*, v. 19, n. 3, p. 66-75, 1998.

## Quadro 9.6 – Exemplo do Método dos Análogos como modelo preditivo de vendas para novas lojas

| Fatores determinantes das vendas | Loja 01 | Loja 02 | Loja 03 | Ponto 1 | Ponto 2 |
|---|---|---|---|---|---|
| **Mercado** | | | | | |
| Demanda de mercado | ***** | ** | **** | **** | *** |
| Perfil da demanda | ***** | ***** | ** | ** | ***** |
| Porte do pólo varejista | ***** | ***** | ** | ** | ***** |
| Transporte público | ***** | ***** | ** | ** | ***** |
| Tráfego de pedestres | *** | ***** | * | ** | **** |
| **Concorrência** | | | | | |
| Número de concorrentes | 3 | 5 | 7 | 8 | 3 |
| Força dos concorrentes | ***** (Fraca) | *** (Forte) | *** (Forte) | * (Muito forte) | **** (Fraca) |
| **Características do ponto** | | | | | |
| Acesso | ***** | ***** | *** | ** | **** |
| Visibilidade | *** | ***** | * | ** | **** |
| Vocação do ponto | ***** | **** | * | ** | ***** |
| **Características da loja** | | | | | |
| Área de venda – m² | 150 | 100 | 180 | 120 | 140 |
| Frente da loja – m | 15 | 8 | 6 | 6 | 10 |
| Estacionamento – vagas | 8 | - | - | - | 10 |
| **Avaliação geral** | ***** | *** | ** | ** | **** |
| **Vendas – R$ mil** | 180 | 80 | 90 | 70[a] | 140[a] |
| **Lucro operacional** | 10% | 5% | 2% | 1%[a] | 8%[a] |

Escala de avaliação

| Muito favorável | Favorável | Regular | Desfavorável | Muito desfavorável |
|---|---|---|---|---|
| ***** | **** | *** | ** | * |

[a] Valores estimados com base nos valores análogos das Lojas 1, 2 e 3.

4) **Prever novos resultados** – Esse é o objetivo principal e final do exercício do método dos análogos. Tal avaliação é fruto da análise comparativa entre a atratividade dos fatores e os indicadores de resultados das lojas existentes e das novas alternativas. Nesse processo, pode-se prever o desempenho das novas lojas usando-se, como base, o desempenho de lojas semelhantes já existentes. O Ponto 2, por exemplo, apresenta-se como alternativa muito bem avaliada, mas suas características são ligeiramente menos atraentes do que as da Loja 1, embora ele seja muito superior às Lojas 2 e 3. Assim, sua previsão de vendas ficou em R$ 140 mil, um pouco abaixo do desempenho da Loja 1.

## RESUMO

A decisão acertada quanto à localização do estabelecimento varejista é um dos ingredientes fundamentais para o êxito de um empreendimento dessa natureza. Um dos pontos principais desse processo é selecionar alternativas por meio das quais a empresa possa obter maior retorno sobre o investimento realizado. Compreender melhor as necessidades e preferências desse mercado, estando relativamente próximo dele, é prerrequisito para o sucesso do empreendimento varejista voltado para a baixa renda. Nesse particular, um dos primeiros passos é identificar regiões e pólos comerciais com maior potencial de mercado e vocação para o setor varejista analisado, a fim de que não se percam oportunidades atrativas de localização para a concorrência. Na localização de estabelecimentos destinados ao público de baixa renda, deve-se ressaltar que a disponibilidade de transporte coletivo é um fator primordial para o bom desempenho da loja. Para todos aqueles que compreenderam e observaram essas necessidades, a recompensa tem sido positiva.

## Capítulo 10
# VAREJO NA BAIXA RENDA: ESTRATÉGIAS VENCEDORAS[1]

## Juracy Parente
Ph.D. em Administração de Empresas pela University of London
Professor de Marketing da FGV-EAESP e coordenador do GVcev – Centro de Excelência em Varejo – da FGV-EAESP

## Edgard Barki
Mestre e doutorando em Administração de Empresas pela FGV-EAESP e pesquisador do GVcev

> Empresas que atuam no mercado de baixa renda adotam estratégias distintas, dependendo da ênfase que atribuem a preços, benefícios agregados ou proximidade física do consumidor. No entanto, a escolha da melhor estratégia depende da compreensão das características desse mercado e das variáveis que afetam o comportamento do consumidor. O sucesso da estratégia escolhida irá refletir o acerto da empresa em identificar a equação que gera a percepção de valor nesse tipo de mercado

---

[1] Artigo originalmente publicado na revista *GVExecutivo*, v. 5, n. 1, p. 38-43, fev-abr. 2006.

O mercado de baixa renda tornou-se um tema de grande importância ao redor do mundo, e o Brasil não constitui exceção. No entanto, apesar do avanço de algumas empresas, diversos formatos varejistas criados especificamente para a baixa renda brasileira ainda não obtiveram o sucesso esperado. De um lado, as grandes redes não conseguiram pulverizar sua distribuição de forma a atender adequadamente a essa população. De outro, mesmo em regiões onde conseguem se instalar, elas continuam esbarrando nas preferências dos consumidores pelo pequeno e médio varejo local, com o qual têm maior empatia.

Este livro buscou apresentar as necessidades e peculiaridades do comportamento dos consumidores de baixa renda e também mapear e sugerir diferentes estratégias de marketing adotadas por varejistas localizados em regiões de baixa renda. O objetivo do presente capítulo é descrever algumas estratégias adotadas por varejistas e discutir como elas estão alinhadas com as necessidades desses consumidores.

## Estratégias varejistas

Uma empresa varejista dispõe de várias alternativas estratégicas. Sua escolha normalmente depende do modo como ela interpreta a equação de valor de seus clientes, que é resultado da relação entre benefícios e custos que cada alternativa estratégica fornece. Analisando a situação específica das empresas varejistas ligadas ao mercado de baixa renda, identificamos três estratégias predominantes, as quais passaremos a denominar aqui de Ênfase em Preços Baixos, Ênfase em Proximidade e Ênfase em Benefícios (ver Quadro 10.1).

**Quadro 10.1 – Ênfase dada ao composto mercadológico por alternativa estratégica**

|  | Composto mercadológico | Ênfase em preços baixos | Ênfase em proximidade | Ênfase em benefícios |
|---|---|---|---|---|
| Benefícios | Produto | Bom | Médio | Ótimo |
|  | Ambiente de loja | Baixo | Baixo | Ótimo |
|  | Pessoas/atendimento | Baixo | Ótimo | Ótimo |
|  | Localização/proximidade | Bom | Ótimo | Bom |
|  | Comunicação | Baixo | Baixo | Médio |
| Custos | Preço/ofertas | Ótimo | Baixo | Médio |
|  | Crédito | Médio | Ótimo | Médio |

As empresas que adotam a estratégia com Ênfase em Preços Baixos praticam preços muito competitivos, ao mesmo tempo em que diminuem a importância de outros aspectos do composto – oferecendo, por exemplo, um atendimento mais reduzido, menor variedade de produtos, instalações "espartanas" e limitada gama de serviços. Em compensação, conseguem, por meio dessa estratégia, custos operacionais muito baixos.

Por outro lado, a estratégia com Ênfase em Benefícios inverte a equação de valor. Por esta estratégia, a empresa procura conquistar a preferência do cliente por meio de um atraente pacote de benefícios, com um atendimento satisfatório, boa variedade de produtos e instalações agradáveis. Já as empresas que adotam a estratégia com Ênfase na proximidade geralmente são de pequeno porte, preferindo conquistar o cliente com uma proposta de valor atrelada à proximidade física e a um relacionamento mais íntimo com ele.

A seguir, analisaremos em detalhes o composto mercadológico de cada uma dessas estratégias, destacando suas peculiaridades, virtudes e deficiências em relação ao mercado de baixa renda.

## A variável preço

Um dos muitos mitos relacionados ao mercado de baixa renda sustenta que esse tipo de consumidor essencialmente dá preferência a preços baixos. É nessa assertiva que se baseiam as empresas que adotam a estratégia de Ênfase em preços baixos. No mapeamento que realizamos nesse mercado, constatamos que tais empresas chegam a praticar preços de 8 a 10% mais baixos que os da concorrência. No entanto, semelhante estratégia tem implicações negativas sobre o composto varejista. Na prática, ela significa, por exemplo, menores investimentos em equipamentos, comunicação e *visual merchandising*.

Em compensação, há outras empresas que, sensíveis ao fato de o consumidor de baixa renda valorizar outros aspectos do composto mercadológico, e não apenas o preço, adotam a estratégia de Ênfase em benefícios. Nesse caso, apesar de praticarem preços mais altos, elas são beneficiadas pela percepção que os benefícios geram na mente do consumidor. Em pesquisas, que temos realizado nos últimos anos, nota-se que algumas das redes que adotam essa última estratégia – e que, portanto, apresentam preços mais elevados – conseguem ser avaliadas pelo consumidor como empresas de preços competitivos.

Por fim, as empresas que aderem à estratégia com Ênfase na proximidade não apresentam preços muito competitivos, em grande parte devido a seu menor poder de barganha junto aos fornecedores. Entretanto, essas empresas conseguem oferecer uma maior flexibilidade no crédito e, com isso, obtêm importante vantagem competitiva dentro do setor.

## A relação com o produto

Independentemente da estratégia adotada pelas empresas que analisamos em nosso estudo, todas manifestam grande preocupação com a estratégia de produtos e trabalham intensamente a gestão de categorias. Naturalmente, tal preocupação é coerente com o comportamento do consumidor de baixa renda em relação aos produtos que consome. Duas características desse comportamento merecem destaque.

    A primeira relaciona-se com o mito de que esse tipo de consumidor não é fiel a marcas. Na verdade, a baixa renda tem um compromisso muito grande com o orçamento familiar, não dispondo de muita flexibilidade para erros. Assim, a experimentação de uma nova marca que não traga os benefícios desejados pode ser muito custosa, razão pela qual esse consumidor acaba sendo mais fiel.

    A fidelidade às marcas determina a importância de as empresas desenvolverem uma cuidadosa gestão de categorias, em que os produtos procurados pelos clientes estejam disponíveis. Esse cuidado (ou a ausência dele) pode definir a satisfação do consumidor. Ou seja, se o consumidor encontrar o que busca, ele sai satisfeito. Caso contrário, a decepção que sente poderá contaminar sua percepção da loja como um todo.

    A segunda característica desse consumidor é a baixa auto-estima. Pelo fato de ser pobres, os clientes de baixa renda sentem-se inferiorizados e percebem que são considerados cidadãos de "segunda classe". O camuflado mas intenso preconceito racial agrava esse sentimento.

    Assim, entender tais características dos consumidores é essencial para o sucesso de uma loja. Diversas empresas varejistas que atuam no mercado de baixa renda apontam a estratégia de produtos como um fator decisivo de sucesso, e um dos erros praticados por algumas empresas é comercializar apenas produtos de segunda linha. Tal erro também está baseado no mito de que esse público consumidor só adquire produtos de segunda linha. Na prática, o que ele deseja é ter a possibilidade de comparar preços e adquirir marcas líderes. Daí ser essencial a empresa oferecer uma profundidade adequada de produtos, mesclando marcas líderes com produtos de preços inferiores.

## O valor do ambiente

Fatores como a arrumação e a ambientação da loja, combinados com a variedade e o volume das mercadorias expostas, podem, quando trabalhados adequadamente, transmitir uma imagem atrativa de preço e despertar sensações de bem-estar. Eles agem como poderosos vetores modificadores e formadores de valores e símbolos capazes de influenciar fortemente a atitude dos indivíduos para com a loja. No entanto, não há consenso sobre o grau de importância dessa variável, de modo que novamente a compreensão de outras duas características do comportamento desse consumidor pode ajudar na escolha da estratégia mais adequada.

A primeira dessas características está relacionada com o gosto pela fartura, que pode ser observado em diferentes contextos. Nos lares, reflete-se na abundância de alimentos, sobretudo por ocasião da vista de amigos; nas lojas, constata-se no alto volume e quantidade dos produtos expostos, o que ajuda a transmitir a esse consumidor uma imagem de loja generosa e com preços baixos.

Outra importante característica que deve ser contemplada no momento de definir o ambiente da loja é o fato de essa população mostrar uma grande preocupação com a manutenção de sua dignidade e com não ser confundida como "marginal" ou desonesta. Causam especial desconforto a esse consumidor algumas práticas rotineiras adotadas pelo comércio, como funcionários muito próximos, bolsas lacradas, portas giratórias, exigência de comprovantes de renda e residência. Semelhantes procedimentos são percebidos como insinuações de falta de confiança.

A preservação da dignidade desse consumidor remete também à idéia de que lojas muito despojadas e sem um trabalho mais cuidadoso de *visual merchandising* e ambientação transmitem a impressão de indiferença, por vezes até de relaxamento, aspectos que geram a sensação de tristeza. Por essa razão, empresas com estratégias de Ênfase em Benefícios utilizam o ambiente de loja como variável diferenciadora. A expectativa é que isso gere um vínculo com o consumidor e a percepção de que a empresa o respeita. Essa é certamente uma importante iniciativa no esforço por criar uma relação de confiança, necessária a uma população com baixa auto-estima.

## Atendimento inimitável

Um dos aspectos mais relevantes para entender a população de baixa renda é a importância do contato face a face e a construção de redes de relacionamento. Com efeito, a cultura popular brasileira valoriza fortemente o contato pessoal. Alguns exemplos cotidianos de locais onde as pessoas interagem freqüentemente são o bar, a "pelada", o cabeleireiro, a feira, a praia, o parque, casamentos, festas religiosas, ensaios de escolas de samba, a construção e o mutirão. Exemplos como esses representam um conjunto de eventos e situações nas quais as pessoas se comunicam, sendo muito importantes em um processo de formação de opinião.

No ambiente comercial, trata-se de uma lógica básica no atendimento ao consumidor. Para essa população, não basta desenvolver um relacionamento padronizado. É importante que, no contato com o público, a loja demonstre uma preocupação real com a situação e as necessidades do consumidor. Nesse ponto reside um dos diferenciais das Casas Bahia, que procuram estar a par da realidade do consumidor durante a concessão de crédito. Para a rede, cada cliente é uma pessoa distinta, com problemas únicos.

No entanto, a dificuldade de grande parte das empresas é transformar políticas em práticas de um atendimento atencioso, cordial e próximo. Muito mais que de treinamentos formais, um bom atendimento depende da cultura organizacional. Empresas com uma orientação ao mercado acabam "respirando" consumidor, e todas as suas ações são desenvolvidas no sentido de criar um relacionamento diferenciado.

Nesse ponto, muitas vezes as empresas com uma estratégia de Ênfase em Proximidade conseguem criar uma vantagem competitiva, acabando por se diferenciar de grandes redes varejistas, cuja dificuldade para desenvolver um atendimento próximo é comparativamente maior.

## Localização e acesso

Um dos aspectos centrais para o sucesso de qualquer empresa varejista é sua localização. As lojas devem ser localizadas em pontos de fácil acesso e com um bom fluxo de pessoas. Aliás, a dificuldade de locomoção da população de baixa renda aumenta em muito a importância dessa variável. Geralmente, esse consumidor inclui no preço do produto o custo do deslocamento até lojas mais distantes. Por isso, estar próximo dele é essencial e constitui um dos pontos de diferenciação das empresas com Ênfase em Proximidade.

Uma estratégia de localização utilizada por algumas redes direcionadas à baixa renda, e que independe de sua orientação estratégica é a concentração. Nessa estratégia, as lojas localizam-se próximas umas das outras, visando dois objetivos básicos: primeiro, criar um forte vínculo com a comunidade e, segundo, dificultar a entrada da concorrência, visto que, ao ocupar os espaços, consegue-se uma posição de dominância na região.

## Explorando a comunicação

As estratégias de comunicação das empresas varejistas devem ser formuladas de modo a avaliar tanto o *mix* de comunicação que será utilizado como o conteúdo a ser transmitido. No entanto, apenas empresas de grande porte têm condições de investir mais pesadamente em comunicação de massa. As empresas de menor porte geralmente restringem sua estratégia de comunicação a ações dentro da loja ou na comunidade, com destaque para os tablóides, os carros de som e a locução em loja.

Como a maioria das empresas que atuam junto à população de baixa renda é de pequeno porte, ainda há um grande espaço a ser explorado para uma comunicação efetiva. No intuito de reduzir custos, investem menos em comunicação, chegando eventualmente a abandonar até mesmo instrumentos consagrados como o tablóide.

Apesar do baixo investimento em comunicação, a marca ainda desempenha um papel importante na relação com o consumidor. Vale a pena destacar que mesmo empresas de menor porte entendem que a força de sua marca exerce uma influência decisiva para os clientes. E isso ocorre pelo relacionamento intenso mantido entre os clientes e o varejo da comunidade. Ademais, essas empresas menores conseguem se diferenciar das grandes justamente pelo forte vínculo emocional desenvolvido. Suas marcas estão mais próximas do consumidor, que, ao sentir-se reconhecido e valorizado, acaba por reforçar sua adesão à marca.

## RESUMO

Deve ter ficado claro ao leitor, ao final deste livro, que a adoção da melhor estratégia no mercado varejista de baixa renda deve ser coerente com a estrutura e porte da empresa e que depende de duas considerações. Primeiro, da fina sintonia com o consumidor. Nesse caso, cabe à loja entender, mesmo que de um modo informal e intuitivo, seus hábitos, costumes, valores e personalidade. Segundo, de um balanço adequado do composto mercadológico, tendo em vista as particularidades do mercado em questão. O fato de diferentes alternativas estratégicas serem utilizadas no mercado sugere a existência de diferentes segmentos, que assimilam as ações das empresas e os estímulos de *marketing* de formas distintas. A atratividade da alternativa estratégica adotada irá depender da configuração da equação de valor dos consumidores, que é função de sua percepção quanto à relação entre benefícios e custos. Entender essa equação é essencial para o sucesso de uma empresa varejista.